제2판

Foundations of Group Counseling

집단지도자와 집단상담 경험자를 위한

집단상담의 기초

원리와 실제

• 이장호 강숙정 •

박영story

Group Counseling

머리말

　이 책의 집필 목적은 집단상담의 기초 지식을 누구나 이해하기 쉽게 간결하게 정리하고 소개하는 것이다. 우리나라에서 이미 출간된 집단상담이론의 번역서와 경험적 사례보고서들의 내용이 대체로 어렵고 그 양이 방대하여 집단지도자 및 집단상담 참여자들의 이해와 경험을 정리하는 데는 다소 미흡하다는 것이 20여 년 이상 집단상담 분야에서 활동해 온 공저자의 판단이다.

　'집단상담의 현장 지도자와 참여자를 위한'이 책의 집필에서 저자들이 합의한 원칙은, 첫째, 집단상담의 기초 원리를 쉽게 요약적으로 소개하고, 둘째, 집단상담 실제과정을 집필자 자신들의 지도사례를 통해 구체적으로 설명하되, 셋째, 내용구성에 있어서 이론 및 개념적 부분을 3의 비중으로, 집단상담의 실제과정을 7의 비중으로 하여 실제 과정자료 제시 쪽에 비중을 두며, 넷째로, 집단상담 관련 기초 지식의 평가를 위한 종합적 학습평가문제를 제시하여 상담전공생들의 상담심리사 자격 취득을 위한 학습능력을 증진하는 것이다.

　다시 말해서, 이 책의 특징은 집단상담의 이론적 개념 설명보다는 집단상담 '과정의 실제자료'와 집단상담 관련 지식의 종합정리를 위한 '기초 평가문제 30문항'의 제시에 있다. 또한 8개의 다른 집단상담이론들 소개에 이어 이장호의 '통합상담론적 집단수련'이

소개되고, 20여년을 학교 및 기업현장에서 집단상담을 지도해온 강숙정의 감수성훈련 실제가 함께 소개되고 있음을 독자들이 주목하게 될 것으로 예상하고 있다.

한편 이렇게 공동저자들의 지론과 경험을 바탕으로 한 집단상담의 실제과정 중심의 접근은 저자들의 평소 관점을 반영하는 데는 비교적 유리할지라도 여러 다면적 독자들의 합리적 정보욕구에 부응하는 데는 분명 부족할 것으로 믿는다. 이 점에 대해서 독자들의 관용과 앞으로의 지도편달을 기대하는 바이다.

끝으로 기초 원고 및 교정지 작업을 조력해준 한겨레심리상담센터 동료직원과, 책 출간에 기꺼이 협조해주신 박영사 측에 감사의 뜻을 전한다. 그리고 이 책을 읽고 현장 상담활동에 적용하시는 독자분들과 후학들에게 진심으로 도움이 될 수 있기를 기대한다.

2016. 2
공저자 일동

Group Counseling

차 례

Ⅰ. 집단상담의 기초개념 : 종합 / 9

제1장 집단상담의 본질

제2장 집단상담 이론 개관

제3장 집단의 역동과 발달단계

제4장 집단의 지도성

Ⅱ. 집단상담의 접근 실제 / 61

제6장　집단상담의 준비/고려사항

제7장 구조화적 집단상담: 집단상담 프로그램

제8장 비구조화적 집단상담의 과정: 축어록 검토하기

Group Counseling.

I
집단상담의
기초개념: 종합

들어가기

　　인간은 사회집단적 존재이다. 그러므로 집단상담(대인관계적 훈련경험)으로 많은 인간문제가 접근, 이해되고 또 개선될 수도 있다. 집단상담은 최소 5, 6명에서 최대 12명 규모의 소집단으로 구성되며, 훈련된 상담전문가의 안내, 지도에 따라 집단구성원들이

　　각자의 '관심사(생활과정의 대처방법 및 인간성장의 문제 등)를 검토, 개선하는 경험적 학습과정'으로 정의된다. 집단상담은 대체로 총 10회기 이상의 과정(회기당 약 1.5~2시간)으로 진행된다.

제 1 장
집단상담의 본질

　인간은 사회적 존재로 생존을 위해 타인을 필요로 한다. 그래서 개인은 누구나 의식적·무의식적으로 집단구성원과의 관계 속에서 살아가고 있으며, 이렇게 집단 내에서 학습되고 길러진 인간관계는 개개인의 생활방법과 사회적 태도를 규정하는 근원적 틀이다. 즉, 인간이 존재하는 기본조건은 집단생활이며, 사람은 가정, 학교, 직장, 각종 사회단체와 국가라는 집단 속에서 자기가 속한 집단에 영향을 미치기도 하고 집단의 속성에 의해 영향을 받기도 한다.

　그러므로 인간을 바람직하게 성장 발달시키고, 성공적인 자기실현에 이르도록 촉진적 역할을 하는 학교나 직장에서의 집단지도와 집단상담에 대한 관심은 매우 자연적인 것이며, 사회와 문화가 복잡해지고 다양해질수록 보다 체계적이고 실용적인 집단상담과 집단지도의 정확한 이해와 필요성은 매우 중요할 것이다.

최근에는 우리나라에서도 학교, 사회단체 및 공공기관, 기업체 등에서 조직의 화합과 성장을 위한 집단교육 및 훈련들이 늘어나고 있고, 집단상담에 대한 관심이 고조되고 있으며 이것은 매우 바람직한 현상으로 받아들여지고 있다.

집단상담에서의 인간관계는 1대 1의 인간관계에서보다 훨씬 현실적이고 실존적이라고 말할 수 있다. 다시 말해서 집단상담은 참여하는 집단구성원들에게 현실적이고 실존적인 자기성장의 기회를 보장하며 상담자나 지도자에게는 집단구성원들의 구체적인 사회적 태도 등을 현실적으로 관찰하고 지도할 수 있는 편리한 장을 마련해준다. 특히 사회에서 성공적인 자기실현을 준비하는 청소년들과 장년의 경우에는 실제 사회로 나아가기 전에 가정과 학교, 사회집단 활동에서 축약된 사회관계를 바람직하게 체험하고 건강하게 발달시켜야 하므로, 다양한 집단상담의 경험은 이들에게 사회화 과정을 관찰, 검토하게 하여 바람직하게 성장할 수 있는 중요한 기회가 된다. 또한 실제 사회생활이나 직장생활에서 사람을 주로 다루는 일에 종사하는 모든 직업인의 경우에도, 집단상담은 그들의 부적응적인 인간관계 패턴을 구체적으로 파악하고 직접 현실적으로 다룰 수 있는 주요 접근방법이 된다.

요컨대 인간의 문제는 기본적으로 대인관계적인 것이며, 집단 및 사회적 장면에서의 언행과 상호작용을 통해 각자의 자아개념, 생활관 및 대인관계적 양식 등이 만들어지고, 개선되며 바람직하게 실행될 수 있는 것이다.

한편 집단상담은 집단구성원들에게 동료들 간의 정서적 유대감 및 소속감을 느끼게 해주고 이타주의적 협동심을 배양하는 기회가 된다는 중요한 의미가 있다. 즉, 집단상담은 다른 집단생활 장면에서의 경쟁적 분위기를 떠나서 상호간의 이해심과 협동심을 촉진시키는 중요한 연습무대가 될 수 있다.

'
집단이란
무엇인가
'

집단은 집단구성원들 간의 긴밀한 관계가 형성되어 있는, 그 자체로 하나의 구성체를 이루고 있는 무리이다. 따라서 상호작용이 없이 일시적으로 모여 있는 집합체와는 다른 것이다. 그러므로 집단상담에서 말하는 '집단'(group)은 단순한 '집합'(congregate)의 개념과는 구별된다. 다시 말해서 여기서의 '집단'의 의미는 개인들의 집합체로서의 일반적인 의미와는 달리 상호작용을 통해 변화를 추구하는 역동적인 집단을 말하는 것이다. 이러한 이유로 변화를 추구하는 집단상담, 즉 상담'집단'이 되기 위해서는, 최소한 집단이 구성될 때 ① 공동목표, ② 집단원들의 참여의욕, ③ 집단 내 역동적 상호작용, ④ 집단규범 등의 속성들을 갖추어야 한다.

1) 집단상담의 정의

집단상담은 소수(흔히 5, 6명에서 12명 내외)의 비교적 정상인들이 한두 사람의 전문가의 지도 아래 집단원 상호작용의 역동을 토대로 하여 신뢰롭고 수용적인 분위기에서 개인의 태도 및 행동의 변화 혹은 보다 높은 수준의 성장발달을 촉진시키는 대인관계적 학습과정이다. 달리 요약하면, 소집단 내의 대인관계 경험에 의한 자기학습 과정이라고 말할 수 있다.

집단상담의 정의에 대해서는 여러 학자들의 개념적 정리가 있으나, 우리나라의 대표적 상담전문가가 제시한 집단상담의 정의는 다음과 같다.

"생활과정의 문제해결과 바람직한 성장발달을 위하여, 전문적으로 훈련된 상담자의 지도와 집단원들과의 상호작용을 통해, 각자의 감정, 태도 및 행동양식을 탐색, 검토하고, 보다 성숙된 수준으로 향상시키는 경험적 학습과정이다"(이장호, 2006).

정의가 이러할 때 집단상담 과정의 필요요소들은 다음과 같다.
① 집단상담의 대상은 비교적 정상범위의 적응수준에 속하는 사람들이다.
② 상담자는 훈련받은 전문가이다.
③ 상담집단의 분위기는 신뢰롭고 수용적이어야 한다.
④ 집단상담의 과정은 역동적 대인관계의 학습과정이다.

그러므로 지도자가 상담집단을 구성할 때에는, 극히 심한 정서적 문제를 가진 내담자는 집단에서 제외시켜야 하며, 지도자는 집단의 응집력을 최대한 이끌어낼 수 있는 전문성과 인간 성격 및 집단역동에 대한 광범위한 이해와 대인간 영향을 민감하게 알아차리는 대인 감수성 능력을 갖추어야 한다. 이와 같은 요소들은 지도자의 성공적인 집단운영 경험과 지도자의 인성적 자질 및 이론적 토대 위에서 성공적으로 이루어질 수 있다.

집단상담은 자기에 대한 타인의 지각과 반응을 알고자 하거나 알아야 될 경우와, 특히 대인관계에서의 자신감과 사회적 기술의 경험이 필요한 경우에 더욱 도움이 될 수 있다. 따라서 상담집단에서 자연스럽게 형성되는 수용적 상호교류의 분위기는 이러한 인간관계 현상에 대한 이해, 대인관계 체험을 가능하게 해준다.

2) 상담집단과 일반 토의집단의 차이

일반적으로 학교와 사회현장에서 문제해결의 합의점을 이끌어내기 위한 과정으로 많은 집단토의가 진행되고 있다. 그렇다면 전문가가 정상인을 대상으로 개인 생활상의 문제를 집단역동을 통해 해결한다는 상담집단과 사회일반의 토의집단은 구체적으로 어떤 차이가 존재하는가? 이를 간략하게 설명하면 아래의 여섯 가지로 정리될 수 있다.

① 내용 대 과정: 토의집단은 해결해야 할 과제, 즉 분명한 주제를 가지고 과제해결을 목적으로 토의내용을 중시한다. 반면, 상담집단은 가족집단과 같은 일차적·비형식적·정서적 집단의 성격을 띠고, 집단 내 대화과정을 중시한다.

② 양극성 대 통일성: 토의집단은 대체로 승패나 시비를 가리게 되지만, 상담집단에서는 상반된 의견들이 오히려 허용, 장려된다.

③ 형식성 대 자발성: 토의집단에서는 규칙과 질서가 필요하므로 형식적이 되기 쉬우나, 상담집단에서는(결의나 승패가 없으므로) 형식이 필요 없고 자발적인 참여가 강조된다.

④ 객관성 대 주관성: 토의집단에서는 주로 사실을 취급하며 객관적인 반면, 상담집단에서는 감정과 정서, 창의성과 상상력, 인간이해와 인간관계 등과 관련되는 주관적 측면을 강조한다.

⑤ 제한성 대 솔직성: 토의집단은 목적이 정해져 있으므로 언행에 제약을 받지만, 상담집단에서는 감정과 생각을 자유롭게 언어로 표현하도록 격려된다.

⑥ 지도성: 토의집단에서는 형식에 따른 지도자 역할이 있고 목적달성을 위해 토의를 인도하고 집단을 통제하지만, 상담집단 지도자의 역할은 자신의 언행을 통해 집단 분위기를 자연스럽게 이끌어가는 것이 중요하다.

3) 집단상담, 집단지도, 집단치료의 비교

집단지도는 바람직하고 건전한 학습 및 생활태도를 촉진하기 위해 주로 정보와 자료를 제공하는 예방적인 접근방식으로, 새로운 문제 상황에 대한 대처방안을 전달하는 데 주로 역점을 두고 있다. 그러나 집단상담은 가르쳐야 할 주제보다는 참여자 개인들에게 초점을 두고, 집단 공통의 목표가 없이 참여자들이 스스로 생활상의 문제들을 개인 나름대로 탐색하고 해결하도록 도와주는 것이다. 또한 집단치료는 임상치료적인 원리에 의해서 비정상적인 내담자(환자)를 대상으로 정상적 생활 복귀를 위한 교정적·치료적 접근을 시행한다. 이 세 가지 접근에 대한 명료한 차이는 다음과 같이 요약될 수 있다.

① 집단지도: 주요 목적이 정보제공이므로 지도의 내용과 책임이 교사나 지도자에게 있다.

② 집단상담: 개인의 발달적 과제와 태도 및 행동의 변화가 주된 관심사이자 강조점이다.

③ 집단치료: 성격적·정서적 장애를 치료하는 것이 주요 목적이므로 비교적 장기간을 요하며, 주로 임상심리학 및 정신의학적 접근이 강조된다.

4) 집단상담의 이점과 제한점

집단상담을 지도하거나 참여하게 될 경우 지도자와 참여자 모두는 여러 가지 참여 이점과 가치를 발견하게 된다. 또한 인간을 돕는 모든 접근방식이 그러하듯이 집단상담도 다소의 제한점을 가지고 있는 것이 사실이다. 이러한 장점과 제한점은 집단상담 전문가들의 실제적 경험 보고와 집단상담의 효과에 대한 연구결과에서

뒷받침되고 있다. 다음은 집단상담의 이점과 제한점들을 간략히 정
리한 것이다.

〈집단상담의 이점〉
① 집단상담은 개인상담보다 특히 대인관계적 문제를 비교적
   효과적으로 접근할 수 있게 한다.
② 집단상담 장면은 비난이나 두려움 없이 새 행동에 대한 현
   실검증의 기회가 있다.
③ 집단상담에서는 소속감과 동료의식을 발전시킬 수 있다.
④ 집단상담은 다양한 성격의 소유자들과 접할 수 있는 기회가
   된다.

〈집단상담의 제한점〉
① 집단상담은 행동변화를 위한 만병통치약이 아니다.
② 집단상담의 수용적 분위기에 매혹되어 집단참여 자체를 목
   적으로 삼는 경우가 있다.
③ 모든 사람(내담자)에게 집단상담이 적합하거나 유익하지는
   않다.
④ 집단상담에 대한 사회적 관심도의 증가에 따라 부적절한 지
   도성의 문제가 생길 수 있다.

제 2 장
집단상담 이론 개관

이 모형의 근본목적은 집단과정을 통하여 구성원 개개인의 건전한 자아발달을 촉진시키는 것이다. 집단과정에서 나타나는 전이(轉移), 정화(淨化), 해석(解析) 및 현실검증을 통하여 원초아의 본능적 욕구좌절을 다루고 건강한 자아의 강화 혹은 윤리규범적 초자아의 조정이 이루어진다. 현재의 무의식적 행동에 영향을 미치고 있는 어린 날 주요 사건의 심리적 재경험, 무의식적 갈등의 의식화 및 조정이 이루어지도록 한다.

집단상담자의 역할은 전이(과거의 갈등을 현재 인간관계에서 무의식적으로 재현)와 저항(무의식적 자료에의 직면을 회피하기)에 주의를 기울이고, 적절한 해석 등에 의한 집단구성원 측의 언어화 및 통찰과정을 촉진하는 것이다. 이를 위한 주요 기법은 자유연상, 해석 등이다.

'T-집단 혹은 인간관계 감수성 훈련 접근모형'

　　T-집단, 혹은 감수성 훈련 등과 같은 인간관계 실험실적 접근모형은 조직화된 형식에서 벗어난 비구조화적 소집단과정에서 집단원 모두가 스스로의 목표를 설정하고, 상호간 피드백에 의한 직접적 경험을 통해 인간관계 현상에 대한 이해능력과 집단과정을 학습한다.

　　T-집단, 혹은 감수성 훈련의 학습목표는 ① 학습하는 방법에 대한 학습, ② 자기와 타인 이해력의 증진, ③ 인간관계에 대한 통찰력의 증진과 효과적인 집단원의 역할에 대한 학습, ④ 구체적인 커뮤니케이션 및 효과적인 피드백의 기술 증진이다.

　　학습의 본질적 요소는 모호성 혹은 사회적 공백상태, 새로운 행동의 실험, 허용적 분위기와 심리적 안전감(安全感), 여기-지금(here and now) 중심의 활동, 자기투입과 참여, 피드백 주고받기, 집단규범의 발달 등이다. 그리고 집단상담자의 역할은 학습에 적합한 장면의 구성, 언행의 시범, 집단규범의 발전 및 유지, 의사소통의 통로를 열어주기, 조력자적 집단원으로서 집단과정에 참여하기 등이다.

　　이 훈련은 인간관계의 기본 기술을 익히고 상담전문가나 집단지도자의 대인 감수성 능력을 개발하는데 매우 유용한 기초접근방법으로 받아들여지고 있다.

❛ 인간중심적 접근모형 ❜

이 모형은 C. Rogers의 내담자 중심이론을 집단과정에 적용하여 발전시킨 것으로, 기존 T-집단(훈련 집단)의 기법을 유입, 실존주의적이고 인도주의적 사상을 접목시킨 모형이다.

집중적인 친교적 집단경험을 통한 태도, 가치관, 생활양식의 변화 등이 개인적 목표이다. 소집단 활동으로, T-집단에서와 같이 '여기-지금'의 상황에 초점을 두고 개방성과 솔직성, 대인적 직면(맞닥뜨림), 자기노출, 직접적인 정서적 표현을 격려한다.

집단 내에 어느 정도 촉진적인 분위기만 조성되면 집단 자체의 잠재적인 가능성과 구성원의 잠재적 가능성을 계발시킬 수 있다는 인간중심접근(PCA)이다. 다시 말해 인간중심접근 모형은 인간적 참 만남을 중요하게 여기고 한 개인이 느끼는 주관적이고 독특한 심리적 현실의 당위성을 인정하고, 있는 그대로 존중·공감·수용되는 안전한 분위기를 조성하여, 스스로 인간 본래의 자아실현경향성을 회복하도록 돕는다. 따라서 집단목적이나 진행계획이 없이 진행되며, 집단상담자의 주요 역할은 집단 자체의 자연스러운 활동과정을 촉진하는 것이다.

❛ 형태주의적 접근모형 ❜

Fredrick S. Perls를 중심으로 개발된 이 모형에서는 정신적 건강인은 지각형태(gestalt)의 생성-소멸의 과정이 순조롭게 진행되는 사람을 말한다. 이 생성-소멸 과정의 방해요인은 외적 세계 및 자기 자체에 대한 각성(awareness)이 명확히 이루어지지 않는 경우와, 스스로 욕구와 행동을 억압하여 건강하고 통합된 형태의 형성을 방해하는 경우이다. 목표는 집단원이 순간순간의 경험을 알아차리도록 도와 자신의 행동과 감정에 대해 통찰, 각성을 얻고 스스로 책임지게 하는 것이다.

집단상담자는 집단원들이 자신을 각성하게 하기 위해 여러 가지 기술, 게임, 활동 등을 책임지고 계획, 지도한다. 집단 내 상담자의 개입활동은 집단 전체보다 개개 집단원 상대의 접근이라는 면에서, 이 접근모형은 '집단장면에서의 개인상담·치료'라고도 말할 수 있다. 집단기술로는 뜨거운 자리, 차례로 돌아가기, 빈 의자 기법, 신체언어, 질문형을 진술형으로 고치기 등이 있다.

합리적·정서적· 행동적 상담 및 치료 접근모형

Albert Ellis가 발전시킨 모형으로 정서적인 문제는 비논리적 신념체제 또는 비합리적 가치관에 기인하므로, 그 비합리적인 관점을 합리적인 것으로 대치할 때 정서적 문제가 해소된다는 기본원리에 입각한다. 집단상담자는 집단원의 바람직하지 못한 행동의 근거가 되는 자동적이고 비합리적인 생각을 찾아내어, 그것이 비논리적임을 밝혀주고, 합리적으로 생각하는 방법을 가르쳐준다. 이 과정에서 집단상담자는 능동적이며, 지시적이고, 설득적이며, 철학적인 설득방법 등을 사용한다.

의사거래 분석적 접근모형

Eric Berne에 의해 발전된 이 모형은 삶의 자세를 자기긍정-타인긍정, 자기긍정-타인부정, 자기부정-타인긍정, 자기부정-타인부정으로 구분한다. 그리고 성격구조는 어버이 자아(parent ego-state), 어른 자아(adult ego-state), 어린이 자아(child ego-state)로 이루어져 있고, 이들 중 한 자아가 사람들 간의 의사소통이나 인간관계 상황에서 개인 행동의 동력으로 작용한다고 본다. 이 모형의 목적은 개인의 세 가지 자아들이 자유롭게 기능, 작용하도록 도와 궁극적으로 자기긍정-타인긍정의 자세로 변화시키는 것이다.

집단활동이 시작되기 전에 집단활동의 목적과 시간, 집단원의 성취목표 등의 내용을 계약서에 기술하도록 한다.

집단상담자의 역할은 의사거래 분석의 주요 개념을 설명하고, 생애 초기부터 형성된 개인적 생활각본(life script)과 인간관계 수립 방략을 집단원들이 재검토하도록 한다.

집단활동의 구체적 목표에는 각 개인의 증상 완화와 자아상태의 효과적 관리법 습득이 포함되는데, 이러한 목표달성을 위한 접근방법에는 구조적 분석, 의사거래 분석, 게임 분석, 생활각본의 분석 등이 있다.

' 현실치료적 접근모형 '

William Glasser가 개발한 접근모형으로 인간은 특정 욕구들의 충족을 위해 환경을 통제할 수 있다고 가정한다. 통제는 선택을 통해 이루어지며 선택 책임의 중요성을 강조한다. 또 모든 문제가 존재하고 통제할 수 있는 시기는 현재이므로 과거에는 관심을 두지 않는다. 인간의 기본적 욕구를 생존, 소속, 힘(영향력), 자유, 재미(즐거움)로 보고, 현상론적-실존주의적 관점에서, 행동, 생각, 느낌, 생리작용의 4요소로 이루어진 전체 행동을 강조한다. 그리고 개인의 행동과 느낌과 환경을 통제, 선택하는 것은 자기자신이라는 선택이론을 강조한다.

집단상담자는 집단원이 현실에 직면하고, 자신이 선택한 행동의 책임을 알고 받아들이며, 현명한 선택을 통해 삶을 효과적으로 통제할 수 있다는 점을 알도록 한다. 상담집단의 진행과정은 WDEP (소망Want, 추구행동 Direction and doing, 자기평가 self-Evaluation, 계획 Planning)의 단계별로 주로 질문이 상담기술로 활용되며, 토의, 논박, 직면, 언어충격, 유머 등이 활용된다.

❛
행동주의적 접근
❜

B. F. Skinner 등의 학습이론을 근거로 발전된 이 모형에서는 내담자의 문제를 학습과정을 통해 습득된 부적응 행동으로 보고, 그것을 제거하고 보다 적절한 새로운 행동을 학습하도록 돕는 과정이 상담이다. 행동은 자극에 대한 반응이며 유기체의 조건과 뒤따르는 강화조건이 인간반응에 큰 영향을 미친다고 본다. 따라서 적절한 강화를 함으로써 특정 자극에 대한 바람직한 반응을 습득하도록 하는 행동수정 원리가 이 모형의 근간이다. 또한 직접적 강화 없이 모델 행동을 관찰함으로써 학습되는 사회학습도 있다.

행동수정의 절차는 ① 문제행동을 구체적으로 정의하고, ② 발달적·사회적 생육사를 조사하며, ③ 행동수정을 위한 구체적 목표를 세우고, ④ 행동수정 방법을 찾고 실제로 적용하는 것이다.

집단상담자는 질문, 강의, 집단토의, 역할놀이, 역할연습, 심리극, 시범 보이기 등의 기술을 활용하여 집단원이 스스로 선택한 목표로 나아가도록 하고, 칭찬, 인정, 높은 평점 등의 강화를 한다. 집단기술은 행동계약, 자기주장 훈련, 시범 보이기 등의 행동강화 기술과 소거, 단계적 둔화법(systematic desensitization) 등이 포함된다.

**'통합상담론적
집단접근'**

이장호(1936~2015)에 의해 개발된 이 접근모형은 개발자가 30여 년 간 서울대에서 서구이론을 가르치고 상담을 진행하면서 1980년대 말부터 서구이론 및 접근방법의 한계를 지적하고, 동서양 횡문화적, 심신 일원적인 통합상담적 관점의 접근 필요성을 제기하면서 발전되었다.

이 모형에서는 집단지도나 훈련, 집단상담을 아우르는 통합적 형태로 집단수련회라는 명칭을 사용하고 있으며 지도자의 역할은 집단상담자가 아닌 집단수련 안내자이다. 이 접근모형은 집단원 개개인의 현재 관심사에 대한 자기점검과 가족/사회 내에서의 인간관계에 대한 현실적인 검토를 통해 보다 성숙지향적 자기수련과 자기통합의 접근노력을 강조한다. 집단과정에서 명상, 요가동작과 같은 동양적 심신수련법이 포함된 자기통합 수련으로서 평정심의 유지 및 주체성(얼과 밸) 회복의 의식화가 강조되고 있다.

통합상담론적 집단모형의 기본철학은 동도서기론(東道西器論), 화이부동(和而不同), 그리고 자연조화로서, 핵심원리는 요가 명상을 통하여 신체와 마음을 통합하기, 심신의 고통과 함께하기, 공동체적 관점에서 살기, 일원론적 전체와 '밝고 유능한' 인간성 찾기이다.

서구의 기존 이론과 대비되는 가장 눈에 띄는 특징은, 이해-공감-분석적 대화보다는 협동적 탐구와 교육적 대화를 추구하며 요소주의적 관점보다는 전체적 유기체적 통합과정을 강조한다는 점이다. 또한 의식의 분류, 평가보다는 마음과 신체적 체험과정을 중시하고, 인간 욕구, 긴장의 발산보다는 인내 및 수용의 경험과정을 집중 수련한다. 그리고 문제행동의 교정적 측면보다는 양생적 잠재능력의 발휘에 주목하고, 고통에 대한 대처행동과 적응기제뿐만 아니라, 인간가치 및 이념적 갈등의 통합을 중시한다.

마지막으로 자기성찰과 개인적 발달뿐만 아니라, 사회공동체적 관심과 책임을 유의하도록 강조한다.

앞서 설명한 아홉 가지 이론에서의 집단상담의 접근방식을 요약하면 다음과 같다.

표 2.1 이론별 집단상담 접근방식들의 비교

정신분석적 접근	역할	상담자: 집단적인 지도를 피하고 집단이 스스로 과정을 결정하도록 한다. 특정 행동양식의 의미를 해석해 준다. 집단원: 문제를 말하고 무의식적 자료(꿈, 환상 등)를 표현한다. 자발적인 상호작용에 관한 책임을 갖고, 해석적 언급을 하며, 다른 구성원들에 대한 통찰을 함께 이야기한다. 경우에 따라 서로에게 보조상담자가 된다.
	기법	해석, 자유 연상, 꿈의 분석, 저항의 분석, 전이의 분석 등 무의식적인 경험 자료들을 의식화시키며 통찰에 이르도록 고안된 모든 기법들
T-집단, 감수성 훈련 집단	역할	상담자: 집단의 규범을 설정하고, 집단원들이 존중, 공감, 수용되며 안전하다고 느낄 수 있도록 분위기를 조성하며, 훈련 위주의 자연스러운 집단 활동 촉진한다. 집단원: '여기-지금 여기'의 상황에 초점을 두고, 항상 자신의 내면세계를 들여다보고, 내면의 소리에 귀를 기울인다. 또한 솔직하게 터놓고 이야기하며, 모든 사람의 이야기를 적극적으로 경청하는 참여자가 된다.
	기법	구조화 혹은 비 구조화된 소집단에서 상호간 피드백에 의한 직접적 경험과 새로운 행동의 실험, 자기투입과 참여, 집단규범의 발달 등의 과정을 통해 대인관계에 대한 이해능력과 집단과정을 학습하도록 하는 인간관계 실험실적 기법이 적용된다.
인간중심	역할	상담자: 구조화나 방향제시를 거의 하지 않는다.

(참만남) 집단		집단원: 의미 있는 자기실현 방향을 발견하고, 서로를 도울 수 있고 건설적인 성장을 향해서 움직일 수 있는 능력을 가진 존재로 간주된다.
	기법	집단과정 촉진을 위한 태도와 행동이 강조되고, 구조화되거나 계획된 기법은 거의 사용되지 않는다. 주요 활동 기법에는 적극적인 경청, 감정의 반영, 명료화, 지지 등이 포함된다.
합리적 정서치료 접근	역할	상담자: 집단원의 비현실적이고 잘못된 생각이 바뀌도록 계속해서 지도할 책임이 있다. 집단경험을 구조화해서 집단원들이 건설적인 변화를 이루는 작업을 지속하게 한다. 집단원: 자신의 자기패배적 사고와 다른 집단원들의 자기 패배적 사고를 논박할 책임이 있다. 집단 밖에서 자기직면적 행동을 실행하고, 비합리적인 사고를 변화시키기 위한 작업을 열심히 해야 한다.
	기법	기본적인 기법은 적극적으로 가르치는 것이다. 지도자는 조사하고, 직면하고, 도전하고, 합리적 사고의 모범이 되고, 이를 가르치고 설명해주고, 설득하고 강의한다. 집단구성원들이 합리적 언행을 끊임없이 실천하도록 요구한다. 합리적 정서치료는 탈조건화, 역할연습, 행동분석, 숙제, 자기주장 훈련과 같은 광범위한 행동 기법을 사용한다.
행동주의적 접근	역할	상담자: 적극적으로 가르치고, 미리 결정된 활동절차에 따라 집단이 진행되도록 이끌 책임이 있다 집단원: 적극적으로 활동하고, 집단에서 배운 것을 일상생활의 상황에 적극적으로 적용하며, 집단 밖에서 새로운 행동을 연습하도록 한다.
	기법	주요 기법들은 행동적 학습원리에 기초하고 있고, 행동변화와 인지 재구조화를 목표로 한다. 단계적 둔화, 주장훈련, 조작적 조건화, 자조기법, 강화, 지지적 방법, 행동분석, 모델링, 피드백, 인지양식 및 행동양식을 변화시키는 방법들을 사용한다.
형태주의	역할	상담자: 집단원이 자신의 현재 경험들을 자각하고, 그

적 접근		런 자각을 집단 내에서 경험하도록 지도할 책임이 있다. 정서 경험을 심화시키기 위한 기법을 도입함으로써 집단을 구조화한다. 집단원: 적극적이어야 하고 스스로 해석을 해야 한다.
	기법	여러 행동지향적 기법들이 사용될 수 있으며, 이 기법들은 모두 현재의 감정들에 대한 자각과 즉시적 경험을 심화시킨다. 직면, 빈 의자 기법, 대화게임, 순회하기, 공상에 대한 접근, 예행연습, 행동화, 감정에 충실하기, 자기나 중요한 타인들과의 대화, 꿈의 작업 등이 포함된다. 공상, 심상 및 상상을 자극하도록 고안된 여러 가지 기법들을 사용한다.
의사거래 분석적 접근	역할	상담자와 집단원들 간의 동등한 관계가 강조되기 때문에 책임이 나누어지고, 서로의 책임을 계약서에 명시한다. 집단구성원과 상담자는 구성원들이 어떤 변화를 이루고 싶어하는지와 그들이 집단에서 어떤 문제들을 탐색하고자 하는지 계약서에 자세히 기록한다.
	기법	초기의 자기 명령과 결정을 알아보기 위한 각본분석, 평가목록 및 질문지의 사용, 게임과 삶의 입장분석, 가족 모델링, 역할연습, 자아구조 분석 등이 활용된다.
현실치료 적 접근	역할	연출자/상담자: 집단원이 현실에 직면하고, 자신이 선택한 행동의 책임을 알고 받아들이며, 현명한 선택을 통해 삶을 효과적으로 통제할 수 있다는 점을 알도록 한다. 집단원: 개인의 행동과 느낌과 환경을 통제, 선택하는 것은 자기자신이라는 것을 깨닫고, 자신의 욕구를 충족시키고, 새로운 삶을 꾸릴 수 있는 새로운 선택을 결정한다.
	기법	WDEP(소망Want, 추구행동Direction and doing, 자기평가self-Evaluation, 계획Planning)의 단계별로 주로 질문이 상담기술로 사용되며, 토의, 논박, 직면, 언어충격, 유머 등이 활용된다.
통합 상담론적	역할	상담자: '자기점검-숙제풀기-관점통합-함께 즐겨하기' 과정의 체험을 상담자가 안내, 지도한다.

집단수련		집단원: 적극적으로 학습하고 체득할 책임이 있다. 아울러 자기존재의 발견(바라보기)과 자기통합 및 공동체적 행동을 학습, 실천한다.
	기법	통합상담적 집단수련의 방향은 "그대로 놔두기, 현존재 바라보기, 함께 체험하기"로 특징지워진다. 이러한 과정에는 '점검-풀기-통합' 목적의 집단 내 대화가 진행됨과 동시에 몇 가지 실습체험적 기법들이 활용된다. 그중에는 누운 자세의 단전호흡, 선(仙)도행법, 식사 전 묵언, 동작-감사 명상, 상대 집단원에게 절하기-절받기, '지금 이 자리의 마음' 나누기, 실내외 봉사노동, 향후 1~5년간 경험을 예상하기 등이 있다.

자료: 윤관현·이장호 외, 집단상담 원리와 실제, 제2판, 법문사, 2006, p.178인용

제3장
집단의 역동과 발달단계

집단활동에는 내용과 과정(process)의 두 주요 측면이 있고, 과정에 관해서는 집단의 역동과 발달단계의 두 측면을 고찰할 필요가 있다.

'집단의 역동'

집단의 성격과 방향에 영향을 미치는 복합적인 힘을 집단의 역동이라 한다. 이러한 집단역동은 집단과 구성원들과의 상호작용에 의해 발달하며 여기에서 파생되는 독특한 에너지는 집단의 균형과 변화에 중요한 영향을 미친다. 집단역동은 집단의 발달에 긍정적으로 작용할 수도 있지만 참여자들

에게 부담과 해를 끼칠 가능성도 있으므로 집단상담자는 집단에
서 일어나고 있는 중요한 역동들을 감지하고 생산적인 방향으로
활용할 수 있어야 한다. 집단역동에 관계되는 요인들은 다음과
같다.

1) 집단의 배경

참여하는 집단이 새로 구성된 집단인가 아니면 서로 잘 알고 있
는 구성원으로 이루어진 집단인가와 같은 집단의 구성배경이다. 즉
집단의 역사적 배경과 집단원들의 특징(어떤 종류의 사람들로 구성되
었나, 집단에 대한 사전 경험이 있는가, 어떤 기대와 요구를 가지고 있는
가 등)에 따라 집단의 역동이 달라질 수 있다.

2) 집단의 참여형태

표면적으로 보이는 집단 참여형태는 상담자가 집단원들에게
일방적으로 말하는 형태, 상담자가 말하면 집단원들이 반응하는
형태, 모든 집단원들이 서로 말하거나 한 개인이 전체집단과 말하
는 형태로 설명될 수 있다. 자세히 관찰하면 한 개인이나 하위집
단이 전체집단의 역동에 영향을 미치거나 계속 침묵함으로써 집
단 분위기를 압도하는 형태도 있다. 바람직한 형태는 집단원들의
참여가 광범위하게 이루어져서 집단에의 흥미와 관여가 활발한
형태이다.

3) 의사소통의 형태

의사소통은 집단원들이 서로를 어떻게 잘 이해하고 있는가, 사

상·가치관·감정을 어떻게 분명하게 서로 전달하고 있는가와 관련된다. 바람직한 의사소통의 형태는 행동변화에 필수적인 요소이므로 의사소통의 양상이나 내용은 집단역동에 결정적인 영향을 미친다.

4) 집단의 응집성

집단의 응집성은 집단원들이 하나의 통합된 전체로 묶여지는 유대관계의 정도를 말한다. 즉, 집단의 사기, 집단정신, 각 집단원들이 집단에 대해 갖는 매력 정도를 말하며, 집단원들이 참여하고 있는 집단활동에 대한 관심도 등을 나타낸다.

5) 집단의 분위기 및 집단규범

집단의 분위기는 집단원들의 집단에 관한 느낌과 집단에의 자발적 참여의식에 영향을 미치므로 집단목표의 성취에 중요한 요인이다. 집단상담자는 분위기에 민감해야 하고, 자유롭고 허용적인 분위기 조성에 주의를 기울여야 한다.

집단규범은 집단활동의 과정에서 적용되는 활동규약인 동시에 집단원들이 활동을 수행해나가는 방법에 대한 약속이다.

6) 집단원들의 사회적 관계유형

집단원들 간의 우정과 반감의 미묘한 관계성, 즉 집단원들 간의 사회적 관계유형은 그 집단의 집단활동과 역동관계 형성에 중요한 영향을 미친다. 명성이나 영향력, 실력, 능력 혹은 설득력 등에 따라 형성되는, 비공식적이며 눈에 잘 드러나지 않는 **하위집단**은 집단

활동에 부정적인 영향을 끼칠 수도 있다.

7) 주제의 회피 및 지도성(영향력) 경쟁

집단의 역동과정에서 난처한 문제나 갈등을 무조건 회피하는 경우, 집단에서 문제나 갈등이 효과적으로 해소될 수 없기 때문에, 집단원과 전체집단의 발달을 위해서는 회피되는 주제를 가능한 한 충분하게 취급해야 한다.

경쟁은 상황에 따라 바람직한 현상일 수 있으나 중요한 과업수행에 방해가 되거나 집단의 부정적인 특징이 되면 문제이다. 그러므로 집단상담자는 집단원 간의 경쟁상태를 예민하게 관찰하면서 집단의 문제해결에 도움이 되는 자료를 얻고, 집단원 구성원들이 자신의 지배의도를 버리고 타인의 지도성을 인정·수용하는 아량을 갖도록 조력해야 한다.

8) 숨겨진 안건 및 제안의 묵살

숨겨진 안건 또는 공개되지 않은 중요한 의도 및 화제 때문에 집단활동의 진행이 제대로 안 될 경우, 집단상담자나 관련 집단원 측에서 이를 표면화시켜 취급할 필요가 있다.

집단구성원들은 적절한 내용의 제안을 적절한 시기에 할 수 있는 능력이 필요한데, 한 집단원의 제안이 여러 번 계속 묵살되는 경우 집단상담자이든 집단원이든 묵살당한 본인이 집단 앞에 솔직하게 자기 제안을 표현하도록 조력해야 된다.

> ❝
> **집단의**
> **발달단계**
> ❞

집단의 발달과정은 두 사람 혹은 그 이상의 사람들이 상호간에 영향을 미치면서 공동목표를 향해 함께 움직여 나가는 변화과정 혹은 집단발달의 진행과정을 말한다. 이러한 집단의 발달과정은 **도입-준비-작업-종결**의 네 단계로 나누어 고찰할 수 있다.

1) 도입단계

집단상담의 목적과 성격에 관한 오리엔테이션을 함으로써 참여자가 집단경험을 자신의 성장을 위해 최대한 활용할 수 있도록 조력하는 것이 이 단계의 주된 목표이다.

(1) 참여자 소개와 예기불안의 취급

집단상담자는 간략한 인사말을 하고 참여자들이 서로 인사·소개하는 시간이 필요하다. 상담자는 환영의 말, 자기의 자질, 경력 및 집단에 대한 열의와 기대 등을 말한 후 새로운 집단을 만날 때 매번 예기불안을 경험한다는 사실을 진솔하게 노출함으로써 시범을 보인다. 참여자들이 불안과 두려움을 말하도록 도움으로써 안정된 분위기를 조성할 필요가 있다.

(2) 집단의 구조화

집단의 구조화는 집단발달의 전 과정을 통하여 이루어져야 하지만 참여자들이 불안해하는 집단 초기에는 더 필요하다. 집단상담자는 ① 집단의 성격과 목적, ② 집단상담자의 역할, ③ 집단의 기본규범과 기타 유의사항에 대해 말한다. 상담자가 적절하게 집단구조화를 할 때 집단응집성은 높아지고 집단 상호간 자기노출, 피드백, 직면(맞닥뜨림)을 촉진하는 데 도움이 된다.

(3) 행동목표의 설정

구체적인 행동목표의 설정은 집단상담의 효과와 이에 대한 평가를 위해 필수적이다. 목표에는 집단과정의 발달을 돕는 데 도움을 주는 목표인 과정적 목표와, 집단원 각자의 목표에 해당하는 개인적 목표가 있다. 행동목표는 변화되어야 할 행동, 변화가 일어날 상황, 변화에 필요한 예상기간과 자신이나 타인이 목표성취를 확인할 수 있는 기준 등을 포함해야 한다.

2) 준비단계

상담자는 안정되고 신뢰로운 집단 분위기를 조성함으로써 다음의 작업단계를 준비한다. 이 단계에서 집단상담자는 집단의 분위기 조성과 집단원의 성장에 크게 손상을 주지 않는 한 집단원의 말과 행동을 신뢰하고 수용하며 격려해주는 태도와 반응을 보여야 한다.

(1) 의존성

집단상담자에게 의존성을 보이는 집단원의 경우 그 욕구에 공감해 준 다음 반영을 통해 그가 다른 집단원들보다 집단상담자의 관심과 반응을 더 가치롭게 여기고 있음을 깨닫게 한다. 이로써 집단원들에게 지도성의 책임을 나눠 갖도록 학습시킬 수 있다.

(2) 저 항

상호작용의 초점이 개인적인 이야기로 옮겨지므로 집단원들은 부담감과 불안감을 경험하게 되며, 집단참여에 조심하고 주저하게 되어 저항적 반응을 나타낸다. 저항을 처리하는 효과적인 방법은 저항을 집단과정의 필수적인 요소로 인정하고 함께 취급하는 데서 비롯된다.

(3) 갈 등

갈등기에는 지배할 것인가, 지배당할 것인가에 주된 관심을 두고 집단원 상호간 또는 집단상담자와의 사이에서 경쟁적·갈등적 모습을 보인다. 갈등은 필연적인 것이며 적절하게 대처할 경우 신뢰성을 강화하는 계기가 된다는 사실을 인정하게 하고 생산적으로 대처하도록 조력한다.

(4) 응집성

응집성은 집단원들이 경험하는 집단에의 매력, 소속감, 결속감, 일치감을 내포한다. 집단상담자는 집단의 응집성을 높이기 위하여 스스로 모범을 보이는 동시에 신뢰성과 응집성을 높이는 데 도움을 주는 집단원의 반응과 행동들을 강화한다.

3) 작업단계

작업단계의 주된 과업은 집단원 상호간 도움을 주고받음으로써 행동변화를 촉진시키는 일이다. 집단상담자는 참여자들이 각자의 문제를 노출하고 탐색하며 이해하고 수용하는 과정을 통해 바람직하지 못한 행동패턴을 버리고 생산적인 대안행동을 학습하도록 조력한다.

(1) 자기노출과 감정 정화

집단원이 사적으로 의미 있는 문제를 드러내면 집단이 공감과 자기노출을 통해 그 감정의 응어리를 토로하게 돕는 동시에 그로

하여금 집단에서 충분히 이해받고 수용된 경험을 하도록 조력한다. 부정적 감정의 응어리를 정화하는 것은 그 자체로서도 치료적이다.

(2) 비효과적 행동의 취급

집단원이 문제 상황에 연루되고 헤어나지 못하게 만드는 자신의 비효과적인 행동패턴을 탐색·이해·수용하도록 조력한다. 이때 저항에 부딪히지 않도록 집단상담자는 집단원이 자신의 문제를 취급하려 하는지 확인하여 동의를 얻을 필요가 있고, 피드백과 직면반응(맞닥뜨림)을 여기-지금의 문제로 전환하는 것이 효과적이다.

(3) 바람직한 대안행동의 취급

대안행동은 집단원들이 자유롭게 탐색하여 제시하고 다각적인 측면에서 논의한 후 선정한다. 그리고 집단의 지지 아래 실습하도록 한다. 대안행동의 학습에는 역할놀이의 도입이 효과적이며 실행 여부와 그 결과를 집단에 보고하게 함으로써 실천 가능성을 높인다.

4) 종결단계

종결단계를 적절히 진행하지 않으면 집단원들이 학습한 것을 활용하는 데 지장을 받게 되고, 집단상담 자체에 대한 부정적 감정을 지니고 떠날 가능성이 있으므로 종결단계는 중요하다.

(1) 집단경험의 회고, 요약

전체 집단과정에서 자신에게 특별히 의미가 있었거나 도움이 되었던 경험을 상호간에 나누어 가지도록 조력한다.

(2) 집단원의 성장 및 변화에 대한 평가

집단원의 진보를 집단의 시작점과 종결시점(현재)을 비교하여 살펴보고, 그것의 적용 가능성도 알아보도록 조력한다.

(3) 이별감정 및 미진사항의 취급

느낌(종결소감)을 표출할 시간적 여유를 주어 상호간에 아쉬움을 공유하도록 하고, 집단의 종결은 집단 밖에서는 새로운 시작임을 인식하게 한다. 미결과제에 관해서는 효과적인 대처요령을 설명해줌으로써 집단원들이 편안한 마음으로 떠나도록 조력한다.

(4) 피드백 주고받기

종결단계에서의 피드백은 이때까지 관찰해온 집단원의 행동변화를 최종적이고, 종합적으로 평하는 것이 특징이며 구체적인 행동용어로 긍정적인 면에 초점을 두는 것이 효과적이다.

(5) 최종 마무리와 작별인사

집단과 개인이 이룩한 성과에 대해 치하하고, 학습한 행동의 정착을 위해 지속적인 노력이 필요하다는 사실과 학습한 행동의 실현을 서서히 지혜롭게 하지 않으면 오해나 배척을 받을 수 있다는 사실도 언급한다. 집단상담자를 필두로 전 집단원이 차례로 상호간에 언어와 비언어 반응을 교환하면서 작별의 인사를 나누고 집단의 전 과정을 마감한다.

제4장
집단의 지도성

지도성이란 조직 또는 집단의 공통목표를 달성하기 위해 집단의 구성원들이 목표지향적인 행동을 할 수 있도록 하는 지도자의 행동 영향력으로 정의될 수 있다. 집단이 상담효과를 달성할 수 있느냐는 크게 다음 세 가지 변인에 달려 있다. 그 내용은 ① 상담자 변인—집단의 활동을 촉진시키는 집단상담자의 지도성, ② 집단원 변인—집단을 형성하는 구성원의 성질, 참여자 개개인의 변화에 대한 욕구, 참여의지, 자발성, ③ 환경적 변인—집단이 처하게 되는 특수한 상황으로 설명될 수 있다. 여기에서는 여러 변인들 중에서 가장 중요한 상담자 변인(집단상담자의 지도성)을 고찰한다.

'지도성의 형태와 관련요인'

1) 지도성의 형태

(1) 전제형

의사결정권이 전적으로 지도자에게만 부여되는 유형으로, 단기간 내에 많은 양의 과업을 성취할 수 있으나 적대적·경쟁적·공격적인 분위기가 형성된다. 특히 책임전가, 불화, 의존성, 창의성 결여 등의 행동경향이 나타난다.

(2) 민주형

의사결정권이 전적으로 집단에게 부여되는 유형으로, 과업성취를 위해 긴 시간이 소요되지만 동기가 강하게 유발되고 시간과 학습량 증가에 따라 생산성이 증가하며 우정과 협동정신이 발전하고 서로 칭찬하며 큰 만족감을 표시한다.

(3) 방임형

의사결정권이 개개인에게 부여되는 유형으로, 과업완수의 양과 질이 떨어진다. 많은 시간을 비생산적인 활동에 소비하고 실제 과업의 성취보다는 탁상공론에 그치는 경향이 나타난다. 공격적인 행동이 민주형 집단보다는 많으나 전제형 집단보다는 적다(Lewin 등 연구).

2) 지도성의 초점

(1) 개인 내적 지향

집단지도를 할 때 지도자는 집단의 역동이나 참가자 간 상호과정의 과정보다 개인에게 더 흥미를 갖고 일대일 방식의 접근을 선호한다. 개인 내적 갈등, 역동, 내면적 관심에 주안점을 둔다.

(2) 대인관계적 지향

집단지도를 할 때 지도자는 지금 여기에서의 현 상태에 관심을 두고 참가자들 간의 상호작용과 전체적인 집단관계를 중시하며 집단역동과 집단성과의 저해요인에 유의하고 주목한다.

요컨대 유능한 집단상담자는 자신의 개성에 맞는 상담방식을 지니고 특정 개인이나 집단에 두 가지 지향을 적절히 안배할 수 있어야 한다(Shapiro).

지도성의 유형은 의사결정 과정에서의 상담자의 권한 영역과 집단원의 자유재량 영역의 정도에 따라 '상담자 중심적' 지도자와 '집단원 중심적' 지도자로 유형화할 수 있을 것이다. 상담자 중심 쪽일수록 상담자는 전문적인 기술을 동원하여 지시적·적극적으로 집단을 이끌며 집단의 방향-결과 혹은 성공-실패에 대한 전적인 책임을 진다. 그리고 집단 중심 쪽일수록 상담자는 집단의 방향결정과 책임을 집단에게 이양하고 상담자 자신도 한 사람의 집단원으로 집단활동에 참여한다.

> ' 지도형태의
> 선택과
> 관련요인 '

상담자가 집단지도의 형태를 선택할 때는 ① 집단상담자 자신, ② 집단원들, ③ 그때의 상황이라는 세 가지 측면과 여러 관련요인들의 고려가 필요하다.

1) 집단상담자와 관계되는 요인

① 집단상담자의 가치관: 집단상담자가 의사결정권의 행사를 어느 정도 해야 한다고 생각하는지, 집단효율성과 개인적 성장과 집단이익에 어느 정도로 가치를 부여하는지 등에 따라 달라질 수 있다.

② 집단원에 대한 집단상담자의 신뢰도: 집단상담자가 집단원들이 자력으로 문제를 해결할 수 있다고 볼 때 더 자율성을 부여하는 형태를 취하게 된다.

③ 집단상담자의 지도성향: 상담자에 따라 자신에게 자연스럽고 익숙하다고 여기는 입장에서 지시적 또는 민주적 형태를 띠게 된다.

④ 모호성에 대한 인내심: 상담자에 따라 구체적이고 분명한 것을 좋아하여 관찰 가능한 결과를 선호하거나 그렇지 않을 수도 있다. 집단의 목표와 상황에 따라 모호성 및 추상성에 대한 상담자의 인내심과 대처방식은 다르게 나타난다.

2) 집단원들과 관계되는 요인

상담자의 집단지도 방식은 다음과 같은 조건들이 갖춰졌을 때 집단 중심적 형태를 취하게 되고 그렇지 않을 때는 지시적 형태를 취하게 된다.

① 집단원 측 독립성에 대한 요구수준이 비교적 높을 때
② 자신의 변화에 대한 의지가 높을 때
③ 참여의 자발성이 높을 때
④ 의사결정의 책임을 감당할 준비가 되어 있을 때
⑤ 취급해야 할 문제의 중요성을 인식하고 관심을 가지고 있을 때

⑥ 집단의 목적, 목표를 알고 있을 때

⑦ 문제해결에 필요한 지식과 경험을 가지고 있을 때

⑧ 의사결정 과정에 참여준비가 되어 있을 때

3) 상황에 관계되는 요인

집단상담자는 다음과 같이 집단의 상황에 따라 적합한 지도방식을 선택하게 된다.

① 집단의 크기: 집단이 클수록 상담자의 강한 통제가 필요할 것이다.

②시간적 압력: 신속히 처리해야 할 문제가 있는 집단에서는 통제가 필요할 것이다.

③ 모임의 빈도: 처음에는 상담자 중심일 수밖에 없더라도 모임횟수가 거듭될수록 집단 중심적 형태로 전향할 수 있을 것이다.

④ 책임의 한계: 상담자가 법적으로 책임을 져야 할 경우에는 보다 지시적이어야 하고 책임의 자유가 허용되는 상황에서는 집단 중심적 형태를 취할 수 있다.

바람직한 상담자는 어느 특정 지도형태에 고착되지 않고 여러 형태에 대한 폭넓은 이해와 경험을 바탕으로 여러 가지 접근형태를 적절히 활용할 수 있어야 한다.

‘
집단상담자
의 역할
’

집단상담의 성과를 어느 정도로 성취하느냐는 주로 상담자가 어느 정도로 자기 역할을 효과적으로 수행하느냐에 따를 것이다. 다음은 집단상담자의 주요 역할이다.

1) 집단활동의 시작을 돕는다

집단상담자는 상담집단을 처음 시작할 때 집단원들이 효과적으로 상호작용을 시작하도록 이끌어주어야 한다. 상담자가 솔선하여 자신의 느낌(내면감정)을 공개함으로써 집단원들도 불안, 긴장, 수줍음, 갈등 등을 드러내고 쉽게 말할 수 있게 된다. 또한 집단원들은 집단 내 상호작용적 대화를 통해 자기통찰을 얻게 되므로, 각 모임은 항상 ‘여기-지금’의 상태에서 시작하도록 상담자가 조력(촉진)하는 것이 바람직하다.

2) 집단의 방향을 제시하고 집단규범의 발달을 돕는다

집단 초기에 집단상담자는 집단상담의 일반적인 목표와 과정에 관한 간략한 설명 등을 통해 집단상담의 방향 및 집단규범의 윤곽을 제시할 필요가 있다. 이를 통하여 집단원들은 그 집단에서 느끼고 행동해야 할 표준인 집단규범을 익히기 시작한다. 집단규범은 집단의 목표달성에 기여할 뿐만 아니라 집단 자체의 유지 발전의 바탕이 된다.

3) 집단의 분위기 조성을 돕는다

안전하고 신뢰로운 분위기에서 집단원들의 자기탐색과 새로운 행동의 시도가 가능할 수 있으므로, 집단상담자는 권위주의적 태도를 버리고 집단원들의 느낌과 생각을 이해하고 의견을 존중하며 사실에 초점을 둔 집단과정이 진행되도록 지도·격려한다. 이로써 집단의 주 목적인 '스스로의 문제해결을 통한 자기성장'이 가능해진다.

4) 행동의 모범을 보인다

집단상담자는 집단원에게 기대하는 행동유형을 자신이 먼저 시범을 보여 집단원도 그렇게 하도록 조력한다. 예를 들어 원활한 의사소통을 위해 집단상담자가 스스로 진솔하고 적절한 자기노출을 하면, 집단원들도 자기를 공개할 수 있게 된다. 경우에 따라 녹음, 녹화된 모델, 동료 모델을 활용할 수도 있다.

5) 의사소통 및 상호작용을 촉진시킨다

적절하고 효과적인 의사소통의 확립을 위해 집단상담자는 집단의 의사소통을 방해하는 요인을 극복하고 원활한 상호관계를 발달시키도록 조력한다. 이를 위해 집단원의 비언어적 메시지와 발언의 참뜻을 밝혀주는 것이 도움이 된다.

6) 집단원을 보호한다

집단상담자는 집단원이 어떤 활동에 대한 참여나 개인적 문제의 공개를 꺼리는 경우 '거절의 권리'를 인정해주고, 타 집단원에게서 부당한 압박을 받지 않도록 보호해준다. 요컨대 신체적인 활동에서 부상을 당하지 않도록 하는 등 집단원을 심신의 위험으로부터 보호하는 보호자의 역할을 수행한다.

7) 집단활동의 종결을 돕는다

집단상담은 약정된 시간에 시작, 종결하고 모임의 횟수 및 절차도 예정대로 진행해야 한다. 한 모임이나 전체 과정의 종결 때에는 다음과 같은 준비와 고려사항이 있다.

① 집단에서 학습한 것들의 실제 생활장면에의 적용방법을 소개하기
② 종결 후에도 계속 노력하겠다는 '실천계약서'에 서명하기
③ 집단을 떠난 뒤 부딪히게 될 문제들에 대한 대비책을 요약하기
④ 추후 지도를 위한 집단모임을 계획하기
⑤ 추가적인 집단상담을 받을 수 있는 기회와 방법을 알려주기
⑥ 필요시 종결 후의 개인상담 가능성을 안내하기 등이다.

제 5 장
집단상담의 기술

집단상담은 의사소통의 집단과정이라 할 수 있고 효과적인 집단 내 의사소통을 위해서는 우선 '집단상담자의 관심 기울이기'가 요구된다. 집단원들이 입으로 표현하는 말의 내용뿐 아니라 전반적인 반응을 상담자가 주목하는 것이 필요하다. 관심 기울이기 행동의 중심적 요소는 ① 말할 때 서로 시선을 부드럽게 마주치는 것, ② 부드러운 몸짓과 상냥한 얼굴표정, ③ 간단한 말이나 동작으로 즉각적인 반응을 보이는 것이다. 또한 집단상담자는 특정 집단원뿐만 아니라 집단 전체에 대해 골고루 관심을 기울여야 한다.

'
관심
기울이기
'

**『 공감적
반응하기
』**

집단원의 주관적인 내면세계를 감지하고 이를 효과적으로 말(확인)해주는 반응이다. 효과적인 공감을 하려면 ① 자신을 집단원의 위치에 놓고 그의 입장에서 생각하고 느껴본다, ② 집단원의 생각과 느낌을 가장 잘 나타내는 단어를 찾아야 한다, ③ 집단원의 심정과 입장을 이해하고 있음을 구체적 단어로 말해준다. 이때 집단원이 '맞다' 또는 '그렇다'는 반응을 보여야 공감적 반응이 이루어진 것이다.

**『 자기노출의
시범
』**

집단상담자의 자기노출은 유사성과 친근감을 전달할 수 있고, 깊은 이해를 발달시킬 수 있으며, 집단원 측 자기탐색의 모범이 된다. 자기노출에는 ① 집단원과 대화하는 동안 경험하게 되는 생각이나 느낌을 말하는 것과, ② 과거에 있었던 자기 경험과 느낌이 현재 집단원이 경험하고 있는 것과 유사할 때 말하는 것의 두 가지가 있다.

**『 피드백
모델
』**

타인의 행동에 대한 자신의 상호적 반응을 솔직히 말해주는 과정이 피드백이다. 상담자의 바람직한 피드백은 집단원의 특정 행동 변화에 도움이 될 뿐 아니라 피드백을 주고받는 방법에 대한 모델 역할도 한다. 피드백을 주고받을 때는 ① 사실적인 진술을 하되 가치판단을 하거나 변화를 강요하지 않는다, ② 구체적으로 관찰 가능한 행동에 대해 그 행동이 일어난 직후에 하는 것이 효과적이다, ③ 피드백을 주는 이와 받는 이가 이를 생산적으로 활용할 준비가 되었는지 고려한 후에 한다, ④ 변화 가능한 행동에 대해 피드백을 주며, 가능하면 대안까지 고려해주는 것이 좋다, ⑤ 한 사람에게서보다는 집단의 여러 사람으로부터의 피드백이 더욱 의미가 있다, ⑥ 피드백을 받을 때는 겸허해야 한다.

'직면(맞닥뜨림)하기'
집단원의 불일치나 모순을 지적해줌으로써 자기이해를 돕고 문제의 원인을 찾을 수 있도록 하는 상담접근이다. 직면하기가 필요한 시점은 ① 이전에 한 말과 지금 하는 말이 불일치할 때, ② 말과 행동이 불일치할 때, ③ 집단원 자신에 대해 인식하는 것과 다른 사람이 인식하는 것이 불일치할 때, ④ 말과 정서적 반응에 차이가 있을 때, ⑤ 집단원의 말 내용과 집단상담자가 그에 대해 느끼는 느낌이 다를 때이다. 직면하기에서 유의할 점은 ① 평가나 판단을 하지 말고 사실을 있는 그대로 진술하고 보고하며, ② 변화를 강요해서는 안 되고, ③ 적시성이 중요하다.

'경청하기'
경청은 말의 내용뿐만 아니라 몸짓, 표정, 음성에서의 섬세한 변화, 저변의 메시지, 말 못한 내용 등을 내포한다. 그리고 말을 하고 있는 집단원에게 잘 듣고 있다는 사실을 확인시킬 수 있어야 한다. 효과적인 경청습관을 기르기 위해서는 ① 평가하지 말고 들을 것, ② 타인의 말을 섣불리 짐작하여 듣지 말 것, ③ 타인이 말하는 동안 지나치게 메모하는 모습을 보이지 말 것, ④ 경청하는 체 하지 말고 진지하게 경청할 것, ⑤ 때때로 타인이 말하는 내용과 함께 감정에도 관심을 보일 것 등에 유의해야 한다. 반면 경청의 저해요인으로는 ① 타인의 말을 진정으로 경청할 의사가 없는 것, ② 자기가 다음에 하고 싶은 말을 생각하고 있는 것, ③ 자신의 역할이나 자기가 상대에게 어떻게 보이느냐에 지나치게 신경을 쓰는 것, ④ 공감하지 않고 상대를 판단하고 평가하는 것 등이 있다.

'반영하기'

집단원이 표현(전달)하고자 하는 생각 및 감정의 내용(본질)을 스스로 알 수 있게끔 상담자가 반사 혹은 나타내주는 기술이다. 효과적인 반영은 말의 내용 뒤에 숨은 느낌을 함께 이해하고 있다는 사실을 알려주는 것이다. 반영의 목적은 ① 집단원이 자신이 하고 있는 말을 좀 더 인식하게 돕는 것, ② 집단원이 느끼고 있는 느낌을 집단상담자가 알고 있음을 전달해주는 것이다.

'명료화하기'

중요한 관심자의 밑바탕에 있는 혼동되고 갈등적인 느낌을 가려내어 분명히 해주는 기술이다. 명료화 기법으로는 질문, 재진술, 다른 집단원들의 반응을 인용하기 등이 있다.

'요약하기'

여러 가지 복잡한 주제가 오가거나 한 집단원이 너무 길게 말할 경우, 요약을 통해 주제를 분명히 하고 전체적 흐름이 궤도를 벗어나지 않도록 돕는다. 그리고 한 주제가 끝나고 다른 주제로 넘어가기 전에 앞 주제를 요약하면, 주제의 연결이 원활하고 집단원의 이해도를 높이며 새 주제에 대한 주의를 환기시킬 수 있다. 한 회기의 집단상담을 끝낼 때 그날의 활동내용이나 진행과정을 요약할 수도 있다. 이 때 집단상담자가 직접 요약하거나 집단원들이 요약하게 하는 형태가 있다.

'해석하기'

집단원이 표현하거나 인식한 내용 저변의 감정 및 무의식적 동기와 의미 등에 대해 상담자가 새롭게 설명하는 것이 해석이다. 집단상담자는 집단원 스스로 해석할 수 있게끔 추측이나 가정의 형식으로 진술할수록 바람직하다. 해석을 하는 목적은, ① 통찰을 촉진하고, ② 내담자의 감정을 확인하고 경험하게 하며, ③ 자기통제력을 향상시킴으로써 내담자가 자신의 행위에 대한 책임을 지도록 하기 위해서이다.

'생산적 집단풍토(규범)를 촉진하기'

상담자는 집단이 보다 활성화되고 집단원들이 적극적으로 참여하여 개인적·집단적 목표를 달성하도록 조력해야 할 것이다. 집단과정의 촉진을 위해 상담자가 유의해야 할 것들은, ① 집단원들이 느낌을 솔직하게 말하도록 조력한다, ② 안전하고 수용적이며 신뢰로운 분위기를 조성하는 데 힘쓴다, ③ 개인적인 문제를 탐색하거나 새로운 행동을 실험하려고 할 때 격려·지지한다, ④ 초청 혹은 도전을 통해 가능한 많은 집단원을 참여시킨다, ⑤ 집단상담자에게 의존하는 경향을 줄인다, ⑥ 갈등이나 의견의 불일치를 공개적으로 표현하도록 장려하고 의사소통의 장벽을 극복하도록 조력한다.

'
저항,
전이현상의
처리
'

저항은 집단과정을 방해하는 요소로 참여를 꺼리고, 드러내기를 주저하며, 쉽게 움츠러들고, 과거의 일이나 제삼자에 관한 이야기를 하는 것 등이 해당된다. 저항의 처리과정에서는 저항현상에 대한 책임을 특정 집단원이나 집단 전체가 아닌 자신이 스스로 지려는 태도가 강조된다. 저항적인 집단원에 대한 대처방식에는 집단원 자신이 자기감정을 말하도록 하는 것과 모임이 끝난 후 일대일로 저항문제를 해결하도록 돕는 것이 있다.

집단과정에서는 집단상담자와 집단원 간에, 혹은 집단원들 간에 그릇된 지각이나 오해적 행동을 초래하는 **전이현상**이 생기기도 한다. 이런 경우, 상담자는 과거가 현재의 행동에 미치는 영향을 성찰하도록 조력하고, 해석기법 등을 활용하여 전이적 행동이 극복되도록 조력한다. 또한 집단상담자는 (사실일 경우) 자기노출을 통해 자신의 **역전이 정서**를 공개하는 것이 바람직하다. 이로써 집단상담자는 집단원들에게 인간적으로 받아들여지고, 전이현상을 효과적으로 처리하는 모델을 집단원들에게 제시하게 된다.

집단상담 이론의 종합 및 연구문제

종합 집단상담 이론은 창시자의 관점 차이에 따라 7, 8개의 이론이 있다. 이들의 대부분은 서구의 정신분석, 인간중심접근, 인지행동적 접근이론을 집단장면에 적용한 것이고, 통합상담론적 집단수련은 동서양 관점통합의 자연치유적 집단접근으로 이장호(2005, 2009)가 최근에 발표한 것이다. 이들 모든 이론의 공통분모는 다음과 같이 요약될 수 있다.

(1) 내담자 문제의 경험배경 탐색, 문제관련 내담자의 현실적 지각(인식) 및 대처반응을 모색한다.
(2) 상담자 측의 공감-직면-해석-훈련 기법 등이 활용된다.
(3) 내담자-상담자 관계에서의 인간적 신뢰와 행동교육 차원의 내담자 경험이 중시된다.

이상 3영역의 공통분모를 바탕으로 하고 이론별로 여러 내용영역(내용요소: 인지, 정서, 행동, 동기 등)과 접근방법(대화, 교육, 훈련 등)별 강조 정도에 따라 다른 모양의 이론들이 정립되어 있다.

연구문제 1

주요 집단상담 이론들의 특성, 상담자 역할, 주요 기법별 내용을 요약해보자.

1) 분석적 집단

(1) **분석집단의 특성**: 초기 갈등·기억의 탐색, 꿈·환상의 해석, 의식수준의 확대(자아강화)
  • **진행요점**: 무의식적 원망 vs 사회적 평가 간 갈등(부적응)의 경험을 표현시킨 후 갈등의 성격(인과관계, 동기)을 인식(자각, 통찰)하게 하고 억압되었던 충동·정서 관련의 자아통제력을 회복시킨다(언어화 → 경험의 재해석, 수용 등).
(2) **상담목표**: 자유연상, 전이 해석에 의한 내면세계의 통찰(→인

식, 행동기능의 회복)

(3) **상담자 역할**: 개인분석의 경우보다 덜 권위적이고, 지적-환기
-연결-해석의 안내자 역(상담자의 투명성, 솔직성이 중요)

(4) **집단원 경험**: 사회적 자아의 성숙화 경험(개인적 통찰 외)

(5) **주요 기법**: 자유연상, 꿈·환상의 분석, 훈습(전이, 왜곡을 반복
적으로 현실 대안화 시킴)

2) 후기 분석학파 접근-아들러 개인분석적 집단

(1) **특성**: 전체(전인성)에 주목, 인간의 사회성, 행동의 목표지향
성, 생활양식, 사회적 책임, 열등감 극복과 우월성 추구, 적
응적 학습의 행동개념 등을 강조

(2) **상담목표**: 열등감 극복(자존감 회복), 그릇된 생활양식 바로잡
기, 소속감·사회성 높이기

(3) **상담자 역할**: 학습안내 역(자기행동 목적의 인식 등), 격려자
역, 재 교육자 역

(4) **집단의 진행단계**: 약속 정하기 → '질문' → 탐색면접(가족
관계, 인생목표, 초기 회상) → 심리적 재(교육) 오리엔테이션
→ (대안)접근행동의 격려

3) 인간중심적 접근(PCA)

(1) **특성**: 집단원의 자유로운 정서표현, 자아개념의 일치성. 자
기실현 동기의 발휘를 중시

(2) **상담자역할**: 집단과정 수용자, 공감적 반응자. 이해적 피드백
중심, 해석-연습은 회피

(3) **진행과정 경험의 요점**: 자기감정 탐색과 표현(과거/부정적 → 현
재/긍정적), 대인감정 표현. 수용, 피드백/직면경험 → 참 만남
(encounter, 솔직한 표현의 친밀화) → 인식, 행동 변화

4) 인지행동주의 접근

(1) **특성**: 생산적 행동의 연습, 강화, 대인행동의 재학습, 구체적 절차, 모델의 활용을 강조

(2) **상담자 역할**: 교육·훈련자 역, 개별/집단 행동계획의 수립-결과의 점검자 역할

(3) **주요 기법**: 모델링, 강화(보상), 역할연습(role playing), 행동과제 수행지도 등

5) 통합상담론적 집단수련

(1) **진행특성**: 명상-요가 동작 절차 후 [자기점검-숙제풀기-관점통합]의 상담과정 진행

(2) **상담자 역할**: 명상-요가절차와 기본 상담과정의 지도자 역할 및 함께 즐겨하기

(3) **집단원 주요 경험**: 자기존재 바라보기(확인). 자기통합, 공동체의식화 활동 등

(4) **특징적 기법**: 누운 자세의 단전호흡, 스트레칭, 명상, 절하고-절 받기, 지금 이 자리의 마음 나누기, 실내외 노력봉사 등

⁝ 연구문제 2 ───────────────

전문적 이론, 실습훈련 외에 집단상담자에게 필요한 '인간적 자질'은 무엇일까?

집단상담자가 직접 상담집단을 이끌어갈 때는 ① 집단원들의 가능성을 믿는 확신감, ② 집단원들을 있는 그대로 수용하는 사랑의 느낌, ③ 집단원의 행동과 집단과정을 여유롭게 받아들이는 허용적 태도, ④ 상담자의 역할수행에 필요한 직관적 반응, ⑤ 최소한의 에너지를 활용하고도 최대한의 효과를 올리게 하

는 조화적 행동 등이 요청될 것이다.

이 밖에 필요 자질로는 모호성·양면성-탈관습적 경험 등에 대한 포용력, 자극자료에 대한 분별적 감수성 등이 있을 것이다.

:: 연구문제 3 ──────────

집단구성원 측의 바람직한(생산적) 행동과 바람직하지 못한 행동은 무엇인가?

집단목표를 달성하는 데 도움이 되는 집단원들의 행동은 ① 솔선해서 제안하기, ② 정보를 요구하고 제시하기, ③ 의견을 묻고 제공하기, ④ 상세히 설명하기, ⑤ 조정하기, ⑥ 방향을 제시하기, ⑦ 평가하기, ⑧ 활기를 띠게 하기, ⑨ 진행을 돕기 등이고, 집단원 간에 원만한 관계를 형성, 유지, 발전시키고 집단 응집도를 높이는 데 기여하는 역할행동들은 ① 격려하기, ② 조화시키기, ③ 타협하기, ④ 의사소통을 촉진하기, ⑤ 규범 정하기, ⑥ 집단을 관찰하기, ⑦ 따르기 등이다.

한편, 집단구성원으로서 바람직하지 못한 행동은 집단원 개개인이 자신의 욕구충족을 위해서 개인 중심적 행동을 하는 것이다. 대표적인 개인 중심적 행동으로는 다음과 같은 것들이 있다.

① 참여하지 않기, ② 발언을 독점하기, ③ 충고하기, ④ 상처 싸매기, ⑤ 공격하기, ⑥ 도움을 구걸하기, ⑦ 문제없는 사람으로 자처하기, ⑧ 지성에만 호소하기, ⑨ 다른 사람들의 기분 맞추기, ⑩ 집단과 관계없는 이야기를 하기 등이다.

⁝ 연구문제 4 ────────────────

집단역동(group dynamics)이란 무엇인가?

집단성원의 상호작용에 의한 힘과 영향력을 의미한다. 즉, 개인 차원에서는 없던 집단적 특성(예: 소속감에 따른 단결된 집단행동, 활발하고 공개적인 자기주장 및 목표지향 행동의 시도 등)들이 나타나는 이유는 [집단역동 × 집단 리더십]의 결과로 해석될 수 있다. 집단상담에서는 집단역동과 집단발달 과정이 밀접한 관계가 있게 마련이다.

⁝ 연구문제 5 ────────────────

집단원들이 경험하는 집단 내 발달단계가 있다면 어떤 것들인가?

1단계: 집단참여 목적, 집단 내 자기위상에 대한 회의 및 의문
2단계: 다른 집단원들과의 관계 및 상호작용에 대한 방황 및 갈등
3단계: 다른 집단원들을 이해하고 의사소통적 관계가 형성됨
4단계: 집단 내 의사소통 및 상호작용을 근거로 타인이해와 자기탐색이 시도됨
5단계: [집단 내 피드백 × 자기성찰]을 토대로 자기행동 양식·대인태도의 개선을 시도

⁝ 연구문제 6 ────────────────

집단상담자의 역할을 요약해서 쉽게 이해한다면?

1) 집단구성을 준비 및 안내(집단의 '산파' 역)

2) 집단 내 의사소통 포함의 집단규범을 시범, 촉진('교통정리원' 역)

3) 집단원 개개인의 목표지향적 언행을 안내, 지도('행동지도사' 역)

II

집단상담의
접근 실제

🎤

들어가기

집단상담의 실제는 상담의 이론적 배경, 집단진행의 구조적 틀, 대상(집단구
성원)에 따라 다양한 접근방법을 취하고 있다. 이 장에서 소개하는 집단상담의
실제사례는 지도자의 집단 진행방식에 따라 집단상담을 구조화 집단상담 프로
그램과 비구조화 집단상담으로 분류하고, 다시 대상에 따른 적합한 구조적 틀
을 설정하여 그 내용을 소개하였다. 수록된 사례는 구조화 집단으로서의 아동,
청소년, 노인 집단상담 프로그램과 비구조화 집단으로서의 통합상담 집단수련
및 감수성 훈련 집단상담 사례이다.

제6장
집단상담의 준비/고려사항

집단상담의
계획 및
고려사항

1) 집단상담의 장소와 집단규모

집단상담실의 위치, 크기, 분위기는 집단원의 인원 수, 연령, 주된 활동 프로그램에 따라 다를 것이다. 심리적 안정감을 주고 아늑하여 집단과정의 몰입에 방해가 안 될 정도로 정돈된 분위기가 바람직하고, 집단상담실의 크기는 7, 8명 이상이 자유롭게 신체활동도 할 수 있을 정도의 공간이 적절하다.

집단(원)의 규모는 구성원의 성숙도, 집단상담자의 경험, 집단의 유형, 탐색할 문제나 관심의 범위, 타인에 대해 알고자 하는 집단원의 요구 등에 따라 다를 수 있다. 집단원 간 원만한 상호작용이 가능할 수 있는 규모인 동시에 모든 집단원이 정서적으로 집단 활동에 관여해서 집단감정을 느낄 정도로 작아야 한다. 보통 5~15 명 범위에서 7, 8명이 이상적이다.

2) 집단의 구성, 기간, 협동상담자, 활용 활동 및 게임

집단을 구성할 때 동질적 구성이 효과적인가, 이질적 구성이 효과적인가의 문제는 사회적 성숙도, 성, 지적 능력, 교육수준, 성격 차이, 문제영역, 사회경제적 수준 등의 요인과 관련된다. 동질집단 인 경우 출석률이 좋고, 공감하기 쉬우며, 즉각적으로 지지하는 경 향이 있다. 또한 집단 내 갈등이 적고, 집단의 응집력과 소속감이 빠르며, 강하게 발달하는 경향을 보인다. 반면 피상적 관계에 머물 며 영속적인 행동변화의 가능성이 낮다. 이질집단에서는 의미 있 는 자극을 주고받고, 차이점을 발견하며, 현실검증의 기회가 풍부 하다.

수시 참여가 가능한 개방적 집단의 경우, 기존 집단원은 새로운 상호작용을 하고 다른 관점의 피드백을 받으며, 새 집단원은 모방 을 통해 집단의 과정과 집단기술을 배울 수 있는 장점이 있다. 반 면, 집단 분위기가 흐트러지기 쉬우며, 새로 합류한 집단원의 경우 집단과정에의 관여수준과 발달단계의 차이 때문에 갈등을 경험하 기 쉽다.

한 회기에 소요되는 집단상담의 시간은 보통 90~120분 정도가 적당하다. 집단과정의 지속기간은 집단의 목적과 성숙도, 외적 요 건에 따라 5, 6~20회의 범위에서 조정된다. 집단원들 모두가 참여 기회를 갖고, 정서적으로 자신을 투입하여 원만한 집단활동을 전개 할 수 있을 정도의 시간이어야 하지만, 너무 지루하거나 피로를 느 낄 정도의 긴 시간이 되지 않도록 한다. 집단상담을 시작할 때 그

기간과 종결시일을 정하고, 매회 예정된 시간에 시작하고 종료하도
록 한다.

협동상담자(co-counselor)가 있으면, 집단원의 수가 많을 때에도
집단원 모두를 관찰하고 비언어적 의사소통 메시지까지 파악하는
것이 용이하며, 두 상담자의 상호작용적 언행은 집단원들에게 시범
또는 모델이 될 수도 있다. 협동상담자들은 이론적 배경이 같고 상
보적일수록 좋다. 그러나 두 사람이 경쟁관계일 때는 집단의 유지
와 발전에 지장을 초래하기 쉽다.

의도적 활동이나 게임을 하는 이유는 집단의 발달과정을 촉진
시키고, 집단원 간의 '여기-지금'의 생각과 느낌의 상호작용을 촉
진시키기 때문이다. 이는 지도성 및 집단성과 촉진의 한 수단이므
로, 적절한 활동과 활용범위를 선정하는 것에 유의하는 것이 중요
하다.

**집단과정의
준비**

1) 집단원의 선정, 오리엔테이션

집단원 선정을 위한 예비(접수)면접의 주
목적은 특정 후보자가 집단상담을 통해 도움
을 받을 수 있겠는지를 결정하는 것이다. 후보자의 가정배경, 아동
기, 청년기의 특징적 배경, 집단상담의 참여동기와 특별히 도움을
받고자 하는 문제에 대해 살펴보아야 한다.

집단상담에 관심 있는 사람들을 대상으로 집단상담은 무엇이며
어떤 도움을 받을 수 있는지 등에 관한 사전 홍보 및 오리엔테이션
이 필요하다. 이로써 집단상담에 대한 일반적인 오해와 비현실적
기대를 해소하거나 줄일 수 있다.

2) 개인 목표 및 집단방향의 설정, 전체회기 계획

집단참여의 개인적 목적과 목표가 분명할 때 집단 내 행동이 구체적으로 검토될 수 있고, 어느 정도의 성장이나 변화를 가져왔는지에 대한 결과 평가도 할 수 있다. 목표는 상담기간 안에 달성될 수 있도록 가시적·구체적·조작적으로 진술되어야 한다. 또 면접 시 설정된 목표는 전 집단과정을 통해 주기적으로 재고, 평가, 조정될 필요가 있다.

집단상담자는 집단원들의 목표나 특성, 집단과정에 대한 관점, 자신의 특성 등을 고려하여 집단의 진행방향을 미리 설정해야 한다. 특히 구조화적 집단상담의 경우는 집단목표를 미리 구체화함으로써 상담진행을 위한 과정계획을 수립하고 회기목표의 설정과 준비 등을 구체적으로 실행할 수 있다.

구조화 집단의 상담자는 집단과정에 대한 총체적인 틀을 준비하고 있어야 한다. 거기에는 전체목표, 회기별 목표, 회기별 준비물, 회기별 내용 등이 포함된다. 그러나 유의할 것은 전체회기에 대한 계획은 구체적으로 설정하되, 집단원들의 역동과 변화에 따라서 상황에 적절한 진행과 조정이 가능해야 할 것이다.

6
집단상담
윤리의
고려
9

인간의 심리적 문제를 조력하는 분야에는 전문적 활동의 실제에서 발생할 수 있는 부작용을 방지하고, 효과적인 전문적 활동 수행에 기여하는 상담자 윤리규준을 고려할 책임이 있다. 집단상담전문가의 윤리규준과 자기규율의 원칙은 ① 서비스 수혜자의 보호, ② 전문가 자신의 보호, ③ 전문가의 자율성 확보라는 세 가지 이유로 필요하다.

1) 집단상담에서의 윤리적 문제

(1) 상담전문가 윤리규준의 기본원칙은 다음과 같다.
 ① 높은 윤리의식의 유지
 ② 미세한 오류에 대한 관심
 ③ 내담자의 존엄성 존중과 복지 증진
 ④ 독립적 존재의 인정과 협조관계의 형성
 ⑤ 내담자 권리 및 다양성의 존중 등

(2) 집단상담전문가 윤리규준의 구체적 쟁점들은 다음과 같다.
 ① 집단참여에 관련된 쟁점: 사전 정보에 따른 동의, 비자발적
   인 참여의 문제 등
 ② 비밀보장과 관련된 쟁점
 ③ 상담관계와 관련된 쟁점
 ④ 상담자의 능력에 관련된 쟁점
 ⑤ 집단상담에서 경험되는 심리적 위험 관련의 쟁점: ㉮ 집단
   압력, ㉯ 급작스러운 심리적 혼란, ㉰ 무분별한 결정, ㉱ 상
   담자의 조종적 행위, ㉲ 비밀유출의 위험 등

2) 윤리적 문제 해결의 기본절차

윤리적이면서 적법한 집단상담을 보장하기 위한 '3원칙'은 다
음과 같다.
 ① 윤리규범에 관한 정보지식을 확인한다.
 ② 집단 내 윤리적 문제상황에 대하여 객관적으로 관찰한
   후, 집단상담의 전문적 기준에 따라 사려 깊은 결정을 내
   린다.

③ 개인지도와 개선노력을 통해서 '윤리적인 집단상담'에 지속
적 관심을 유지한다.

'
집단상담의   집단상담의 평가란 집단활동을 통하여
평가   어느 정도의 목표가 달성되었으며, 얼마만큼
 ,   의 진전이 이루어졌는가에 대해 알아보는 과
정이다. 평가를 집단활동의 일부분으로 취급
할 때, 집단기술의 발달이나 개인행동의 변화에 도움이 되며, 이를
통해 집단 분위기를 살리고 응집성을 높이며 집단원 상호간 사랑
의 관계도 발전시킬 수 있다.

1) 집단평가의 기회

(1) 매 회기(모임) 끝날 무렵
모임이 끝나기 전 몇 분을 할애하여 모임에서 일어난 일들, 그
일들의 원인, 변화 혹은 개선방안 등에 대해 말하게 한다. 평가는
주로 집단과정에 대한 것이겠으나 특정 개인들의 행동에 관한 평
가도 가능하다.

(2) 집단상담 기간의 중간과 마지막에
전체 집단상담과정의 중간에 한 번의 모임을 완전히 떼어서 평
가에 활용할 수 있는데, 주로 집단원들의 개인적 행동 측면에 치중
하는 것이 바람직하다. 사전에 평가의 시기를 정하고 미리 준비하
도록 한다. 그리고 집단상담 전 과정이 끝날 무렵 한두 번의 모임
을 할애하여 집단상담 전체 경험에 관해 평가하는데, 집단경험 전
반에 대한 집단원의 반응을 다루는 것과 각 집단원의 행동목표의

달성 정도에 관해 평가하는 두 가지 부분이 포함된다.

(3) 추후 평가

전 과정의 집단상담이 끝나고 2~3개월 지난 후 추후 평가모임을 갖는 것이 의미 있다. 이때는 집단경험이 일상생활에 어떤 결과를 가져왔는지, 그때의 변화가 어느 정도 계속되고 있는지, 집단상담의 효과가 어느 정도인지 등을 평가하고 부작용이나 문제점에 대한 해결책도 모색할 수 있다.

2) 집단평가의 방법

(1) 공개토의 방식
(2) 단어연상법
(3) 관찰자 혹은 기록자를 이용하는 방법
(4) 녹음이나 녹화장치를 이용하는 방법
(5) 측정도구를 이용하는 방법

3) 집단평가의 내용

(1) 집단 자체에 관한 평가내용

평가내용은 집단의 발달단계, 목적, 이론적 배경, 취급되는 현저한 문제와 관심의 초점 등에 따라 달라지지만 대개는 집단의 분위기, 응집성, 집단상담자의 행동, 집단원의 역할, 집단과정에서 적용된 방법절차 및 의사소통이나 인간관계의 형태 등을 평가한다.

(2) 집단원의 행동변화에 관한 평가

집단원 개인의 행동변화를 평가하는 데는 두 가지 범주의 내용이 포함되는데, ① 집단과업의 성취, 집단의 유지·발전에 기여한 역할행동 등과 같은 집단원의 역할행동에 관한 내용, ② 각 개인이 작성한 행동목표에 관련된 내용 등이다.

'
집단상담자의
개입반응(언급)
실제
,

다음의 상담자 언급 및 질문들은 상담자가 집단회기를 개시하고 마감할 때 흔히 발언하는 실례들의 일부이다. 이러한 개입반응(발언)들은 상담과정에서 언급되는 대상 및 시기에 따라 적절히 그 표현이 변형되게 마련이다.

1) 집단회기 도입부(초기)의 상담자 개입반응 예

- ○○○씨가 이번 회기에서 가장 원하는 관심사는 무엇인가요?
- 지난주 우리는 …… 의 이야기를 끝내지 못했지요. 지난 모임 이후 어떤 생각들이 들었나요?
- 지난 회기의 중요했던 내용으로 기억되는 것이 무엇인지 듣고 싶군요.
- 나는 이번 시간에 …… 을 기대하고 싶습니다만.
- 순서대로(돌아가면서) "지금 나의 느낌(생각)이 무엇인지"에 대한 말씀을 듣고 싶군요.
- 오늘 이 자리에 있다는 것이 당신에게 어떻게 느껴지나요?
- 오늘부터의 이 집단상담 과정에서 당신이 변화하고 싶은 것

이 무엇인지 말씀해주면 고맙겠어요.

-당신은 앞으로 어떻게 달라지고 싶은가요? 등.

2) 집단회기 마감의 상담자 개입반응 예

-오늘 끝내기 전에 이 자리에서 무언가 말하고 싶은 분이 있는지 궁금합니다.

-오늘 회기에서 얻은 수확이 있다면 무엇인지 알려주기 바랍니다.

-오늘 회기를 마감하면서 아쉬운 점은 무엇인지요?

-○○○씨가 오늘 모임에서 의미 있게 느낀 점이 무엇인지 말씀해주시겠어요?

-오늘 우리가 주로 다루었던 핵심 주제를 ○○○씨가 요약해주면 좋겠군요.

-다음 회기에 특별히(꼭) 다루고 싶은 (집단 혹은 개인) 관심사를 누가 말씀해주시죠.

-저는 ○○○씨가 …… 을 특히 유의해주시기를 바랍니다.

-나머지 10분 동안 다음 1주일간의 주요 관심사들이 무엇인지 이야기해볼까요?

-○○○씨가 오늘의 회기(모임)에서 유익했던 경험이 어떤 것인지 말씀해주세요.

-○○○씨는 지금까지의 집단경험을 어떻게 느꼈는지 궁금하군요.

-끝내기 전에 오늘 경험의 개인적 의미를 나누어볼까요? 등.

제 7 장
구조화적 집단상담:
집단상담 프로그램

1) 집단상담의 구조화적 접근

집단상담의 구조화는 집단상담의 과정을 상담자 측이 미리 준비하고 기획한 회기별 특정 주제들을 중심으로 진행하는 것이다. 따라서 구조화적 집단상담의 과정은 비구조화적 집단에 비해서 대체로 '규격화'된 화제와 진행절차를 따르게 마련이고, 상담지도자의 안내 역할 및 지도력(리더십)이 집단성과의 주요 독립변수가 된다.

물론 구조화적 상담집단에서도 회기과정 중의 집단구성원 간 상호교류가 권장되기는 하지만 미리 기획된 절차와 예정된 화제

중심의 관련 발언들로 국한되기 마련이고 특히 시간적 제약 등으로 심층적인 개인감정의 탐색과 상호교류가 이루어지지 못한다. 이런 점에서는 집단상담은 비구조적 형식의 접근이 보다 자연스럽고 바람직하다고 말할 수 있다.

그러나 구조화적 집단상담 프로그램은 상담지도자 측의 진행방식과 집단구성원 측의 경험과정이 비교적 선명하고 뚜렷하기 때문에 특히 청소년 및 각급 학교 학생지도 방법으로 오늘날 널리 활용되고 있다. 최근까지 집단상담은 바로 '구조화적 집단상담 프로그램'으로 일반에 인식되어 온 경향마저 있었다. 그러므로 앞으로 구조화 집단상담과 비구조화 집단상담의 현실적인 구별을 위해 '구조화적 집단상담'은 '집단상담 프로그램'으로 비구조화 집단상담은 '집단상담'으로 용어를 정리하고자 한다.

집단상담 프로그램에 관련된 주요 고려사항은 다음과 같다.

2) 집단상담 프로그램의 주요 검토사항

(1) 장 소

학교 및 사회복지관 등의 회의실이 편리하다. 집단원 모집 및 구성 과정에서의 편리성, 회의실 공간 사용상의 여유가 있고, 시설(복지관 등) 측의 지원 및 협조가 가능하다. 수준급 전문상담소에는 물론 집단상담실이 별도로 마련되어 있다.

(2) 회 기

집단상담 과정의 통상적 소요기간(총 20시간 이상)에 근거하여 흔히 10회기로 구성하며, 사정에 따라 7, 8회기로 단축할 수도 있을 것이다. 10회기 중에는 근교(야외) 소풍, 시내 식당에서의 '과외 활동 회기'를 포함할 수도 있다.

(3) 지도자

집단상담자 자격(심리상담사 2급 이상) 소지자가 바람직하고, 장소 대여기관(예: 사회복지관) 측 집단지도 관련 사회복지사 1명이 보조(공동)지도자로 협(조)력할 수 있을 것이다. 집단상담 과정에 필요한 기록지, 사용 소도구 등은 상담소 및 시설 측의 지원 또는 상담자 측에서 준비하고, 책임지도자는 매 '회기별 진행일지'와 과정 수료 보고서를 작성할 의무가 있다.

'
초등학생
집단상담
프로그램
'

본 프로그램은 초등학교 예비교사들이 효율적으로 아동을 지도할 수 있도록 하기 위한 구조화 프로그램의 사례이다.

1) 프로그램의 구성

제시된 프로그램은 한 회기당 약 120분이 소요되며 총 8회기로 구성되어 있다. 아래의 표에 각 회기에서 다루는 주제가 정리되어 있다. 프로그램과 참여자의 소개로 시작하여 교사로서의 동기를 점검하고 가치를 명료화하는 활동과 교실에서 흔히 경험하는 감정인 불안과 화를 이해하는 시간이 포함되어 있다. 그리고 칭찬과 벌에 대해 생각해봄으로써 학생 행동에 변화를 일으키는 방법을 생각해 보고 마무리를 하게 된다.

회기	내용
제1회	프로그램에 대한 방향제시와 참여자 소개
제2회	교사로서의 목표 세우기
제3회	교사로서 가치 명료화하기: 내가 좋아하는 아이와 싫어하는 아이
제4회	나의 감정을 이해하고 다루기(1): 불안
제5회	나의 감정을 이해하고 다루기(2): 화
제6회	학생 측 행동변화를 일으키는 방법(1): 칭찬
제7회	학생 측 행동변화를 일으키는 방법(2): 벌
제8회	마무리: 프로그램 평가와 작별인사 나누기

2) 프로그램의 운영

(1) 운영방식

본 프로그램은 상황에 맞게 변형하여 적용 가능하다. 상담관련 전공교수가 실시하는 경우, 학과에서 필수과목이나 선택과목으로 개설하여 진행할 수 있다. 이 경우 수강신청 인원에 따라 집단상담에 적정한 10명 내외보다 많아질 수 있으므로 내용의 변경도 필요할 수 있다. 그리고 교육실습의 시간을 활용하여 1주에 2회기씩 4주간 8회기를 진행할 수도 있다. 또는 대학의 학생생활연구소에서 진행하는 집단상담 프로그램의 하나로 실시할 수도 있다.

(2) 운영 시 고려할 점

① 집단원들의 경험, 생각, 느낌을 이야기하는 경우 가능한 한 자발적으로 발표할 수 있도록 지도한다.

② 집단원이 발표를 한 뒤에는 리더나 집단원들이 발표내용에 대해 적절하게 피드백을 주도록 하여 충분히 경험을 나누도

록 한다. 이를 통해 집단원들 간의 상호작용이 활발해지도록
돕는다.

③ 회기가 시작할 때마다 각 회기에 대한 오리엔테이션을 진행
하고 각 회기의 활동이 끝나면 느낀 점을 나누는 시간을 통
해 해당 회기과정을 정리한다.

④ 회기별 주어진 활동이 집단원들에게 '과제'로 느껴지지 않
도록 주의한다.

⑤ 프로그램의 효과를 증대하기 위해서 집단원들에게 매 회기
과정 후 느낀 점을 메모해두도록 당부한다.

3) 프로그램의 내용

▶ 제1회기: 방향제시와 참여자 소개

1. 목적: 집단 프로그램의 참여자들이 프로그램의 필요성과 목
적을 이해하고 서로 간의 친밀감을 형성하여 참여동기를 높
이기 위한 시간이다.

2. 활동: 집단참여자들이 자신을 서로에게 소개할 수 있도록 한
다. 다음에 제시된 방법 이외의 것을 활용해도 된다.

   1) 각자에게 8절지 정도의 종이와 펜을 나누어준다.

이름(학과, 학년, 자신이 좋아하는 별칭)		혼자 있을 때 주로 하는 일
자신을 잘 나타내줄 수 있는 말 2개	현재 나의 모습을	현재 자신에게 소중한 사람 2명
생일에 제일 받고 싶은 선물	그림으로 그리기	희망하는 배우자 상
프로그램에 참여하게 된 동기, 기대하는 것		

2) 이름, 학과, 학년, 별칭, 혼자 있을 때 주로 하는 일, 자신을 잘 나타내줄 수 있는 말 2개, 현재 자신에게 소중한 사람 2명, 생일에 제일 받고 싶은 선물, 희망하는 배우자 상, 프로그램에 참여하게 된 동기, 기대하는 것 등 자신을 소개할 수 있는 항목을 리더가 제시한다.

3) 각자 종이 위에 리더가 제시한 항목을 적는다. 약 10분 정도 소요.

4) 참여자들이 적은 내용을 돌아가면서 발표한다. 이때 발표한 사람의 소감과 발표를 들은 집단원들의 소감을 주고받는 시간을 가짐으로써 서로 간의 상호작용이 활발하게 진행될 수 있도록 한다.

3. 프로그램에 대한 소개: 리더가 앞으로 진행될 프로그램의 필요성과 목적, 내용, 진행방법을 설명한다.

▶ 제2회기: 교사로서의 목표 세우기

1. 목적: 본 회기는 교사로서 구체적인 목표를 세울 수 있도록 자신의 참여동기나 배경을 살펴보고 과거에 자신이 만났던 선생님들을 떠올려보는 시간이다.

2. 활동: 과거의 선생님 다시 만나보기

　1) 집단원들에게 다음과 같은 내용이 적힌 종이를 한 장씩
　　나누어준다.

---

① 교사가 되기로 결심한 동기, 배경은 무엇인가요?
② 기억나는 선생님들의 이름을 적어보세요.
③ 그분들의 이름을 생각할 때 머릿속에 떠오르는 이미지는 무엇인가
요?
④ 현재까지 기억되는 선생님들이 어떤 공통적인 특징이 있나요?
⑤ 이분들 가운데 자신이 본으로 삼고 싶은 선생님은 어떤 분이며 어
　떤 점을 닮고 싶은가요?

---

　2) 10분 정도 시간을 주고, 이에 대해 적어보도록 한다.

　3) 다 적고 나면 발표를 하도록 한다.

　4) 각자가 경험한 선생님들의 이야기를 마치고 나면, 다른
　　사람의 발표를 듣고 느낀 점을 이야기하도록 한다.

　5) 느낌에 대해 나누고 나면, 나는 어떤 선생님이 되겠다는
　　것을 적어보도록 한다. 막연하게 좋은 선생님이 되겠다는
　　식이 아니라 구체적인 행동으로 적게 한다.

　　(예)　＊하루를 시작하는 첫 수업 시간에는 다 같이 동시를
　　　　　읊고 시작하도록 한다.
　　　　＊아이들의 생일을 기억하여 축하엽서를 준다.
　　　　＊숙제를 해오지 않은 학생은 야단을 치기 전에 반드
　　　　　시 그 이유를 물어본다.

▶ 제3회기: 교사로서 가치 명료화하기 – 내가 좋아하는 아이와
싫어하는 아이

1. 목적: 각자가 갖고 있는 인간에 대한 가치를 살펴보는 회기
　로 교사역할을 수행할 때 아이들을 편견 없이 대할 수 있도

록 조력하는 회기이다.

2. 활동 1: 내가 좋아하는 사람의 특성 알아보기

  1) 다음과 같은 내용이 적힌 종이를 집단원 모두가 볼 수 있
     도록 앞에 붙여둔다.

    * 나와 친한 사람 혹은 좋아하는 사람들의 이름을 떠올려보
      자. 그들의 외모(얼굴모습, 옷 입는 스타일, 머리모양, 키, 체
      구 등), 목소리, 말하는 스타일, 가정환경, 성적 등에 대해 생
      각해보자.

    * 그들 간에 어떤 공통점이 발견되는가? 혹은 나와의 어떤
      공통점이 찾아지는가?

    * 이러한 사실에서 볼 때, 내가 좋아하는 사람은 어떤 유형
      이라고 결론지을 수 있겠는가?

  2) 5분 정도 시간을 주고, 1)의 내용에 대해 생각해보게
     한다.

  3) 생각한 것에 대해 이야기하도록 한다.

  4) 집단원 모두가 자신의 이야기를 한 후에, 리더가 그것에
     대해 정리를 해준 다음, 활동 2로 넘어간다.

  활동 2: 내가 좋아하는 아이들의 특성 알아보기

  1) 리더는 다음의 내용들에 대해 집단원들이 자유롭게 자신
     의 의견이나 느낌을 이야기할 수 있도록 한다.

    * 나는 어떤 아이들을 좋아하는가? 혹은 싫어하는가?

      → 예를 들어, 초등학교 시절에 좋아했던 친구나 싫어했
      던 친구는 어떤 아이들이었나?

      → 조카나 이웃 아이들 중에 특별히 좋아하거나 싫어하
      는 아이가 있었나? 있었다면, 그들의 특징은 무엇인가?

    * 나는 어떤 아이들을 편안하게 생각하는가? 혹은 불편하
      게 생각하는가?

* 내가 특별히 좋아하거나 싫어하는 이유는 어떤 것이라고
생각하는가?
→ 혹시 그가 내 주위의 누구와 비슷하지는 않나? 비슷하
다는 이유만으로 좋거나 싫은 것은 아닌가?

▶ 제4회기: 나의 감정을 이해하고 다루기 (1) – 불안

1. 목적: 본 회기는 예비교사 혹은 초보교사로서 느끼게 되는
불안에 대해 이해하고 적절히 대처할 수 있는 방법을 찾도록
하는 시간이다.
2. 활동 1: 신체표현을 통한 감정 알아맞히기 게임
   1) 감정표현에 있어서 신체표현의 효과를 경험해볼 수 있는
   방법으로 감정 알아맞히기 게임을 한다. 낱말 알아맞히기
   게임의 방법과 유사한데, 낱말이 감정을 나타내는 말이라
   는 점에 있어서 다를 뿐이다. 방법은 아래와 같다.
   ① 리더가 감정이 적힌 낱말카드를 준비한다(기쁨, 슬픔,
      분노, 불안, 부끄러움, 두려움, 놀람, 역겨움).
   ② 리더가 한 집단원에게 카드를 보여주고 그것을 신체
      언어로 표현하게 한다.
   ③ 나머지 집단원들은 집단원의 표현을 보고 어떤 감정
      인지를 알아맞히도록 한다.
   2) 게임을 한 뒤, 신체언어로 표현했던 집단원과 나머지 집
   단원들의 느낌을 이야기하도록 한다. 카드의 낱말을 맞
   힌 학생들은 어떤 것을 보고 그렇게 알 수 있었는지 이야
   기하게 한다.
   3) 리더가 감정표현에서 신체언어의 영향에 대해 정리하여
   말한다.

활동 2: 불안 상황에 대한 예측과 대처방법 모색하기
1) 다음과 같은 주제에 대해 이야기하도록 한다.
 * 교사로서 아이들 앞에 선다고 했을 때 염려되는 것들은
  어떤 것들이 있나요?
2) 집단원들에게서 이야기가 나올 때마다 리더는 전체가 볼
  수 있도록 그 내용을 요약하여 앞에 적는다.
3) 전체가 함께 앞에 적힌 내용을 보면서 각각에 대해 불안
  을 감소할 수 있는 방법을 찾는다.

불안한 상황	대처방법
내가 말하고 있을 때 앞에서 떠들 경우	떠드는 아이 앞에 다가가 그의 얼굴을 보면서 말한다.
많은 사람 앞에서 말하는 것	발표불안 감소 프로그램에 참가한다.
수학문제를 풀다 실수할 경우	'교사도 실수를 할 수 있다'고 생각한다. 그리고 실수를 발견한 학생에게 '관찰력이 높다'는 칭찬을 함으로써 교육적으로 활용한다.
다루기 힘든 아이가 있을 경우	동료교사와 의논한다.

▶ 제5회기: 나의 감정을 이해하고 다루기 (2) – 화나는 감정

1. 목적: 본 회기는 교사가 교실 장면에서 경험하게 되는 '화'에
   대해 이야기하고 그 감정을 효과적으로 다룰 수 있도록 조력
   하는 시간이다.
2. 활동: 자신의 화나는 감정이해와 대처방법 모색
   1) 다음과 같은 내용이 적힌 종이를 한 장씩 나누어준다.
    * 내가 주로 화를 느끼는 상황은?
    * 화가 났을 때, 대처하는 방법이나 행동하는 방법은?

＊그렇게 하고 났을 때, 나에게 남는 마음은? 상대방에게 미치는 결과는?

2) 10분 정도 위의 질문들에 대해 생각하도록 한다.

3) 돌아가며 이야기하도록 한다.

4) 리더가 나왔던 이야기를 종합해준다.

5) 화날 때 효과적으로 대처할 수 있는 방법들에 대해 의견을 나누도록 한다.

6) 다양한 의견들이 나오면 리더는 이것을 전체가 볼 수 있도록 앞에 적어둔다.

＊화를 적절히 다룰 수 있는 방법들의 예

① 일단 그 자리를 떠난다.

② 심호흡을 한다.

③ 근육이완을 한다.

④ 음악을 듣는다.

⑤ 감정이 좀 가라앉으면 무엇이 나를 화나게 했는가를 생각해본다.

⑥ 그 상황에 대해 내가 내렸던 해석은 무엇이었나 생각해본다.

⑦ 내가 그 상황에 대해 가졌던 기대는 무엇이었나 생각해본다.

7) 대처방법에 대한 집단원들의 의견을 듣는 시간을 갖는다. 필요한 경우 리더가 보충설명을 해준다.

▶ 제6회기: 아이의 행동변화를 위한 방법 (1) – 칭찬해주기

1. 목적: 본 회기는 칭찬하는 방법을 이해하고 연습해보는 시간이다.

2. 활동 1: 자신의 칭찬받은 경험 되돌아보기
   1) 다음과 같은 내용으로 자신의 개인적인 경험을 나눈다.
      * 내가 다른 사람으로부터 받았던 칭찬 중 기억나는 것이
        있나요? 누구에게, 어떤 것에 대해, 어떤 식으로 칭찬을
        받았었나요?
      * 그것이 기억되는 어떤 이유가 있나요?
   2) 리더는 나온 이야기들을 전체가 볼 수 있도록 앞에 쓴다.
   3) 이야기가 끝나면, 앞에 기록한 내용들을 함께 검토하면서
      ① 어떤 행동을 했을 때 칭찬을 받았는지, ② 어떤 식으
      로 칭찬을 받았는지 정리를 해준다.
   4) 이러한 경험들을 나누면서 들었던 생각, 자신의 의견을
      이야기하도록 기회를 준다.
   활동 2: 칭찬 연습해보기
   1) 다음의 내용이 적힌 종이를 앞에 걸어둔다.
      * 미술시간에 그림을 잘 그린 아이
      * 숙제를 잘해온 아이
      * 성적이 올라간 아이
      * 반 아이들이 수업에 열심히 집중할 때
      * 조별 활동을 하는데, 특히 '개나리조'가 잘했을 때
      * 팔을 다친 친구를 대신해서 가방을 들어줄 때
   2) 각각의 경우 어떻게 반응할 것인지 각자의 방법을 이야기
      하도록 한다.
   3) 집단원들의 반응을 정리해보고 효과적인 칭찬의 방법에
      대해 자신의 생각을 나누도록 한다.
   4) 리더가 칭찬을 해주는 일반적인 원리에 대해서 설명해
      준다.

▶ 제7회기: 아이의 행동변화를 위한 방법 (2) – 벌주기

1. 목적: 본 회기는 바람직하지 않은 행동을 하는 아이들의 행동에 영향을 줄 수 있는 벌이라는 방법을 이해하고 효과적으로 사용할 수 있도록 연습하는 시간이다.

2. 활동

　1) 학생들의 행동 중 교사의 입장에서 받아들이기 힘들 것 같은 행동들을 적도록 한다. 예를 들어 '숙제를 해오지 않는다'와 같이 적는다.

　2) 1)에서 적은 행동들을 학생들이 하게 되는 이유들을 이야기하도록 한다. 이때 참여자들의 경험을 말하도록 해도 좋다.

　　(예) 숙제를 안 해오는 학생의 경우

　　　* 숙제를 적어가지 않아서

　　　* 무엇을 해오라고 하는지 정확히 몰랐기 때문

　　　* 선생님에 대한 반항으로

　　　* 일을 미루다 시간이 없어서

　　　* 책임 있게 일을 완성하는 습관이 형성되어 있지 않아서

　　　* 어젯밤 부모가 심하게 싸워서

　　　* 집 열쇠가 없어 집에 들어가지 못해서

　　　* 몸이 너무 아파서

　　　* 숙제를 다 했는데 안 가져와서

　3) 여러 가지 이유들을 생각해보고 각각의 경우에 교사가 할 수 있는 다양한 반응에 대해 이야기를 나누고 정리한다. 그리고 교사의 다양한 반응 중 가장 적절한 반응은 어느 것인지 논의한다.

    4) 리더가 학생들의 바람직하지 않은 행동을 다루는 일반적 원리에 대해서 설명해준다.

▶ 제8회기: 마무리

1. 목적: 이 프로그램의 마지막 회기로 그동안의 시간을 돌아보고, 중요한 내용에 대해 회상해 보며, 교사로서의 다짐을 새롭게 하도록 조력하는 시간이다.
2. 활동 1: 프로그램 내용의 회고와 평가
    1) 집단원들에게 프로그램을 되돌아볼 수 있는 질문을 적은 종이를 한 장씩 나누어준다.
    (예) * 프로그램의 내용 중 자신에게 가장 도움이 되었다고 생각하는 것?
        * 가장 인상에 남는 시간은?
        * 아쉬웠던 점은?
        * 자신이 기대하는 구체적인 교사의 모습은?
    2) 10분 정도 쓸 수 있는 시간을 준다.
    3) 쓴 내용에 대해 간단히 이야기하도록 한다.
    활동 2: 인사나누기
    1) 리더는 집단원들이 둥글게 서도록 한다. 이때 집단원이 많으면 한 조가 7명 정도가 되게 한다.
    2) 분위기에 맞는 음악을 준비하여 조용하게 틀어놓는다.
    3) 한 사람을 원의 가운데 서도록 한다.
    4) 주위에 서 있던 사람이 한 사람씩 가운데 서 있는 사람에게 다가가 나름대로 자유롭게 작별의 인사를 하도록 한다. 가운데 서서 인사를 받는 사람은 말은 하지 말고 신체적으로만 감사의 표현을 하도록 한다. 이때 말을 하지

않도록 하는 이유는 감사를 표현하러 나온 사람이 충분
히 기회를 가질 수 있도록 하기 위함이고 제한된 시간 내
에 마칠 수 있도록 하기 위해서이다.
5) 집단원 전원이 원의 중앙에 서서 작별의 인사를 받고 나
면, 다 함께 손을 잡도록 한다.
6) 리더가 "'우리 함께 멋진 교사의 길을 걸읍시다'라는 의미
로 옆 사람의 손을 힘껏 쥡시다"라고 말한 뒤 마친다.

**청소년
집단상담
프로그램**

본 집단사례는 ○○○ 상담원이 2008년
○월 서울 소재 청소년상담지원센터 청소년
집단 공개사례 슈퍼비전에 발표한 사례이다.

1) 집단상담의 개관

◆ 집단상담 진행 개요
－집단명: 적응력 향상 집단
－참여자: 리더, 코어리더
　　　　　집단구성원 8명(1명은 3회부터 불참, 1명은 3회부터 참가)
－일정: 2008년 4월 월요일~2008년 6월 월요일(8회기)
　　　　추후 상담 2008년 7월(월요일)
－장소: 마음(가칭)중학교 도서실(1회),
　　　　마음중학교 상담실(2~9회)

◇ 집단원 구성

박하나 : 중3, 남. 학교에서 약간의 폭력이 있어 담임교사 추
천으로 집단상담에 오게 되었음. 집단 첫 회기와 둘
째 회기에 자신이 집단에 왜 와야 하는지, 자신이 무
슨 문제가 있어서 이곳에 보내졌는지에 대해서 불만
이 많았고, 회기 중간 중간에 자신이 이것들을 왜 하
고 있어야 하는지 모르겠다고 말하기도 함.

김둘 : 중3, 남. 수업시간에 주의집중이 어렵고, 산만한 행
동을 하여 담임교사의 추천으로 집단상담에 오게 되
었음. 집단에서 리더, 코어리더, 친구들의 이야기에
잘 반응해주며, 집단에 협조적임.

김셋 : 중3, 남. 비적응적인 행동을 보이지는 않으나 학급에
서 보스적 기질이 있고 비적응 친구들과 어울리는 경
향이 보이기 시작해 담임교사가 집단에 보냄. 집단에
오고 싶지 않아 옆 반에서 숨어 있을 만큼 집단에 오
는 것을 귀찮아했는데 담임교사와 상담교사의 강요
에 억지로 참여함.

이하나 : 중3, 여. 최근에 집안 사정이 경제적으로 어려워짐에
따라 상대적 빈곤감을 많이 느껴서인지 화장을 하기
도 하고, 또 남자 아이들과 어울려 놀아 담임교사가
추천하여 집단상담에 오게 됨. 상담 시간 이후 친구
와의 약속이 늘 있는 듯했고 집단상담 시간에 친구들
이 이하나를 불러 중간에 나가려고도 함.

신하나 : 중3, 여. 개인상담 경험이 있고, 정서적인 지원을 위
해 상담교사 추천으로 집단상담에 오게 됨. 1회기 때
박하나가 싫어서 집단에 참여하지 않겠다고 하였으나
개별상담 이후 다시 집단에 참여하기로 함. 스티커를

모으기 위해 매일 홍하나와 함께 집단에 왔고, 집단에서 그리기 작업에 몰두하며 즐거워함.

홍하나 : 중3, 여. 신하나의 친구로 자신도 집단상담에 참여하고 싶다고 하여 3회기부터 집단에 참여함. 신하나와 친하게 지내며 집단에서 말은 많이 하지 않지만 그리는 것과 꾸미는 작업을 즐겨함.

문하나 : 중3, 여. 감정의 기복이 심하여 담임교사와 상담교사 추천으로 집단상담에 오게 되었음. 집단 초기에는 감정이 많이 격앙되어 집단에 참여하였으나 후반부에는 다소 감정이 가라앉았고, 집단 후반부에는 친구들과 약속으로 집단상담에서 일찍 나가고 싶어함.

방하나 : 중3, 여. 수줍음이 많고 자기표현이 어려워 상담에 의뢰되었으나, 상담집단원들이 학교에서 문제가 있는 학생들인데 자신이 여기에 있는 것이 싫다고 하여 2회기 이후에는 집단에 참여하지 않음.

◆ 이론적 배경

통합주의적 접근: 본 프로그램은 **인본주의, 현상학적 접근과**(존재론적 자각, 여기-지금에서의 경험의 강조) 구성원들의 행동강화나 변화를 위해서는 **행동주의적 접근**(스티커 사용, 문제해결 방법 찾아보기와 숙제)에 바탕을 두었음.

◆ 집단상담 목표 및 방향

1. 자신의 성격, 감정, 욕구, 꿈 등을 자각·탐색함으로써 자신을 탐색하는 시간을 갖는다.
2. 감정 및 행동 통제방법을 알아봄으로써 적응력을 향상시킨다.

3. 의사소통 방식을 배워봄으로써 갈등상황에 대처하는 방법을 탐색해보고 학교생활의 적응력을 높이는 데 조력한다.

◆ 집단상담의 성과

1. 다른 친구들보다 한 시간 늦게 끝나 아이들이 오기 싫어하기도 하였지만, 집단에 참여하는 동안 즐거워한 점.
2. 규칙 지키기, 감정 조절하기 등을 통해서 집단원 내에서 화나는 감정들과 서로 시비 거는 말들을 스스로 조절해가는 것을 연습한 점.
3. 자신을 탐색하는 기회를 가져본 점.

◆ 상담자가 도움받고 싶은 사항

1. 리더의 적절한 개입과 기다림에 대한 타이밍을 조절하는 방법
2. 집단원의 참여동기가 낮아 집단에 억지로 오는 경우 참여 여부를 어떻게 결정해야 하는가?
3. 집단을 진행하면서 회기별로 그 집단의 목표를 집단구성원에게 공지를 하는 것이 좋은 방법인가?

2) 집단상담의 과정 및 내용

◆ 집단상담 프로그램 개요

회기	날짜	목표	프로그램 내용	비고
1	4/7	프로그램 소개 자기소개 규칙 정하기	• 신청서 작성, 사전 검사 • 오리엔테이션 • 별칭 짓기와 자기소개 • 집단에서 하고 싶은 것, 바라는 것 찾아보기 • 규칙 정하기	−이름표 −네임펜 −사전 검사지 −활동지 −전지
2	4/14	자기탐색 I −성격탐색	• 워밍업: 역할 바꾸어 자기소개하기 • 심리검사 MBTI 검사로 나의 성격유형 탐색	−MBTI(문제지& 답안지) −활동지 −전지
3	4/21	자기탐색 II −감정인식 −집단화를 통해 집단 응집력 향상	• 자신의 감정을 컬러로 표현하기 • 집단화 • 나누기	−전지 −파스텔 −크레파스 −색연필 −사인펜
4	5/19	자기탐색 III −감정인식 검은색을 통해 나의 부정적인 감정을 탐색하기	• 워밍업: 풍선 터뜨리기 • 검은색과 관련된 이미지들 연상하기 • 이미지와 관련된 것을 문장으로 만들기 • 각기 다른 형태와 크기의 종이 3장 선택하기 • 검정색으로 이미지와 연관된 것들을 종이에 순서대로 그리기 • 검은색에 컬러 입히기 • 전지에 합동화 • 나누기	−각기 다른 형태와 크기의 도화지 −검은색 사인펜 −검은색 크레파스 −검은색 파스텔 −먹물 −볼펜
5	5/26	집단 중간 점검	• 학교에 조회가 있어 30분 동안 상담을 진행함 • 집단원들과 지난 회기들 동안의 경험, 느낌, 생각, 앞으로 집단에 바라는 것들에 대해서 이야기를 나눔	

회기	날짜	목표	프로그램 내용	비고
6	6/2	자기탐색 IV -나에 관한 책 만들기	• 워밍업: 손바닥 싸움 • 나와 관련된 마인드맵 그리고 집단원과 나누기 • 나와 관련된 특징들(성격, 꿈, 취미, 가족 등)로 상징, 비유를 만들어보고 이를 팝업책으로 만들기 • 나누기	-7장의 각기 다른 색상지 -파스텔 -크레파스 -사인펜 -색연필
7	6/9	생애곡선 그리기, 버리고 싶은 행동과 원하는 것을 얻기 위한 행동 찾기	• 워밍업: 호흡하기 • 미러링: 집단원의 움직임, 동작을 따라해보며 이를 통해 집단원들의 감정을 공감하는 훈련 • 생애곡선을 그리기 위한 이미지 연상 • 생애곡선 그리고 발표하기 • 버리고 싶은 나의 행동과 그 해결방법 찾아보기 • 갖고 싶은 나의 행동과 그 해결방법 찾아보기 • 나누기	-도화지 -생애주기표 -색연필 -사인펜 -파스텔
8	6/16	다시 찾은 나 -만남을 정리	• 워밍업: 한 주간의 일들을 집단원과 나누기 • 회기 돌아보기: 지난 회기들의 작품과 활동사진을 파워포인트로 보면서 누구의 작품인지, 그때 무슨 일들이 있었고, 무슨 경험을 했는지, 그때의 목표는 무엇이었는지를 집단원과 나눔 • 친구들에게 선물하기: 롤링페이퍼 • 시상식 • 사후 평가지 작성 및 나누기	-사후 검사지 -활동지 -선물
9	7/7	추후 상담	• 피자 먹으면서 집단원과 자체평가하며 이야기 나눔	

◇ 집단상담 회기별 요약

◆ 제1회기: 홍하나 외 모두 참여

■ 진행사항

• 아이들 대부분이 당일 공지를 받거나 집단에 온 이유를 잘 알지 못한 채 집단상담에 왔거나, 이곳에 온 것이 자신들에게 어떤 문제가 있어 오게 된 것이라 생각하여 박하나와 김하나는 화가 많이 나 있었음.

• 별칭 짓기에서 각자의 이름을 쓰고 싶다는 아이들이 많았음.

• 규칙 적는 것을 본인이 하겠다는 아이들이 있어서 가위바위보로 결정함, 자발성이 보이기 시작함.

• '자기가 한 것들은 자기가 정리하기', '비난하면 벌칙을 주기', '싸우면 사과하기' 등의 규칙들을 스스로 만들어냄.

• 초반부는 동기 저하와 자신들의 불만들을 이야기하여 어색하고 화가 나고 짜증난 감정들을 이야기하였고, 집단의 후반부에서 집단의 규칙을 정하는 모습들에서는 다소 자발성이 생기기 시작함.

■ 집단 내 집단원들의 주요 반응

＊박하나는 현재 마음의 상태라며 '아봉'(아가리 봉하고 있음)이라며 집단에 억지로 참여한 것에 대한 불만을 나타내었고, 이유도 모르고 왔는데, 정규 수업시간보다 1시간이나 늦게 끝나는 것에 대한 해명이 듣고 싶고, 이전 상담에서도 상담에 대한 명확한 결과가 없었는데 이에 대한 해명을 듣고 싶다며 상담에 대한 불만을 털어놓음.

＊김셋이 집단에서 바라는 것과 집단 내에서의 목표를 자신이 앞으로 하고 싶은 것으로 생각하고 자신은 앞으로 옷 장사를 하고

싶다고 말했는데, 옷 장사에 대해 박하나가 무시하는 말을 하자 김셋의 얼굴이 빨개지며 화난 표정이 됨. 친구들이 김셋의 목표에 대하여 지지하는 말들을 해줌. 그리고 김셋은 집단에 늦게 도착했는데, 자신이 이곳에 왜 왔는지 모르겠고 담임교사가 지금 가라고 해서 왔다고 했으며 친구들과 노래방에 가서 놀고 싶다고 함.

 * 규칙을 정하는 과정에서 박하나가 신하나를 놀려 신하나가 울었고, 이에 대해 박하나는 자신이 집단에 오기 싫은데 와서 화가 나서 그런 것이라고 말하기도 했지만 집단원들이 규칙을 정하며 사과하기를 권하자 '죄송하다'라고 처음엔 장난스럽게 말하기도 하였으나 이후 '미안하다'고 사과함.

 * 김둘은 담임교사가 자신을 이곳에 보낸 것이 몹시 서운하다고 함. 자신이 무슨 문제가 있다고 생각해서 이곳에 보낸 것이라 여겨 화가 난 상태였음. 집단 내에서는 자신의 감정을 조절하는 것을 배우고 싶고, ABC 게임과 딱밤맞기 게임을 하고 싶다고 함.

 * 방하나는 무엇을 물어보아도 말없이 웃고 있으며 집단원들과 상호작용하지 않음.

 * 신하나는 박하나가 놀리는 것에 대해서 화내며 울었음.

 * 문하나는 격앙되고 높은 목소리로 말하곤 하였으나, 집단에서 할리갈리, 젠가, 007, 지뢰, 눈치, 전기 게임 등을 하고 싶다고 함.

◆ 제2회기: 홍하나 외 모두 참여

■ 진행사항

• 장소가 도서관에서 상담실로 변경되었는데 이 부분이 집단원에게 제대로 공지가 되지 않아 한 명만 정시에 상담실에 오고, 나머지 집단원들은 이전 장소에 가 있다가 오거나 다른 곳에 가 있다가 집단상담실에 오게 되어 상담이 50분 동안 지연됨.

- 상담교사가 도서관과 다른 곳의 장소 이용이 어려워 이번 회기에는 상담실에서 상담을 하고 이후 다른 장소를 알아보기로 함.
- 이전 시간 신하나와 박하나가 다툼이 있었던 것이 계기가 되어 신하나는 박하나와는 함께 집단에 참여할 수 없다는 뜻을 학교 상담교사께 전하고 집단에 참여하는 것을 거부하였고, 이에 대해 학교 상담교사가 신하나를 옆 상담실에서 개별적으로 MBTI를 실시해줌. 다음 시간에 집단의 리더와 신하나가 집단참여 여부를 따로 이야기하기로 하였고, 학교 상담교사에게 집단원에 대한 개입과 아이들이 편하게 상담을 받을 수 있도록 상담실이 아닌 다른 장소 이용에 대한 부탁을 함.
- 아이들이 도착한 시간이 달라 개별적으로 심리검사가 실시되고 채점은 아이들과 함께함. 개인별로 검사가 끝나는 시간들이 많이 달라 해석 또한 먼저 끝난 팀과 나중에 끝난 팀으로 리더와 코어리더가 나누어 실시하였고, 집단보다는 개인별로 유형을 알아봄.

■ 집단 내 집단원들의 주요 반응

* 방하나는 다른 친구들은 모두 노는 친구들인데 자신이 여기에 왜 와 있는지 모르겠다며 불만이 많았고 상담교사와의 상담을 통해서 집단에 참여하지 않겠다고 함.

* 박하나는 이번 회기에도 자신이 왜 여기에 와 있는지에 대해서 기분 나빠했음.

* 나누기에서 김둘은 저번 시간보다 좋았다고 하며 김셋도 저번 시간보다 표정이 한결 밝아졌으며, 이하나와 문하나는 재미있었다 함.

* MBTI 결과

문하나 ESTJ, 김둘 ESFP, 방하나 ISTP, 김셋 ESTP, 박하나 ENFP, 이하나 ENFP

◆ **제3회기: 김셋 결석, 이하나 집단에 왔다가 참여하지 않고 감.**

■ **진행사항**

• 학교 일정이 변경됨에 따라 집단상담이 50분가량 시작을 늦게 하여 준비한 프로그램의 반만 실시, 다음 회기에 이어서 프로그램을 진행하기로 함.

• 박하나는 상담실에 들러서 학원 때문에 먼저 가야 한다고 했으나 끝까지 참석하였고, 이하나는 당일 학교에서 문제를 일으켜서 엄마가 학교에 와 엄마를 만나야 한다며 상담에 참여할 수 없다고 하여, 나머지 집단원의 동의를 얻고 다음 시간에는 참여하겠다는 약속을 받고 이번 회기는 빠지기로 함.

• 신하나의 친구인 홍하나가 집단에 참여하고 싶어하여 집단원으로 참여하게 됨.

• 집단원 스스로 집단 안에서 해야 할 말과 삼가야 할 말들을 가려서 하려는 모습을 보였음.

■ **집단 내 집단원들의 주요 반응**

* 신하나는 리더와 집단상담을 시작하기 전에 따로 만나서 앞으로 참여할지 여부를 결정하고 계속 참여하겠다는 의사를 보였고, 신하나는 지난 시간과는 달리 매우 밝고 즐거운 모습으로 참여했고, 박하나에 대한 적대감을 보이지 않았으며, 박하나 또한 이번 회기에서는 신하나에게 비난의 말을 하지 않았음.

* 문하나는 전반적으로 즐겁고 신나게 집단에 적극적으로 참여했으며 자신은 항상 색을 고를 때 검정색만 고르는데 그것이 무난

해서 고르게 되며 이번 시간에 여러 가지 색을 사용할 수 있어서 좋았고, 다음에는 물감을 이용했으면 좋겠다고 말함.

＊김둘은 집단화를 하는 도중에 문하나가 자신의 그림을 망쳐 놨다며 싸웠으나 이내 자신의 화나는 감정을 참는 모습을 보임. 또 나누기에서 김둘은 자신이 원하는 만큼 크게 그림을 그릴 수 있어서 좋았고 재미있었다고 함.

＊홍하나는 하늘색을 선택했는데 하늘색은 그리움, 밝음이 연상된다고 하였고, 이번 회기에 밝은 색으로 표현해서 좋았고 친구들이 자신의 그림을 더 예쁘게 만들어서 즐거웠다고 함.

＊박하나는 여전히 상담을 왜 해야 하는지 잘 모르겠다고는 하였지만 지난 시간보다는 그렇게 말하는 횟수가 줄었으며 끝까지 참여하는 모습을 보임.

◆ 제4회기: 김둘 결석

■ 진행사항
• 김셋이 늦게 와서 10분 정도 늦게 시작함. 기분 좋지 않은 상태로 코어리더와 함께 옴.
• 저번 회기에 이어 색으로 '감정 표현하기'를 이어서 실시하여 검은색에 대한 연상 이미지를 통해 집단원들의 부정적인 감정을 이끌어보는 것을 시도하였으나 집단원들이 이미지 연상을 어려워하였음.
• 이번 회기는 전반적으로 분위기가 가라앉았음.

■ 집단 내 집단원들의 주요 반응
＊웜업에서 처음에는 아이들이 풍선을 붙들고 놓지 않아 풍선 터뜨리기가 어려웠고 신하나와 정하나는 풍선 터뜨리는 것이 무서

워서 싫다고 하였으나, 문하나가 적극적으로 풍선을 터뜨리자 후반
부에는 분위기가 상승되며 아이들이 즐거워함.

　＊그림을 그리기 위해 종이를 선택할 때 문하나는 큰 종이와 원
을 제일 먼저 집었으며, 김셋과 이하나는 작은 종이를 선택함.

　＊신하나는 주로 동그라미를 표현하였고, 그 안에서 다른 외부
공격이나 방해된 것들로부터 보호하는 이미지를 떠올렸고, 이에 대
하여 문하나가 '왕따'라는 이미지를 연상함. 신하나는 그리기를 즐
겨하고 재미있다며 프로그램에 열심히 참여하였음.

　＊문하나는 평상시 높은 목소리 톤으로 다소 과장되게 하는 행
동과는 다르게 기분이 가라앉아 보였고 표정이 다소 어두워 보였
으며 말이 예전보다 많지 않았음. 검은색의 소재로 먹물을 사용하
여 자유롭게 그림을 그렸는데 먹물 사용의 조절을 적절히 하지 않
아 먹물이 흘러내림.

　＊김셋은 검은색을 연상하는 것에서 신발을 그렸는데 이유를
물어보니 담임교사가 신발을 뺏어가서 돌려주지 않은 것이 생각나
신발을 그린 것이라며 다소 귀찮은 듯이 대답함. 그림에서 화살의
날카로움이 화난 김셋의 마음을 대변해주는 것처럼 보여짐. 자신이
반성문을 썼는데도 담임교사가 신발을 돌려주지 않았다고 함. 김셋
은 화나는 일을 말하면서도 감정은 표현하지 않는 편이어서 리더
가 '화가 났겠구나'라고 공감해줌. 후반부로 갈수록 처음에 화났던
마음이 풀어졌으나 핸드폰으로 문자를 친구에게 보내어 리더가 이
에 대해 주의를 줌.

　＊박하나는 그림에 '무섭다'라고 글씨를 썼는데 이유를 물어보
니 집단원 중 문하나의 돌발적인 행동이 자신에게 해를 입힐 것 같
아 두렵다고 함. 그림은 난화식으로 낙서하듯 선으로 그림을 풀어
놓았고, 마지막 그림에서는 칼 모양 같은 것을 그림. 이번 시간에
도 박하나는 프로그램을 왜 하는지 모르겠다며 집단을 하는 이유

를 물었는데 이에 대해서 리더가 오늘 집단이 끝나고 알려주겠다고 하자 지금 알려달라고 했고, 이에 대해 리더가 끝나고 함께 이야기하자고 하자 그럼 괜찮다고 함.

* 이하나가 아파서 양호실 다녀오겠다고 해서 리더가 이하나는 집단에 있게 하고, 코어리더가 양호실에서 약을 가져다줌. 이하나는 머리가 아프다며 신하나 옆에 머리를 기대어 있고 프로그램에 지겨워하며 힘들어하였고 친구에게 문자를 보냄. 이하나는 크레파스로 토끼, 옷, 별과 우주를 그렸음. 이번 회기에서 이하나는 집단참여에 힘들어하였고, 자신의 그림에 대한 발표를 아프다며 하지 않았음.

◆ 제5회기: 이하나, 김둘, 박하나 결석

■ 진행사항
• 학교에서 조회가 있어 집단진행을 30분밖에 하지 못함. 그래서 준비한 프로그램을 실시하지 않고 집단원들과 그동안의 회기를 진행해오면서 경험했던 것, 느꼈던 것들에 대하여 이야기를 나누며 진행하고 한 회기 더하는 것에 대하여 집단원들에게 의견을 물어봄. 한 회 더하는 것의 결정은 다음 시간 다른 집단원들의 의견을 듣고 결정하기로 함.

■ 집단 내 집단원들의 주요 반응
* 신하나와 홍하나는 가장 먼저 시간에 맞추어 도착하였으며, 다과를 먹으며 소감을 나누는 과정에서 신하나는 집단에 참여하는 것이 즐거웠고, 무엇이 즐거웠냐는 리더의 질문에 그림을 그리는 것이 즐거웠다고 함.

* 홍하나는 그림을 그리며 자신에 대해서 이야기할 수 있었던 것이 가장 기억에 남으며 집단에 참여하는 것이 즐겁다고 함.

  * 문하나도 집단시간이 즐겁고 가장 기억에 남는 것은 먹물로 자신을 표현한 것이라고 함.
  * 김셋은 지난 시간에 담임교사에게 뺏겼던 운동화를 돌려받게 되어 이번 시간에는 지난 시간보다 밝은 모습이었음. 한 회기를 더 하는 것에 대해서는 반대를 하였음.

◆ **제6회기**: 김셋 결석, 박하나 병원에 가야 해서 먼저 나감.

■ **진행사항**

박하나는 병원을 가야 한다며 한 시간 후에 먼저 나감.

〈축어록〉

박하나1: 이건 코드가 어디 있는 거야? (리더의 MP3를 만지작거리며 자기가 동작시킴.)

리더1: 얘들아 저번에 그거 한다고 그랬지? 기억하는 사람?

박하나2: 아니요, 전 기억 안 나요.

리더1-2: 당연히 기억 안 나지. (박하나가 지난주에 결석했으므로) 2주 동안 못 본 친구도 있고, 한 주 동안 못 본 친구도 있고, 3주 동안 못 본 친구도 있는데.

박하나3: 왔는데 기억을 못한 친구도 있는데.

리더2: 그동안 어떻게 지냈는지 이야기 좀 하고 시작하자. 어떻게 지냈니?

박하나4: 저번 주에 시험 봤어요.

김둘1: (잘 안 들림) 다이어트 시작했어요. (친구가 석 달 동안 30kg 뺀 것에 대한 이야기인데 아이들이 웅성웅성하여 잘 안 들림.)

이하나1: 엄청나게 살 빠진 거다.

박하나5: 걔 나보다 뚱뚱했냐?

김둘2: 110킬로.

박하나6: 헐.

리더3: 근데 왜 다이어트를 하려는 거야?

김둘3: 저요? (응) 이유는 있는데 말할 수 없어요.

박하나7: 너 ~배도 없잖아.

이하나2: 너가 좋아하는 여자 있는데 걔가 날씬한 애 좋아하지.

김둘4: 아니야~그런 거.

리더4: 그럼 뭐야?

김둘5: 상처받은 게 있어요. 여자에 대한 것이 아니고.

박하나8: 그럼 남자에 대한 거.

리더5: 이야기해줄 수 있어?

김둘6: 안 돼요. 안 돼. 그건 말할 수 없어요.

박하나9: 상담시간이야 새끼야.

이하나3: 뚱뚱하다고 했어?

김둘7: 아니, 하하.

박하나10: 엄마가 그러디? (비아냥거리는 투로 뭔가를 말했는데 잘 안 들림)

김둘8: 웃음. 그건 말할 수 없어.

리더6: 얘들이 너무 궁금해 한다.

김둘9: 어차피 한번은 살을 빼야 하잖아요. 그런데 지금 빼면 평생을 그냥 갈 수 있을 것 같아서.

이하나4: 지금 살 빼면 키 안 커. 키를 포기해야지.

리더7: 그리고 네가 뺄 게 어디 있어.

(박하나가 다른 친구들이 이야기하는 동안 계속 김둘아~ 김둘. 김둘 이름을 불렀고, 김둘에게 뭐라 놀리는 이야기를 한 것 같은데 잘 안 들림.)

리더8: 규칙(집단의 규칙) 1번 복창.

박하나11: 비난인가? 협박은 없잖아요.

(박하나가 뭐라 뭐라 작은 소리로 구시렁거리는데 잘 안 들림.)

리더8-2: MP3는 선생님이 저기다 잘 보관해 둘게. (박하나가 리더의 MP3를 계속 만지작거림.)

이하나4: 먹고 시작하면 안 되죠?

리더9: 어~그건 아니고. 자, 우리가 오늘 할 것을. 그동안 한 게 뭔지 잘 모르겠지?

박하나12: 쏴~음……. (혼자 웅얼거리는 것이 들림.)

김둘10: 네.

리더10: 내 감정도 돌아보고, 나를 알기 위해서 성격유형검사도 하고. 색깔로 했던 것. 이야기했었는데.

박하나13: 우리 효율적인 것 하죠.

리더10-2: 잠깐만. 우리 이거 했던 것 왜 했는지 아니?

리더11: 김둘이는 힘들지 않겠어?

김둘11: 힘 안 들어요. 배고프면 자요.

리더12: 나에 대해서 돌아보는……

박하나14: (리더의 말 자르고) 효율적인 것 해요.

리더13: 색깔을 통해서 감정을 표현해 보는 것. 내가 색을 통해서 무엇을 표현하고 싶은지 알아보는 시간이었고.

김둘12: 진짜요?

리더14: 어, 그런 것들 하는 시간이었고. 그리고 다음에 그때 까만색으로 했던 것 있잖아. 까만색 하면 연상되는 것이.

김둘13: 초콜릿.

박하나15: 김둘이.

이하나5: 김.

리더15: 까만 것 하면 슬픔, 화 같은 부정적인 것들. 우리가 의식으로 보이지 않는 무의식도 알아보는. (민망한 듯 혼자 헛웃음을 지으며)

박하나16: 선생님, 그런데 이거 매주 사요? (준비해온 색지들과 재료들을 보며)

리더16: 매주 안 사지.

리더17: 이번 시간은 나에 대해서 알아보는 최종판이야. 오늘은 이것을 만들어볼 거야. (샘플을 보여주며) 이거 책 같지? 오늘 이런 책을 만들 거거든.

박하나16-2: (헐~, 휘~)

리더18: 애들아 이거 봐. 짠~이거 신기하지 않니?

박하나17: 와~~신기하다. 와~. (박하나, 다소 비아냥거리는 듯한 말투임.)

리더19: 하하하하. 유치했구나……미안해.

김둘14: 여기다 나를 표현해보는 거예요?

리더20: 이거 뭐냐면 (샘플을 보여주며) 가운데 나라고 쓰고 이렇게 샘플처럼 나를 구성하고 있는 것들이 뭐가 있을까. 나에 대한 네트워크를 만드는 거야.

이하나6: 마인드맵.

리더21: 그치. 마인드맵. 마인드맵이지. 나를 구성하고 있는 것. 나에게 중요한 것들 (이하나: 돈. 아이들 웃음), 또? (리더) 친구들 (김둘) 나를 구성하고 있는 것. 가족, 지금까지 했던 성격이나 감정들. 내가 화가 날 때, 감정적인 부분도 있겠지. 내가 좋아하는 음식, 좋아하는 과목, 내가 좋아하는 취미들. 그리고 내가 싫어하는 것들.

김둘15: 싫어하는 것 써도 돼요? (다소 반가운 듯한 말투) 그럼. (리더).

리더22: 뒤 페이지 한번 보자. 뒤 페이지를 보면 구체적인 것들이 있어. 나의 단점과 취미. 좋아하는 것도 있고 나를 표현할 수 있는 주제. 책 만들 거리들이 있어.

상담교사: 열쇠를 주시면……. (잘 안 들림, 옆 칸에 상담교사 계심.)

코어리더1: 문하나 지금 오고 있대요. (아이들 웃음)

리더23: 내가 화가 나는 상황, 참기 어려운 상황들. 우리 성격유형검사도 했었거든. (아이들은 작업을 하면서 리더의 설명을 들음) 기억 나니?

박하나18: 박하나는 ES.

김둘16: 나 생각이 안 나네.

리더24: 생각이 안 나면 안 나는 대로……. 것도 괜찮아. 그리고 내가 되고 싶은 꿈.

김둘17: 자기 작업을 하며…… 4차원. 끝.

리더25: 그 사이에다 가족에다 줄거리를 뽑아서. 왜 이경규 프로그램 있잖아. 아니, '놀러와' 프로그램처럼, 인맥. (김둘) 그래 나의 인맥 라인을 만들어보자.

(아이들 조용히 작업하고 있음, 5분 정도)

리더26: (문소리, 문하나 들어옴, 얼굴표정이 굳어 있어 안 좋아 보임.) 어~ 하나야. (리더가 문하나에게 따로 방법을 설명해줌.) 힘들어 보이네. 하나야, 무슨 일 있었니?

문하나: (작은 목소리라 안 들림.) 친구랑 싸워서 담임이 핸드폰 뺏었어요. (이 부분이 잘 안 들림.)

(아이들 작업하고 있어 소리 안 들리고 간간히 웃음소리 들림.)

코어리더2: 김둘. 너무 열심히 하고 있는데.

리더27: 김둘 (2주 연속 빠짐) 보고 싶었어. 그치 얘들아? (아이들이 아무 반응 없자 리더가 '어'라고 혼자 답하자 아이들 웃음.)

리더28: 아참, 나에 대해서 이야기하고, 일찍 가는 친구도 있고 하니까. 우리가 많이 빠져서 못했잖아.

박하나19: (리더 말을 끊으며) 선생님 성함이 뭐예요?

리더29: 어. 아직 선생님 이름도 몰랐구나. 선생님 이름은 ○○○.

박하나20: (코어리더를 가리키며) 저 선생님은요?

코어리더3: ○○○.

리더30: 드디어 박하나가 드디어 우리 집단에, 집단에 관심이 생겼구나.

박하나21: 3초면 다 잊어버리는데.

리더31: 잊어버리면 또 가르쳐줄게. 우리가 그래서 한 번을 더 하면 어떨까 하는데 어떻게 생각하니? 싫은 사람 있으면 손들어봐.

박하나22: 좋다고 생각해요. 〈중략〉

김둘18: 다음 시간까지 생각해 와서 말하기로 해요.

리더32: 다 한 친구도 있고 해서, 하던 친구들은 하던 대로 하고, 자기에 대해서 이야기해주도록 합시다. 누가 먼저 할래요? 주사위로 정하지. 누가 1번?

박하나23: 주사위 숫자 1번 나오면. (잘 안 들림.)

리더35: 누구 1번? 김둘이가 1번? (주사위가 나온 숫자대로 발표순서를 정함.)

김둘19: 크게 나누면요, 가족이랑 친구가 있고, 가족에 대한 것은 형, 짧게 형이랑 아빠, 엄마, 사촌동생이 있고, 형은 다혈질이고 아빠는 친구 같고, 엄마는 고스톱을 좋아해서 고스톱이라고 썼어요. (리더: 음~그랬구나) 성격: 착하다. 친구 중에서는 ○○, 4차원.

리더36: 궁금한 거 있니? 여기서 4차원이 뭐야?

박하나24: 3차원에서 시간을 더한 것.

김둘20: 4차원이요? 똘기요.

리더37: 네가?

김둘21: 아니요. 친구요. 근데 저도 좀 있어요. 친구에서는 4차원. 닭발, 치킨, 콜라.

리더38: 네가 좋아하는 것들이구나.

김둘22: 돈, 외제차.

리더39: 돈을 많이 벌어서 맛있는 거 사 먹고 외제차 사고 싶은 것으로 이해하면 되나? 이거 뭐야?

　　김둘23: 알트비트.

　　리더40: 알트비트가 뭐야?

　　김둘24: 게임.

　　박하나25: 선생님 할 줄 알아요?

　　김둘25: 선생님 해봤어요?

　　(아이들끼리 투닥투닥거리는데 잘 안 들림.)

　　리더41: 자, 이제 김둘이 (주사위) 돌려봐. 1이 나오면 한 번 더 돌리고. 2번.

　　박하나26: 나 할게. 나 할게. 뭐하는 거지? (리더: 네가 한 거에 대해서) 가족, 엄마, 아빠, 이모, 할머니, 친구, ○○, ○○, 이외 셀 수 없음. 검은돈, 머니, 돈, 신앙, 기독교, 찬양, 드럼, 종교…… 끝. (빠르고 간결하게 자기가 한 것을 읽어나감.)

　　리더42: 어~간결한데. 종교가 너에게 중요하고. 얘들아, 공통적으로 비슷한 게 있는 거 같다. 둘 다. 돈도 많이 벌고 싶고…… 아까 검은돈 그랬는데. (코어리더, 검은 돈이 뭐냐고 물음.)

　　김둘25: 나쁜 돈이요. 은행을 터는 거예요.

　　박하나27: 주식. 아~ 주식. (아이들이 합창함.)

　　리더43: 주사위를 봅시다. 3번.

　　이하나7: 정말 3번이야? 하하하. (아이들 웃음)

　　이하나8: (작은 목소리로 말해서 잘 안 들림.) 좋아하는 애. 딴 애. (아마도 남자친구인 듯, 아이들 웃음) 모두 딴 애가 궁금한 거 같은데. (리더) 다 알아요. (김둘) 싫어하는 애… 어? (리더, 잘 안 들림.) 나쁜 애? (리더) 골치 아픈 애 (박하나) 싸가지 없는 애. (김둘) 음. (이하나) 먹는 거 좋아함. (작은 목소리)

　　리더44: 자~이제 (주사위) 돌려주세요.

　　코어리더4: 자, 이하나가 돌려주세요.

리더45: 5번.

코어리더5: 홍하나~ 되게 많아. 기대 돼.

홍하나1: 되게 많아요.

코어리더6: 다 해주세요.

(아이들이 구시렁거림.)

리더: 잘 듣습니다.

홍하나2: 좋아하는 것은요~ 카메라 좋아하구요, 어~컴퓨터 좋아하구요, 싫어하는 것은 쓴 것, 매운 것 싫어해요. 생선 싫어해요.

리더46: 잠깐, 홍하나가 뭐 싫어한다고 했는지 물어본다.

신하나1: 쓴 것.

박하나28: 짠 거.

홍하나3: 좋아하는 것은 음악 듣는 거구요. 강아지 키우는 것. 하고 싶은 것은 고슴도치 키우는 것.

(아이들이 수다 떨며 웃음, 구체적인 내용은 잘 안 들림.)

김둘26: 강아지 왜 풀어놔?

박하나29: 키우는 것 있으면 다 죽지.

리더47: 홍하나는 애완동물 키우는 것 좋아하는구나.

코어리더7: 홍하나가 주사위 돌리기. 6번.

리더48: 선생님이 들고 있을게.

문하나1: 쌍꺼풀. 마음중 2반 20번. 얼굴. 입 졸라 큼. 얼굴에 두드러기 좀 짱임. 가족. ○○, ○○ (이름을 이야기함.) 꿈은 요리사, 뉴하트, 사채놀이. 쩐의 전쟁.

리더49: 요리사는?

문하나2: 만드는 것 좋아해요.

리더50: 신하나. 이번에는 친구들 이야기를 잘 듣습니다.

신하나 2: 좋아하는 것. 그림 그리기, 음악 싫어하는 사람. 매너 없는 사람, 철없는 사람, 싸가지 없는 사람, 약속 안 지키는 사람.

되고 싶은 것은 사진작가, 디자이너. 돈으로는 집 살 거구요. (웃음) 공부 싫어하구요.

리더51: 방은 다섯 개인 이유가 있어?

신하나3: 혼자 살면서 하나는 서재구요.

리더52: 혼자 살면 무서울 수도 있는데 하나는 혼자 있는 게 좋은가보다. 〈중략〉

리더53: 나를 가장 표현하고 싶은 것들, 나를 가장 잘 표현할 수 있는 상징을 가운데에 넣고, 나머지 네 개를 채우면 돼.

김둘27: 줄거리가 뭐예요? 너도 어렵니? 다시 듣기를 원하는 사람? 이렇게 하나, 둘, 셋, 네 개를 만들잖아. 여기다 상징을 만들어 그리면 돼. 예를 들어 내가 사진작가가 되고 싶다면 사진기를 그리든가.

김둘28: 이런 식으로 하면 돼요?

리더54: 어.

박하나30: 아휴~저주받은 시간이다.

김둘29: 뭔 말이냐?

이하나9: 선생님 밖에 안 나가요? 운동장이요.

박하나31: 왜 나간다면서 안 나가요?

리더55: 우리 운동장은 안 나갈 것 같아. 지난번에 못나간다고 했는데.

리더56: 원하는 색 하나씩 골라보세요.

(김둘과 박하나가 산발적으로 떠들기도 하고, 이하나는 집단에 참여하지 않고 친구에게 문자를 보내고 있음.)

리더57: 나를 표현할 수 있는 주제는…… 그런데 중간에 다른 친구들이 말할 때 안 들으면 기분이 어떨까? 핸드폰 문자를 보내거나.

박하나32: (리더의 말을 끊으며) 저 문자 안했어요.

리더58: 게임을 하지 말자. 다음번에는.

박하나33: 갑자기 왜 법을 새롭게 제정하는 거야.

신하나4: 다른 사람 짜증내지 않기.

홍하나4: 꿍시렁 안 거리기. 꿍시렁 꿍시렁거리면. 기분 나빠요.

리더59: 서로 이런 상황이 되면 기분이 나쁠 수 있고, 마음 상할 수 있으니까 다음번에는 주의하도록 하자. 김둘이 잘했네. 이렇게 사각형으로 접고.

(김둘이 작업한 것을 들고 다른 친구들에게 하는 방법을 설명함.)

〈중략〉

(나에 관한 책 만들기 방법에 대한 설명과 작업이 이루어지고 있음. 김둘은 노래를 부르기도 함. 이하나는 수업이 끝났다고 짜증냄. 문하나는 오늘 여드름이 확 났다고 하며 여드름을 자신을 표현하는 중요한 상징으로 하고 싶다고 함. 김둘은 웃는 모습을 자신의 상징으로 표현함. 자신을 구성하는 네 가지를 선택하여 상징을 만들고 그것에 대한 이야기를 적어 넣어 책을 만듦. 박하나는 병원에 가야 한다며 책은 만들지 않고, 마인드맵까지만 하고 집단을 나감. 아이들이 만들기와 하는 방법을 잘 몰라 다시 한 번 개별적으로 설명해줌. 간식 먹으며 하고 싶다고 하여 간식 먹으면서 작업을 진행함. 이하나 친구가 상담 중에 이하나를 만나러 와 지금은 상담시간이니 만날 수 없다고 함. 그 친구가 또 와서 이하나에게 오늘 결승전을 하는지 물어보며 같이 가자고 하자 이하나가 짜증내며 언제 끝나는지 물어봄. 김둘은 말 많은 사람이 싫다고 하고 그것을 표현하고 싶다고 함. 아이들이 사진 찍는 것 싫다고 함.)

리더60: 이제 자기가 한 것 발표하자.

문하나3: 심장. 교정해서, 교정. 쌍꺼풀. 쌍꺼풀이 있고 싶어서. 콧구멍. 콧구멍이 너무 커서.

리더61: 심장을 만들어보고 싶은 거 어떤 거야? 의사가 되고 싶은 거야?

문하나4: 그냥.

이하나10: 쌍꺼풀 왜 갖고 싶어?

문하나5: 그냥. 없으면 처참해.

김둘30: 뭐가? 쌍꺼풀 없는 것이 대세야.

이하나11: 그래. 없는 게 매력 있어요. 남자는 쌍꺼풀 있으면 안 돼.

김둘31: (웃음)

리더62: 김둘이 쌍꺼풀 있니?

코어리더8: 약간~있어요.

문하나6: 있는데도 작아. 그게 매력이야.

김둘32: 없어. 속꺼풀이야.

리더63: 문하나가 매력 있대.

리더64: 다음. 1, 2, 3.

문하나 7: 안녕, 먼저 감. (병원가야 해서 간다고 함.)

홍하나5: 잘 가.

문하나8: 안녕히 계세요.

신하나5: 노래 좋아해요. 마이크예요.

이하나12: 가수예요. 쟤 노래 잘해요.

리더65: 듣고 싶다. 마지막 시간에 불러라.

신하나6: 저희 노래방 가요. 노래방 가면 부를게요.

리더65: 여기를 노래방으로 만드는 거야.

이하나13: 싫어하는 거 약속 안 지키는 거, 좋아하는 것 먹는 거. (자신이 발표할 때는 다소 수줍어하며 작은 목소리로 발표함.)

리더66: 약속 안 지키는 사람이 싫다고?

김둘33: 이하나가 약속을 못 지킨다는 거죠.

코어리더9: 아~이하나가.

이하나14: 응. 한 시에 약속하면 한 시 반에 나와.

김둘34: 그럼 12시 반에 만난다고 해야겠다. 박○○가 그래.

리더67: 이하나가 그렇다는 거야.

리더68: 마지막.

리더69, 코어리더10: (김둘의 작품을 보고) 와~멋지다. (이하나가 음료수를 쏟아 김둘의 작품에 보라색 얼룩이 져 있었음.)

김둘 35: 좋아하는 것 닭발.

이하나15: (웃으며) 저 닭발이 뭐야?

김둘36: 제 친구들 다 4차원 같구요. 전 말 많은 사람이 싫어요. 항상 웃고 전 착해요.

리더70: 그래 착한 것 같아.

신하나7: 네가 착해? 자기가 그런 말 쉽게 하지 않아.

이하나16: 너 친구 다 싫어하잖아.

김둘37: 네 친구들 다 4차원 같아. 그리고 다 달라, 하나는 다혈질이고. 박○○가 그래.

이하나17: 박○○ 걔 특이해. 1학년 때 같은 반이었는데 한마디도 안 했어.

리더71: 마지막 홍하나.

리더72: 오~이거. 홍하나. 홍하나 같아.

홍하나6: 음……. (잘 안 들림.)

리더73: 눈 동그랗고 크네. 저번에도 홍하나가 눈 동그랗게 크게 그렸던 것 같아.

이하나17: 눈 크게 그리면 두렵다던데.

김둘38: 정말? 두려움? 나 겁이 많은데. 집에 혼자 있기 싫어하는데.

리더74: 뭔지 궁금하다. 그런데 너 같아.

홍하나7: 저면 좋겠어요.

김둘38: 이등신인데, 이등신. 하하.

이하나18, 신하나 8: 이뻐.

리더75: 이게 뭐니? (사람) 홍하나가 되고 싶은 사람이구나. 이 쁘네. 그다음에는?

홍하나8: 고슴도치 키우고 싶어요.

리더76: 아, 고슴도치 키우고 싶구나. 잘 만들었다.

코어리더11: 맞아요.

홍하나77: 카메라 사고 싶어요.

김둘39: 야~뭐해? (이하나에게)

이하나19: 너나 잘해.

홍하나78: 음악 하는 거 좋아하구요.

(신하나, 김둘, 이하나 뭐라고 수다 떠는데 잘 안 들림.)

리더77: 자~오늘 많은 친구들이 와서 기쁘고. 드디어 이 모임이 활성화되고 있다. 서로가 하고 싶은 말도 하고.

코어리더12: 이제 서로서로 많이 이야기하는 것 같아.

리더78: 서로 이제 따로따로 떠들기도 하고 (웃음) 뭐 좋은 것 같다. 근데 선생님 생각은 정했으면 한다. 많이 빠지기는 했는데. 8회기를 할지 9회기를 할지 정했으면 좋겠다.

이하나20: 밖에서 하면.

김둘40: 농구. 밖에서 탁구 쳐요.

이하나21: 탁구? (헛웃음) 당구쳐.

김둘41: 찜질방 가요.

리더79: 웃음. 마지막 날 끝나고, 이 시간이 아니고 끝나고.

신하나8: 노래방 가요.

김둘42: 피시방. 피시방.

이하나22: 피자헛. 닭발 (김둘) 선생님이 맛있는 거 사줘요. 9회 하면 뭐 사주세요?

리더80: 8회 하고 안 사줄래.

(다들 웃음)

김둘43: 선생님은 8회 하면 더 좋은 거 아니에요? 8회 하면 더 좋은 거 아닌가?

리더81: 사실 중간에 안 한 게 많고 해서 한 번 더 하려고. 솔직히 선생님도 8회 하면 좋지.

신하나9: 선생님 이런 거 하면 돈 얼마 받아요?

김둘44: 솔직히.

이하나23: 국가에서 주나?

리더82: 국가에서 주지. 선생님 많이 받아~, 선생님 한~ 한 번에 백만 원 받나?

신하나10: 정말요? 〈중략〉

(상담 회기당 비용과 상담 자격증에 관심을 가짐. 다음 시간에 한 회기를 더할 것인지를 결정하고 마지막 시간에 장기자랑할 것이 있으면 준비해오라고 함. 이하나가 운동장에 나가서 하자는 이유가 운동장에서 축구를 하는 애를 좋아해서임을 집단원들의 이야기를 통해서 알게 됨. 상담실에 전화벨이 울림. 집단에 하고 싶은 말을 하고 헤어지자고 하자 박하나 때문에 짜증난다고 하였고 이에 대하여 리더가 뒤에서 이런 말 하지 말고 그런 행동을 할 때 서로 이야기해보자고 함. 다음 시간에 볼 것을 약속하고 헤어짐.)

◆ 제7회기: 전원 참석

■ 진행사항

• 오늘도 홍하나와 신하나가 1등으로 와 스티커를 붙이며 좋아함.

• 전반적으로 아이들이 졸려 하고 피곤해하며 표정이 어두워 보였음.

- 음악을 틀고 타임머신을 타고 과거로 돌아가 그때의 경험들과 이미지를 떠올려보자는 작업에서 아이들이 생뚱맞아하고 졸려 함.
- 이하나와 문하나는 집단 중간에 들어옴. 김셋은 집단에 오기 싫어서 다른 반에 가서 숨어있었는데 잡혀와 기분이 좋지 않다고 함.
- 이하나 친구가 집단상담실에 들어와 이하나에게 자긴 먼저 간다고 하자, 이하나가 집단에서 나가려고 하였고, 문하나는 자신의 학급에서 짝을 바꾸는데 교실에 다녀오면 안 되냐고 해서 안 된다고 주의를 줌.
- 김셋도 친구와 약속이 있는 듯 집단에서 나가도 되는지를 재차 묻고, 나중에는 학원에 가야 한다고 해서 리더가 집단에서 지금 가야 하는 사람들은 가도 된다고 해 문하나, 김셋, 이하나는 집단에서 나가고 신하나, 홍하나, 김둘이 남아서 집단에 참여함.

■ **집단 내 집단원들의 주요 반응**
* 문하나는 천식과 아토피로 어린 시절이 힘들었고, 중학교 시절이 +, −곡선의 완곡이 심하나 구체적인 언급은 하지 않았음.
* 홍하나는 모두 버리고 싶고 돈을 갖고 싶다함.
* 김둘은 아홉 살까지는 엄마가 사달라는 거 다 사줘서 행복했고, 초등학교 1학년 때 어떤 아기의 얼굴에 뜨거운 물을 뿌린 실수를 한 적이 있어서 안 좋았고, 또 말썽을 부려 매일 혼나 안 좋았던 시기였으며, 중학교 시절은 친구들과 재미나게 놀아서 좋다고 함. 버리고 싶은 습관으로는 다혈질적인 습관과 한번 싫으면 계속 싫어지는 것을 버리고 싶고, 가지고 싶은 것은 노는 시간, 운동시간,

강아지, 돈이라고 말함.

＊신하나와 홍하나는 박하나 때문에 항상 기분을 망치게 된다고 불평을 말함. 이에 대해 김셋이 박하나의 엄마와 아빠가 이혼을 해서 비뚤어져서 그렇다고 말함. 이 이야기에 대해서 리더가 주의를 주자 박하나 자신이 다 이야기하고 다닌다고 함.

＊신하나는 후반부에 마지막 회기에 자신에게 문화상품권이 아닌 돈으로 주면 안 되냐고 떼를 쓰고 그렇게 할 수 없다고 하자 삐져서 뽀로통해져서 말도 안 하고 있다가, 김셋의 '여자들은 이해할 수 없다며 별거 아닌 것에 삐진다'는 이야기와 홍하나의 '그래도 신하나는 선물을 받을 수 있어서 좋겠다'는 이야기를 듣고 마음을 풀고 다시 웃음. 이에 리더가 네가 싫은 상황에 대해서 다른 사람들은 다르게 생각할 수 있다는 것과 한 명이 집단에서 삐져 있으면 다른 사람들의 기분이 어떨지를 물어보자 신하나는 '민망하다'며 웃었음.

＊박하나는 생애주기표에서 자신의 유년시절이 불우했다고 했으나 그 이유는 말하고 싶지 않다고 함.

＊김셋은 좋았던 것보다는 안 좋았던 사건들을 위주로 말하였는데, 한 살 때 혈액검사에서 적혈구가 부족했고 일곱 살 때 장난감 칼로 눈을 찔린 적이 있다고 말하고, 이에 대해 문하나가 김셋의 이야기에 호응을 하며 물어봐 줌.

＊이하나는 생애주기표에서 중학교 시절에 곡선의 기복이 심하였으나 이에 대해서 집단원들에게 말하지 않았음.

＊홍하나는 '강아지를 샀던' 일화만 표기했으며 곡선이 ＋쪽에만 있고 －쪽은 없었으며, 생애주기표를 예쁘게 작성하는 것에 더 신경을 썼음. 버리고 싶은 것으로는 '머리 꼬는 습관', '다리 꼬는 습관'을 적었음. 가지고 싶은 것은 고슴도치, 돈, 집, 옷, 큰 키라고 함. 이 중에 '머리 꼬는 습관'과 '다리 꼬는 습관'을 고치는 방법에

대해서 생각해보고 이를 다음 시간에 연습해오기로 함.

　* 김둘은 가도 된다고 했다고 나간 집단원들이 철이 없다며 리더에게 아까 선생님 표정이 좋지 않았다며 혼낼 때는 강하게 해야 한다고 말함.

◆ 제8회기: 김셋 결석

■ 진행사항

- 신하나와 홍하나가 제일 먼저와 스티커를 붙이고 이후 박하나가 밝은 표정으로 와서 인사함.
- 파워포인트로 그동안의 작업들을 되돌아보며 집단의 목표와 그 시간들에 어떤 생각이나 기분, 사건들이 있었는지 아이들에게 물어보며 이야기하는 시간을 가짐. 아이들이 한 작품을 보면서 누구의 것인지, 어떤 내용인지 물어보는 과정에 아이들이 흥미로워 함.
- 친구에게 선물하기: 회기를 마치며 친구들에게 가장 선물하고 싶은 것을 그림이나 글로 선물해 주기위해 롤링페이퍼를 작성함.
- 코어리더 선생님께서 병원에 입원하시고 참석하지 못함.

■ 집단 내 집단원들의 주요 반응

　* 김둘과 홍하나는 저번 시간에 내준 자신들의 습관을 고치는 숙제에서 김둘은 형과 싸울 때 화를 참아보았다고 했으며, 홍하나는 한 주 동안 머리 꼬는 습관을 하지 않았다고 함.

　* 김둘은 다이어트에 성공하라는 선물이 가장 마음에 든다고 좋아함. 신하나는 친구들의 선물이 맘에 들지 않았는지 종이를 바로 접고 보여주지 않음.

* 문하나는 재미있었다고 하며, 신하나는 그림 그리는 것이 재미있었고, 홍하나는 이야기할 수 있어서 좋았다고 말함.

* 박하나는 여기에 왜 와 있는지에 대한 이유들과 여기서 하는 것들에 대한 목적은 자기가 찾아야 하는 답인 것 같다는 말을 개인적으로 상담자에게 와서 함.

* 이하나는 친구들 사귀어서 좋았으나 수업시간 이후에 하는 것은 짜증이 났다고 말하고, 선물을 받아서 오늘이 제일 좋은 시간이었다고 함.

* 수첩이 달라 가위바위보로 수첩을 갖기로 정했는데 아이들이 즐거워하고 선물에도 만족해함.

* 회기 사진을 한 장씩 선물로 주었는데 아이들이 만족해함.

◆ 9회기: 박하나 학교 조퇴로 결석

■ 진행사항

• 학교에 회장 선거가 있어 늦게 시작하고, 선거 끝나는 시간이 반마다 달라 아이들이 각기 다른 시간에 왔음.

• 신하나와 홍하나가 전화하여 피자를 시켜서 먹으면서 집단원들과 이야기를 나눔.

• 미래의 자기자신에게 편지를 쓰는 것을 준비해갔으나 집단원들이 편하게 있기를 원하여 집단원들과 자유롭게 이야기를 나누었음.

• 집단원 사이에 한동안 침묵이 흘러 어색함도 있었고, 각자 개별적으로 친구들과 이야기함. 침묵이 많았음.

• 피자가 와서 아이들이 무척 좋아하였고 이하나는 친구가 와서 먼저 나가고, 김셋도 학원에 가야 해 먼저 갔고, 김둘도 가족과 약속이 있다며 먼저 가서, 홍하나, 신하나, 문하나와 마지막을 정리하고 헤어짐.

〈대학원생 축어록 독후감〉

-오은주, 연세대 교육대학원 상담교육전공 4학기 -

-집단원들 대부분이 선생님의 추천에 의해 비자발적으로 참여하였고, 상담 참여에 대한 공지나 중간에 장소 변경 등과 같은 사항도 잘 전달되지 않는 등 어려운 환경에서도 끝까지 집단을 잘 지도한 점이 인상적이었습니다.

-MBTI 검사결과를 보면, 2회기 이후 참여를 하지 않은 박하나를 제외하고 모두 외향형(E)이고 사고형(T)과 감정형(F)이 각각 세 명씩이었습니다. 외향형 간의 공통점을 찾아보고 사고형과 감정형의 차이를 알아보는 시간을 가졌다면, 공통점을 통해 집단의 응집력을 높이고 차이점을 통해 상담의 목표인 의사소통을 배우고 갈등 상황을 조절하는 능력을 키우는 데 좀 더 도움이 될 수 있었을 것 같습니다.

강숙정 슈퍼바이저의 논평

대체적으로 본 집단사례는 구성원들이 자유로운 분위기에서 지도자를 편안하게 생각하고 자신들의 마음을 방어하지 않고 여과 없이 펼쳐 보였던 부담 없는 청소년 집단상담 사례였다고 보여진다. 그러나 본 슈퍼비전에서는 주로 지도자의 집단지도 자세와 태도, 언어반응에서 개선되었으면 하는 점에 초점을 맞추어 슈퍼비전한 내용을 기술하였다. 지도내용은 다음과 같다.

학교에 상담자가 파견되어 집단을 진행할 때 상담자와 학교기관과의 긴밀한 협조체제는 매우 중요하다. 상담에 대한 깊은 이해를 갖지 못한 교사들에게 상담자의 전문적 견해를 전달하고 상담 프로그램 안내에 대한 구체적인 협조를 구해놓지 않으면, 학생들이 집단구성원의 역할로 갑자기 들어올 경우 학생들은 혼란을 경험하게 되고 집단에서 동기부여가 이루어지지 않은 채 피상적으로 움직이기 쉽다.

그러므로 본 청소년 프로그램과 같이 집단참여가 처음이고 개인적 동기가 부족한 청소년 내담자를 대할 때는 프로그램에 대한 철저한 오리엔테이션, 즉 상담의 구조화 작업이 보다 명확하고 비중 있게 다루어질 필요가 있다. 본 집단은 집단원을 선발할 때 학교 측을 향한 상담자의 사전 안내나 협조 요구가 매우 미흡하게 보였고, 집단을 시작할 때에도 집단의 목적과 과정에 대한 안내나 참여자에 대한 동기부여 과정이 제대로 이루어지지 않은 감이 있다.

프로그램의 목표도 진행시간에 비해 너무 방대하게 설정되어, 목표에서 서술한 성격, 감정, 욕구, 꿈 등의 자각을 비롯하여 감정통제 방식을 익히고, 의사소통에 대한 역할연습이 제대로 이루어지기는 어려운 점이 있었다.

제4회기에서 의도적으로 부정적 감정을 탐색하느라고 분위기가 가라앉고 어두워졌는데 이후에 부정적 감정을 정화하는 과정을 거치지 않은 채, 나의 책 만들기로 들어가 프로그램의 연결성에 아쉬움이 남았다. 만약 부정적 감정을 다루고 싶었다면 마무리도 잘 정리했어야 하며, 이러한 과정을 진행하려면 우선적으로 생애곡선과 같이 전반적으로 삶에서 힘들었던 순간들을 떠올리는 작업 다음에 연결된 부정적 정서 다루기 작업을 하는 것이 더 낫지 않았을까 하는 생각이 든다. 제7회기에서 생애곡선, 버리고 싶은 행동과 원하는 것을 얻기 위한 행동 찾기, 문제해결 방법 등은 한 회기의 주제로는 너무 많고 찾아내기가 버거우며 연결도 잘 안 되는 듯하여 연결과 순서에 아쉬움이 남았다.

축어록의 언어반응에서는 가능한 한 '그것' 등의 대명사를 사용하기보다 구체적이고 완전한 언어 사용(내용 적시)이 필요했으며 지도자가 질문을 던진 경우에는 질문에 관련한 탐색과 마무리 멘트가 이루어졌어야 했다. 김둘3과 박하나13 반응은 상담자가 좀 더 공감적으로 마음을 읽어주고 넘어가야 했으며, 김둘9의 반응은 상담자가 더 들으려 노력했어야 했고, 살 빼는 것에 대한 걱정은 비현실적 정보에 따른 것이므로 이를 지도자가 정확히 바로잡아 주어야 했다.

여러 대목에서 지도자가 아이들 대화 흐름을 따라가거나 심리적 연결성을 짓지 못하는 것으로 느껴졌고, 리더15 안내 시 '무의식' 부분은 좀 더 쉬운 말로 풀어서 설명하는 것이 좋을 듯 했다. 또한 문하나가 핸드폰을 뺏긴 불편한 감정에 반응해주었어야 했으며, 박하나30의 표현 의미는 받아주는 것이 필요했다고 보여진다.

마지막 회기를 결정하는 장면에서 아이들에게 의견을 구하며 '사실은 나도 8회 하면 좋지'라고 말하는 지도자의 모습은 구성원에 대한 배려나 솔직함의 차원보다는 결정의 우유부단함으로 보여져, 오히려 아이들을 위한 길이 무엇인가 심사숙고해서 결정하고 확인해보는 과정이 보여졌으면 하는 아쉬움이 남는다.

대체적으로 집단구성원들이 산만하게 떠들거나 서로의 이야기에 집중하기 어려운 경우가 많았는데, 그런 경우에도 지도자는 여러 갈래의 구성원 반응에서 중요한 반응에만 선택적으로 주목해 초점을 맞추어주고, 내담자의 중요한 언어는 놓치지 않고 다루어 주는 것이 필요하다. 회기별 마지막 멘트에서는 프로그램의 결과를 구체적으로 정리 요약하고 의미를 부여해주어 체험을 일상과 연결시켜 실용화시키는 종합정리 멘트가 필요하다고 보여진다.

<blockquote>
노인
집단상담
프로그램
</blockquote>

◆노인 집단상담 구조화 프로그램
(총 10회기)의 실제
- 진행과정의 구성, 회기별 활동과제, 상
담자의 지도일지 예-

(1) 진행과정의 구성

• 제1회기: 방향제시, 자기소개 및 사전검사

본 프로그램의 실시 목적 및 진행과정을 안내 설명하
고 집단참여자들의 자기소개를 한다.

• 제2회기: 풍경구성법(LMT)

그림검사의 일종이나 평가의 목적보다 풍경화를 그
리면서 추억을 되살리기도 하고 자신의 현재 정서상
태나 욕구를 살펴봄으로써 자기이해를 높인다.

• 제3회기: 내 인생의 3대 뉴스

자신의 삶에서 의미가 컸던 일들을 반추해보고 오늘
의 나를 이해하는 동시에 주요 생활경험에 관련된
자기개방을 통해 집단구성원 간의 상호이해를 돕는
다.

• 제4회기: 남이 보는 나

남에게 비쳐진 자신의 모습이 어떤 것인지 재인식하
는 기회를 갖는다.

• 제5회기: 장점 바라보기

자신과 타인의 장점을 적극적으로 찾아 명료화하고
집단원들의 상호 지지를 통해 긍정적인 자아개념을
갖도록 한다.

- **제6회기: 관심 기울이기, 경청하기 연습**

  경청의 역할연습을 통해 적극적 경청과 공감의 중요
  성을 깨닫고 집단원 간에 보다 깊은 정서적 교류가
  이루어지도록 한다.

- **제7회기: 마음의 선물**

  노래로 자신의 특성을 알리고 타 구성원에게 마음의
  선물인 노래를 선사함으로써 사회적 교류기회를 제공
  한다.

- **제8회기: 내가 살아야 하는 이유**

  생명이 위급한 절박한 상황을 가정하여 자신이 살아
  야 하는 이유를 적극적으로 탐색하고, 그 이유를 일
  상생활 장면에 관련시켜 생각해본다.

- **제9회기: 유언 남기기**

  죽음이 닥친 순간을 상상하고 그때의 심정을 헤아리며,
  유언을 해봄으로써 현재의 삶에 대한 태도를 정리해 본
  다.

- **제 10회기: 마무리, 소감교류 및 사후검사**

  함께한 시간을 되새기며 정리, 평가하고 상호 격려한
  다.

(2) 구조화적 집단상담 프로그램의 회기별 준비활동 및 과제

- **제1회기: 준비활동－별칭 짓기, 집단참여 방법 설명, 서약서 쓰
  기, 상대방 소개하기**

  과제(생각거리): 나는 어떤 사람으로 소개될 수 있는가?

- **제2회기: 준비물－사인펜, 색연필(크레파스), 백지 등**

  과제(생각거리): 그림그리기 활동을 통해 느낀 나의 모습은 어
  떤 것인가?

- **제3회기(3대 내 인생 뉴스)**: 준비물－백지, 필기구 등
  과제(생각거리): 후회스러워도 그 의미를 찾고 편안한 마음을
  유지하기
- **제4회기(남이 보는 나)**: 준비물－없음
  과제(생각거리): 남들에게 보이는 나의 장·단점을 생각하고 정
  리하기
- **제5회기(장점 바라보기)**: 준비물－백지(A4 용지), 필기구 등
  과제(생각거리): 나와 타인을 긍정적으로 볼 수 있는 측면은 무
  엇인가?
- **제6회기(경청하기)**: 준비물－없음
  과제(경청을 연습하기): 타인에 대한 나의 경청(관심 기울이기)
  은 어느 수준인가?
- **제7회기(마음의 선물)**: 준비물－용지, 필기구 등
  과제(생각거리): 지금 나에게 필요한 것은 무엇인가?
- **제8회기(내가 살아야 하는 이유)**: 준비물－용지, 필기구 등
  과제(생각거리): 나의 삶에서 중요하게 생각되는 것은 무엇인
  가?
- **제9회기(유언 남기기)**: 준비물－백지, 필기구, 명상음악(테이프)
  과제(생각거리): 앞으로의 삶을 위해 (자신과) 어떤 약속을 할
  수 있나?
- **제10회기(마무리 소감)**: 준비물－백지, 필기구 등
  과제(생각거리): ‘만남의 인연’에 감사하기

(3) 집단상담 프로그램 지도자(촉진자)의 회기활동 일지 예

제1, 2회기	
주제	제1회기: 자기소개, 오리엔테이션, 서약서 쓰기 제2회기: 풍경화(LMT) 그리기
목표	−풍경화를 그리면서 이와 관련된 추억을 되새긴다. −추억 속의 욕구나 좌절을 통해 자신의 현재 정서상태, 기대, 희망 등을 살핀다.
활동	1. 상담에 처음 참여하는 김○○, 정○○ 등에게 집단참여 방법을 설명하고 서약서를 받은 후, 별칭 짓고 발표하는 시간을 가졌다. '집단참여 방법'은 집단 시작할 때 읽도록 하였다. 몇몇 참여자들이 좋은 내용이지만 실천하기는 참 어려운 거라고 말했고, 촉진자도 동의하면서 평생 공부하는 마음으로 하면 좋을 내용으로 활용될 수 있다고 언급하였다. 2. 촉진자가 지정하는 순서대로 강-산-밭-길-나무-사람-꽃-동물의 순서로 그림을 그리게 하였다. 그림의 배치와 표현이 마음처럼 되지 않는다고 하면서도 대체로 재미있어 하였다. 3. 자기 그림에 대해서 설명하는 시간을 가졌는데, 대체로 과거에 살았던 곳이나 앞으로 살고 싶은 곳이라는 설명을 덧붙였다. 그림에 대한 느낌을 서로 나누는 시간을 가졌는데, 처음에는 느낌이나 생각을 말로 표현하는 것을 어색하게 여기다가 시간이 지나면서 점점 더 많이 표현하며 서로 다른 사람의 그림을 멋지다고 칭찬하며 정감 있는 분위기가 되었다.
상담자 (촉진자) 의견	1. 활동 시작 전에, 교통이 불편해서 상담실까지 오는 것이 힘드니까 횟수를 줄이든지 어떤 조치를 해달라는 발언이 있었다. 2. 집단의 목적이 무엇인지, 이 프로그램을 하면 어떻게 달라지는지 모르겠다고 말하는 참여자가 있었다. 간단하게 설명했지만, 프로그램이 더 진행되어야 어떤 프로그램인지를 더 이해할 수 있을 것 같다. 프로그램을 시작하기 전에 프로그램에 대해서 설명하고, 원하는 분들 중심으로 선별해서 집단을 시작해야겠다는 생각이 든다.

제3회기	
주제	인생의 3대 뉴스
목표	- 지나온 삶을 되돌아보며 자신에게 의미가 컸던 일들을 정리해 본다. - 자기개방을 통해 집단원들 간의 이해를 높인다.
활동	1. 먼저, 오늘의 활동을 소개하고 나서 지나온 삶을 회고하는 시 간을 가졌다. 준비해둔 종이에 의미가 컸던 세 가지 사건을 적 어보라고 하였다. 사회적으로 지위가 높지도, 이름이 알려지지 도 않은 '들풀 같은 우리들이 쓸 것이 뭐 있냐'는 반응도 있었 지만, 각자가 삶의 주인공임을 말하며 써보도록 권유했다. 2. 다 쓰고 나서 희망하는 순서대로 발표하도록 하였다. 참여자들 이 살아온 세월이 정치경제적으로 어려운 시기였기 때문에 고 생한 이야기들이 많았고, 부모가 일찍 작고 또는 이혼하여 고 생했거나 고된 시집살이를 해서 괴로웠다고 말하는 참여자도 있었다. 3. 남자 참여자들은 군대 이야기가 나오면 관심을 갖고 공감하는 분위기였다.
상담자 의견	1. 지나온 세월을 돌아보는 과정에서 지금껏 성실히 살아온 분들 이고, 물질적으로 이루어놓은 것이 적더라도 신뢰와 덕을 쌓아 온 점 등에 초점을 맞추도록 강조하였다. 2. 한 분이 '내 인생은 그저 무덤덤하고 평탄해서 쓸 것이 없다'고 하며 표현력도 없고 하니 한 줄만 쓰겠다고 하였다. 3. 한 어르신 참여자가 큰아들과 부인을 사별하고서 재혼했지만 현재 생활이 행복하지 않다고 하시며 공허감과 우울함을 내비 쳐 마음이 쓰였다.

제4회기	
주제	남이 보는 나
목표	남에게 비쳐지는 자신의 모습이 어떠한지 인식함으로써 자신을 재인식한다.
활동	1. '나는 누구일까?' 게임을 통해 남에게 비쳐지는 자신의 모습을 확인하는 시간을 가졌다. 먼저 한 지원자가 밖에 나가 있어야

	하는데, 평소에 협조적이던 참여자가 지원해서 밖에 나가 있고, 남아 있는 다섯 분 중에서 한 분씩 밖에 나가 있는 분의 특성을 발표해달라고 촉진자가 주문했다. '깔끔하다, 부지런하다, 활동력이 있다, 성실하고 노력한다, 말씀을 부드럽게 한다, 베풀기를 좋아한다, 솔직하다'라는 평들이 나왔다.
	2. 밖에 나가 있던 분을 안으로 오라고 해서, 평가의 말들을 읽어드린 후에, 본인을 포함해서 여섯 분 중에 누구인지 맞혀보라는 주문을 했다. 본래 맞추기 어려운 게임이라고 설명해 드린 다음, 여기 계신 분들이 다 위의 특성들을 가지고 계신 걸로 보인다고 말씀드렸다.
	3. '생일초대 게임'을 통해서 다른 사람에게 초대받는 즐거움을 나누고, 선정 이유를 들으면서 다른 사람에게 비쳐지는 자신의 모습을 인식하는 시간을 가졌다. 참고로, 어느 분은 모든 집단원들에게 초대받는 즐거움을 누렸다. '배울 점이 많아 보여서, 성실하신 점이 존경스러워서' 등이 선정 이유였다.
상담자 의견	1. 참여자들이 아직 서로를 잘 모르기 때문에 조심스러워 하면서 긍정적인 특성을 주로 이야기하게 되는 게임이 되기 쉽다는 것이 아쉽다. 보다 객관적인 특성을 이야기할 수 있도록 촉진해야겠다. 대신에 "'깔끔하다' 같은 긍정적인 특성도 지나치면 안 좋은 면이 있는 것 아시죠?"라고 말하면서 집단의 주의를 환기시켰다.
	2. ○월부터는 1주일에 두 번씩 해서 명절 전에 끝마치자는 의견이 나왔고, 모두 동의해서 그렇게 하기로 하였다.

제5회기	
주제	장점 바라보기
목표	자신의 장점을 깊이 있게 탐색하는 과정에서 타인의 장점도 바라보고 나아가 삶에 대해 긍정적인 시각을 갖도록 한다.
활동	1. 지난 시간에 자신의 장점 20가지를 적어오도록 숙제를 내드렸다. '어떻게 20가지나 찾느냐'고 하기에 장점으로 보이지 않고 당연하게 보이는 것(예를 들어서 '노래를 좋아한다', '음식 타

	박을 안 한다', '조용하다' 등등)도 다 장점이 될 수 있으니까, 샅샅이 살펴서 꼭 20가지를 쓰라고 말했다. 그리고 자신의 장점을 많이 찾을 수 있어야 다른 사람의 장점도 많이 찾을 수 있다고 격려했다. 2. 기록해온 장점을 발표하는 동안에 발표하는 집단원의 이름을 쓴 종이를 집단원들에게 돌려서 그분의 장점을 한 가지씩만 쓰라고 하여 '장점세례'를 해서 보여주었다. 3. 느낌을 나누면서 겸손하면서도 즐겁게 칭찬을 받아들이는 모습들이었다.
상담자 의견	1. 이렇게 장점을 찾고 발표하는 활동은 처음 해본다면서 즐거워하는 집단원이 있었다. 숙제도 다 열심히 해오고 적극적으로 참여하는 모습에 힘이 났다. 2. 제3회기 때 우울함을 비친 어르신은 장점 찾기 숙제에서도 객관적으로 바라보려 하는 모습을 보여주었다. '남을 너무 믿는다', '어리석은 편이다,' '아부할 줄 모른다,' '누구를 시키느니 내가 알아서 한다' 등등이었다.

제6회기	
주제	관심 기울이기(경청)
목표	다른 사람과의 대화에 적절한 주의를 기울이는 태도를 실습해보면서 자신의 대화능력을 점검한다.
활동	1. 경청자세에 대해서 집단원들과 함께 점검해보았다. 집단원들의 의견을 촉진자가 경청하는 태도를 보여주는 것도 그들이 모르는 사이에 교육이 될 것이라는 생각이다. 집단원들이 경험한 경청자세로는 '우선 모범을 보여서 상대방에게 신뢰감을 주는 것, 열심히 들어주고 끝까지 들어주며 적절한 시기에 개입하는 것' 등이 포함되었다. 2. 촉진자가 경청자세와 공감에 대해서 간단하게 설명한 후, 두 사람씩 짝을 지어 '경청하지 않는 태도로 짝의 이야기를 듣기' 와 '경청하는 태도로 짝의 이야기를 듣기'를 실습했다. 3. 대표로 한두 사람이 '경청하는 태도로 듣기'를 하는 모습을 다른 분들이 관찰하도록 했다. 한쪽의 어려운 점을 다른 쪽 분이

	이야기하고, 들어주었다. 경청하면서 간간이 질문하고 조심스럽게 대안을 제시하고 실천 가능한지를 타진하는 모습이었다. 실천 불가능하다고 이야기하는 의견에 대해서는 철회하는 태도를 보여주면서 차분하게 대화가 진행되었다. 그러고 나서 소감을 나누었는데, 먼저 짝이 경청하지 않는 태도로 들을 때 마음이 답답하고 이야기하고 싶지 않았다고 했고, 짝이 경청하는 태도로 들어주었을 때는 이해받는 느낌이 들어서 좋았다고 하였다.
상담자 의견	태도를 '평가'한다는 것이 마음 쓰여서 그렇게 말하지 않았는데, 대체로 경청하였기 때문에 다른 분들의 학습에 도움이 될 수 있었다. 기회를 놓친 것이 아쉽지만, 다른 참여자들도 ○○씨가 잘 경청하였다는 데 동감한 것으로 생각한다.

제7회기	
주제	마음의 선물(노래해주기)
목표	집단 응집력을 높이고, 노래를 통한 정서표현과 사회적 교류의 기회를 제공한다.
활동	1. 별칭을 쓴 종이를 촉진자가 준비해서 바구니에 담은 후에 한 장씩 뽑도록 했다. 당첨된 상대방에게 들려주고 싶은 노래(마음의 선물), 그리고 그 선물을 주고 싶은 이유 등을 간단하게 쓰도록 종이를 드렸다.('오늘은 노래하는 날이라고 해서 쉬울 줄 알았더니, 쉬운 게 하나도 없네'라면서도 집단원들이 즐겁게 적었다.) 2. 노래 선물과 마음의 선물을 상대방에게 정성껏 했고, 감사하게 받았다. 노래를 못하는 사람은 시를 암송하여 분위기를 맞추었다. 3. 끝마치는 노래로 '~하는 동안'이라는 노래를 부르며 정리하였다.
상담자 의견	참여자들이 사회적 교류의 기회를 가지면서, 자신과 상대방에게 관심을 기울이는 좋은 기회라는 생각이 든다. 장기자랑 시간도 되고, 교류의 시간도 되는 이런 회기가 더 있으면 좋겠다는 생각도 든다.

제8회기	
주제	내가 살아야 하는 이유(또는 살고 싶은 이유)
목표	−삶에서 중요한 것들을 적극적으로 의식하여 삶의 의미를 긍정적으로 만든다. −삶에 대한 태도를 재정비하고 오늘을 긍정적으로 살고 또 열심히 살도록 한다.
활동	1. 촉진자가 최근에 본 영화 '일본침몰'을 간단히 이야기해주면서, 생명이 위급한 절박한 상황을 제시하였다. 2. 부여된 상황 속에서 자신이 살아야 하는 이유, 또는 살고 싶은 이유를 최대한 많이 생각해내도록 한 후에, 종이에 적도록 하였다. 3. 한 분씩 돌아가며 적은 내용을 읽도록 하였다. 이유 중에는 '가족들이 건강하게 잘 살아가는 모습을 보고 싶어서'가 많았고, '여생을 편안히 살고 싶어서', '다른 사람을 위해 봉사하는 삶을 살고 싶어서', '여러 가지 재미있는 것을 배우고 싶어서'도 있었다.
상담자 의견	이번 회기의 주제는 조심스럽게 느껴진다. 우울한 분의 경우, 살고 싶은 이유도, 살아야 할 이유도 없다는 것을 확연히 느끼면, 더 우울할 수도 있겠다는 생각 때문인데, 이런 분들 경우는 개인상담을 해보도록 권유해야겠다.

제9회기	
주제	유언 남기기
목표	−지금까지의 삶을 재조명해보고, 깊이 있는 자기 이해를 도모한다. −앞으로의 삶의 방향을 진지하게 모색하도록 한다.
활동	1. 촉진자는 '태어나는 것은 순서대로지만, 돌아가는 것은 순서가 없기 때문에 저도 가끔씩 주변 정리를 합니다. 제가 관리하고 있는 통장이나 카드 같은 것들을 정리해서 제가 가고 나도 식구들이 알 수 있도록 합니다'라고 하면서 분위기를 잡았다. 2. 꼭 재산에 관한 내용이 아니더라도, 가족들에게 평소에 하고

	싶은 말씀이나 남기고 싶은 말씀을 쓰셔도 좋다고, 오늘 연습 삼아 써보시고, 오늘 쓴 내용을 토대로 집에서 다시 보충해서 쓰도록 해보라고 권했다. 3. 신께서 '오늘 밤에 와라'라고 말씀했다고 상상한 후, 유언을 쓰도록 하였다. 쓴 내용을 돌아가며 발표하고 소감을 나누었다. 형제끼리 우애 있게 지내라는 말씀과, 남은 배우자를 자녀들에게 부탁하는 말씀, 회한과 미안함과 당부하는 마음들이 포함된 발표였다.
상담자 의견	1. 촉진자가 개인적으로 진행하기에 어려움을 느끼는 회기이다. 하지만 촉진자가 걱정하는 것보다는 참여자들 측에서 잘 받아들이고 협조해주었다. 2. 촉진자도 집단원들과 함께 유언장을 써보았는데, 가족들에게 미안함과 감사하는 마음이 깊이 느껴졌다. 직접 해보니까, 이번 회기는 특히 가족들에 대한 감정과 삶을 총정리하는 마음이 집약되는, '집단상담 프로그램'에서 빼놓을 수 없는 회기인 것 같다. 3. 시간이 부족해서 '앞으로 어떻게 살 것인가?' 부분을 간단하게나마 이야기를 나누지 못했다는 점이 매우 아쉽다.

제10회기	
주제	마무리 및 소감 교류
목표	−지금까지의 집단경험을 토대로 자신을 새롭게 정리해본다. −서로의 행복을 기원하면서 감사와 애정을 표하는 기회로 한다.
활동	1. 집단경험 설문지(자아통합 진단지)를 다시 배부하여 사후검사를 하였다. 그리고 복지관에서 만든 '만족도 조사' 설문지도 응답하도록 하였다. 개선해야 할 점에 '참석자가 적어서 그런지 1회기당 시간이 너무 짧다, 10회기로는 부족하다, 쓰는 게 많아서 부담스럽다' 등이 나왔는데, 소감을 묻는 질문에서도 '이제 이 프로그램이 어떤 것인지 감이 잡히는 듯하니까 끝나서 아쉽다'는 말이 많이 있었다. 2. 생각하고 써야 할 것이 많아 부담스럽기도 했지만, '재미도 있고 생활에 도움이 많이 되는 프로그램이라서 좋았다'고 응답하였다.

	인원이 더 많았으면 다른 사람의 이야기도 더 들을 수 있어서 좋았겠다는 생각이 든다고 적은 참여자도 있었다. 촉진자도 동의하는 점이다.
상담자 의견	처음에 시작할 때는 10주나 해야 하냐면서 부담스러워했던 참여자는, 활동을 하면서 빨리 끝낼 수 있는 프로그램이 아니라는 걸 느낀 듯하다. 앞에서도 언급했지만, 이 프로그램에 대한 오리엔테이션을 먼저 하고 나서 참여하고 싶은 분들로만 진행했다면, 회기를 줄이거나 1주일에 두 번씩 해서 빨리 끝내자는 의견이 적게 나올 듯하다. 혼자서 프로그램을 운영하는 것이 어려운 회기가 있었다. 특히 마지막 회기는 설문조사와 참여자 파일을 챙기느라, 차분하게 느낌을 나눌 시간이 부족했다. 지난번처럼 참여자 10명 정도가 1조가 되어 2명의 촉진자가 진행하는 것이 바람직했던 것 같다.

제 8 장

비구조화적 집단상담의 과정: 축어록 검토하기

　이 장에서 소개되는 비구조화 집단은 앞장의 '구조화 집단'과 다르게 집단상담의 진행방식이 구조화되어 있지 않은 집단을 말한다. 따라서 집단을 진행할 때 회기별로 준비된 학습도구나 유인물을 사용하지 않으며, 지도자의 촉진적 반응에 따라 집단구성원들의 언어반응과 감정, 사고, 대인관계 행동양식이 직접적으로 다루어지게 된다.

　다음은 본서의 저자인 이장호, 강숙정이 진행한 집단상담 프로그램의 실례이다.

　먼저 소개되는 집단은 비교적 구조화된 이장호의 통합상담론적 집단수련이며, 두 번째 소개되는 집단은 비구조화 방식을 취하고 있는 강숙정의 인간관계 감수성 훈련집단이다.

'
통합상담론적
집단수련
,

일 시: 200×년 ×월 ×일(토) 오후 2시
부터 ×월 ×일(일) 오후 3시까지.
장 소: 인천광역시 강화읍 대산리 수련장
참가자: 장(주지도자), 원, 현(보조지도자 겸
역 집단원), 정, 오, 동, 민, 종(총 8명)

| 제1마당 | 사전 평가지 응답 포함 약 1시간 |

(집단과정 녹음에 대한 집단원들의 동의를 구함)

원1: 오늘은 첫째 날입니다. 녹음도 되죠? 예, 통합상담 연구회
원들을 위해 집단상담을 통해서 수련하는 시간을 1박2일로 진행하
게 되었는데, 저희들 각자 사전검사와 참가신청서를 작성하도록 하
겠습니다. 이 일을 마치고 난 뒤의 일정은 바로 노동봉사체험으로
이어지도록 하겠습니다.

(검사지와 신청서를 나누어 가짐.)

원2: 그리고 사전 검사지를 지금 작성하실 때, 맨 위에다 각자
의 성함과 오늘 날짜를 써주십시오,

오1: 참가신청서⋯⋯

원3: 어디요? 신청서가 없나요?

(새소리가 들림, 약 4분 정도 경과함.)

원4: '하고 싶은 말'에는 주로 이번 1박2일 집단상담을 통해서
얻고 싶은 것을 위주로 써주시면 좋겠습니다.

동1: (작성 중 발언) 현재나 과거의 애인, (허허) 집사람을 애인이
라 하면, 이게 잘 안 맞는 거 같네요. (웃음)

원5: 편안한 대로 하십시오.

오2: 옛날 애인이라고 하십시오.

동2: 옛날 생각을 다해야 합니까. (크게 웃음) 특히 파트너가 가까이 오게 되면 나는 물러서게 된답니다. (하하하하) 집사람이 가까이 오면 나는 대환영인데. (하하)

원6: 교수님 제자 분이 박사논문 쓸 때 사용한 자료(설문지)입니다.

동3: 그럼 연애할 때랑은 틀리잖아, 연애할 때는 가까이 오면, 그냥 쫌 살살 다가오고 지금은 안 그러는데…….

원6: 이름 적으시고. (전화벨 울림)

원7: 여보세요? 예예, 그동안 수고했어요. (통화음 일부)

(사전 검사지와 참가신청서 작성 종료.)

제2마당　옥외 봉사노동 ─ 텃밭 제초작업 등, 약 1시간

원8: 다음에는 장갑을 준비해야겠네요.

정1: 일어나는가 보네.

오3: 신랑이 장갑을 준비했네.

현1: 저기 있어요. 저기, 그렇게 안돼요. 나 같아도.

원9: 민○○씨 혼자 잤다면서요?

민1: 예. 어제 새벽까지 남자친구랑, 3시 반까지 이야기하다가 별로 안 좋았어요. 3시 반까지.

오4: 누가 이겼어?

민2: 그냥 잤어요. 결혼이……, 그러니깐 그게 감정이 아니에요.

오5: 그게…….

정2: 결혼 전에 많이 싸워.

원10: 우리는 결혼식 날 싸워가지고, 그때 생각나서…….

정3: 우리 아들도 날짜를 받아놨는데.

원11: 신혼여행 가니 안 가니로 둘이 싸우고⋯⋯. (많이 웃음, 개 짖는 소리가 들림.)

정4: 우리 아들도 '엄마, 아무래도 안 될 것 같아' 그러더라니깐, 결혼날짜 받아놓으니깐.

민3: 그래서 안 하셨어요?

정5: 결혼 못할 줄 알았어요.

오6: 다 그런 거 갖고 싸워.

원12: 다 그런 거 가지고 싸우더라.

민4: 우리는 그런 거 전혀 문제가 안 되는데, 근본적인 문제가 있어서⋯⋯.

오7: 근본적이면 사랑이다. (하하)

원13: 우리도 그때 크게 근본적이었다. (하하)

민5: 안 그럼 어떻게 결혼했겠어요?

원14: 그렇죠.

정6: 그럼 다들 얘기 들어보면, 다들 안 될 것 같다고 해도 만나고.

종1: 막 해서 다리를 벨 것 같아요.

민6: 손도 벨 텐데, 노동체험으로, 다들 맨발이네. 비 오는데 오디오가 괜찮을까요? 〈중략〉

(집단원들끼리 잡담을 하고 일상적인 이야기들을 나누면서 풀을 뽑는 등의 노동체험을 함.)

현2: 이거 씀바귀예요.

민7: 몰라요. 내가 농촌에 살아보았어야 알지.

원15: 맞아요. 씀바귀예요. 땅이 좋은가 보다. 여기 지네 같은 것도 있네.

(식물의 이름을 외우고 자연을 느낌. 계속 새소리와 개짖는 소리 등이 들림.)

동4: (축구유니폼을 입고 늦게 텃밭 작업장에 등장)

원16: 옷이 멋있습니다.

동5: (웃음)

종2: 공 차셔도 되겠네.

(계속 밭고랑을 만들고 땅을 일구고, 잡초를 뽑으면서 노동체험을 함.
모두 쉬지 않고 땀을 흘리며 일을 함. 잘하는 사람에게 격려의 말을 건네
면서 서로 지지해줌.)

제3마당 통합상담론 소개 및 자서전 쓰기와 읽기, 약 2시간

- 명상음악과 함께 눈을 감고 좌선 명상을 5분 정도 하다.

오8: (프린트를 나누어주며) (이장호 교수의) '통합상담론 서설' 자
료를 준비했거든요.

장1: 이 시간에?

오9: 네.

장2: 누가 설명을?

오10: 교수님이요.

장3: 한 30분 정도로 요약하면 되는 거예요?

오11: 이 시간은 두 시간 예정인데…….

민8: 한 30분 정도 요약해서 이야기하시고, 나머지 시간에는 다
음 회기 준비를 위한 개인 이야기를 진행하면 되는데요.

장4: 네. 이 '통합상담론 서설' 자료는 제가 2005년, 그러니까 3
년 전 한국심리학회 연차대회에서 발표한 논문을 그대로 옮긴 겁
니다.

실은 1989년부터 이 주제에 관한 대중적인 어프로치를 제가 하

기 시작했는데, 학회에 나가서 논문으로 정식으로 발표한 것은 2005년 그때가 처음입니다. 그리고 통합상담연구회 중심축을 이루고 있는 최원석 선생과 연세대에서 상담박사학위를 받은 최송미 선생, 저, 이렇게 세 사람이 공저로 '통합상담 집단상담수련의 효과에 관한 연구'라는 제목으로 첫 논문을 완성했습니다. 이제 조금만 더 마지막 마무리를 하면 될 것입니다. 마무리가 되면 아마 금년 중에 한국심리학회 건강 회지에 발표될 전망입니다.

통합상담연구회 회원들의 모임으로서 오늘 이 시간에는 명상-요가 절차가 포함된 '통합상담론적 집단수련'을 우리 같이 시도합니다. 통합상담론의 골자를 저는 이렇게 말하고 싶습니다. 집단이든 개인이든 통합상담론의 골자는 네 가지입니다.

첫째로 꼽는 것이 심신일원론, 즉 마음과 몸이 하나라는 것입니다. 지금까지 서양으로부터 영향을 받아서, 심리적 불편 따로 신체적 고통을 따로 이해, 접근하는 학계의 풍조랄까? 대체로 그렇습니다만, 인간 및 사회 문제를 이렇게 두 갈래로 나누어 접근하는 것이 잘못이므로, 심신일원론적으로 접근해야 한다는 것입니다. 즉, 인간을 하나의 유기체적 전체로써 동시에 접근하자는 것이 통합상담론의 첫 번째 논리적 배경입니다.

그다음에 프린트와 순서는 조금 다르지만, 통합상담론의 바탕으로 동양사상이랄까, 동양문화적인 컬러를 띠게 되는데요, 동양문화가 서양문화와 다른 점이 뭡니까? 서양문화는 분석적이고 합리성을 강조하지 않습니까? 동양문화는 분석적이지 않고 직관적이라고 할 수 있습니다. 바로 느끼고 통찰하는 것을 강조합니다. 쪼개고, 요소와 분자가 어떻고 하는 서구적인 방법이 아닙니다, 기술이나 과학은 아직도 서구가 많이 발전했잖아요. 지금은 일본, 인도, 중국, 우리나라도 과학의 수준이 상당히 견줄 만큼 올라와 있지만, 아직도 기계적인 문명에서는 서구가 크게 압도하고 있잖아요. 서구는 방법론이 강하고, 서구의 방법론은 배울 것이 아직도 많습니다. 그런데 동양은 옛날부터 길 도의 '道'를 근본적인 진리 또는 본질로 삼아왔고, 덕목과 도덕을 강조하는 문화이지 않습니까? 공자, 맹자, 불교, 모두 덕을 강조하고 도를 강조해왔습니다.

쪼개고 나누고 하는 접근은 서구적인 방식이지요, 제가 말씀드리는 것은 서구의 합리적이고 분석적인 접근은 그대로 장점이 있기에 그것을 활용은 하지만, 동양의 전통인 '도'의 정신, 덕 위주의 가치관을 함께 아우르는 접근이 바람직하며 그런 접근이 통합상담론의 지향가치라는 것입니다.

여기서 파생되는 것이, 우리 인간의 고통 또는 장애에 대한 관점인데, 지금까지 서구의 영향을 받아서 특히 우리가 습관이 되어서 스트레스, 장애나 고충은 제거하고 해결하고 없애야 된다는 관념이 되어버렸습니다만, 통합상담론에서는 인간적 고통을 나와 함께 겪어보고 통합을 한다는 것입니다. 내가 가지고 있는 문제와 내가 평화를 이룬다는 것입니다. 갈등하고 대결하려고 하지 않고 내가 고통 자체에 부딪치고 고통을 수용하면서 인간 고통과 함께 어울리는 그런 의미의 통합론입니다. 고통을 멀리하기가 아닌 수용하기이고, 고통을 없애기가 아니라 고통과 함께하기가 통합상담론의 또 다른 주요 접근방법론입니다.

우리가 긴장이 있거나 우울증을 경험할 때 그것을 없애려고 하는 시각이 아니라, 우울증이나 다른 고통을 어떻게 평화롭게 견뎌나가거나 수용하는가를 상담하는 것입니다. 그런 의미에서 통합상담론은 체계화된 이론적 바탕이 있습니다.

맹자는 인간본성을 성선설, 선한 존재로 보았죠? 순자는 성악설을 주장했다고 했는데, 통합상담론에서는 인간본성을 어떻게 볼까요? 맑음과 밝음 그리고 유능성을 발휘하려는 성향이 인간의 본성이라고 봅니다. 맑고 밝은 인간의 본성을 회복하는 방향으로 상담자는 내담자를 상담치료한다고 할 수 있습니다, 명상을 하든 요가를 하든 인간본성인 '맑고 밝음의 경지'로 되돌아가고 회복하는 일련의 과정이라고 말할 수 있습니다.

통합상담론의 기본원리로 그 다음에 무엇을 말할 수 있을까요?

집단원: 공동체적 집단주의 아닌가요?

장5: 네, 그렇습니다. 서구사회에서는 너무 개인적인 접근을 합니다. 동양문화에서는 나와 당신, 우리라는 공동체의식이 강조됩니다. 내담자 측에서 "내가 공동체의식에 문제가 있습니다"라고 말하는 학생이나 내담자는 없을 것입니다. 그러나 상담자 입장에서는 공동체의식을 가지고 공동체 활동을 실천하도록 격려해야 합니다. 그러니까 우리 모임 총무가 의논해서 준비한 일정표에 보면 노동 봉사시간이 있잖아요, 심신을 단련한다는 것. 머리만 굴리고 이야기만하는 것이 아니라 신체 단련과 마음의 단련을 함께하는 것입니다. 이 수련장소에 적합한 공동체 활동은 텃밭을 가꾸는 것이고, 그렇게 하는 것이 집단상담의 필수과정이 되어야 한다는 것입니다.

청소를 하든, 밭일을 하든, 공장에 가서 일을 하든, 복지관에 가서 봉사를 하든, 그것이 나의 공동체의식을 단련하는 심신일원론적 활동일 것입니다. 마음만 잡고 머리만 쓰는 것이 아니라 신체를 단련하고 그러면서 같이한다는 것입니다. 혼자만 하는 것이 아니라, 같이 식사준비를 하고, 같이 친구를 만나고 하는 것입니다. 그래서 공동체의식을 갖기 위해 공동체 활동에 참여하도록 권유하고 상담자도 함께 참여하는 것이 통합상담론의 이론이라고 할 수 있습니다.

근래에 와서 미국 22개 대학에서 재작년에 통계가 나왔는데, 22개 의과대학의 정신의학과에서 분석적인 의학적 인지치료만이 아니라 동양적 명상법을 많이 활용하고 있습니다. ○○대학의 ○○교수가 마음 알아차리기를 충만히 한다는 의미의 번역으로 '마음챙

김명상'이라고 부르기 시작했는데 간단히 말하면 집중명상이지요. 그래서 정신을 집중하고 내 몸의 소리에 집중하면 소리명상이 됩니다. 내가 걷는 순간순간에 집중하면 걷기명상이 됩니다. 그런 명상을 한국에서도 병원진료실에서 30분 이상 하는 경우와 안 하는 경우 큰 차이가 있다는 것이 입증이 됐습니다. 그래서 점차 명상을 심리치료의 대안이 아니라, 과거에 하던 의학적 치료와 병행했을 때 더 성과가 좋아서, 미국에서는 이런 접근을 행동의학이라고 합니다. 그것이 무엇을 말하냐면, 명상은 심리치료가 아니라 종교적인 수련이고 심리치료와는 거리가 멀다고 했던 옛 관점이 바뀌고 현대화한 것이죠. 다시 말해서 명상과 요가가 최근에는 심리치료적인 접근방법의 영역으로 포함되어진 것이죠. 그래서 제가 하는 개인상담이나 집단상담에서 동료에게 권유하는 것은, 한 회기가 50분이라고 하면 10분 이상 20분 이내로 명상과 요가를 실행하자는 것입니다. 그다음에 대화를 통한 분석이든, 인지교육적 면담이든 전통적 상담을 후반부에 치중하는 것입니다. 한 상담회기의 약 40%까지를 명상 및 요가 절차가 차지하는 진행과정이 됩니다.

그래서 처음에 말씀드렸듯이, 저는 1989년부터 서구적 상담이론의 한계점을 지적하고 동양적인 상담접근의 필요성을 주장했어요. 이제 벌써 20년이 경과됐어요. 그런데 과거에 발표했을 때는 학계의 이목을 끌지 못했어요. 2005년도에 심리학회에 발표를 했을 때에도 별로 반응이 시원찮았어요. '요가와 명상하는 게 도움을 주겠지, 저런 내용의 논문으로도 발표하는구나' 식의 발표장 분위기였고, 정작 유익하거나 생산적인 질문은 하나도 없었습니다.

질문하라고 했는데도 질문이 없어요. 그래서 제가 그 자리에서 '여러분이 통계처리를 하는 논문에 익숙해서 다소 철학적인 개념 설명 위주의 발표에 익숙지 않아서 그런 것 같고, 또 나이 먹은 선배가 나와서 발표하는 데 대한 예의(?)인 것 같기도 합니다'라고 했

지요. 그리고 나서 조만간 통계자료로 검증한 결과발표를 다시 할 것을 3년 전에 약속한 셈입니다. 〈중략〉

(논문작성 과정에 대한 설명 부분의 축어록 33행 생략)

여하튼 통합상담론적 집단상담의 효과에 관한 논문이 곧 발표될 것이라는 것을 여러분께 자랑스럽게 이야기합니다. 세 사람이 각자 세 대학의 소속으로 논문을 올립니다.

이번 이 모임도 우리 통합상담연구회의 취지에 맞고 최 선생과 양 선생과 함께하면서 배우는 자세로 시작했습니다.

제가 하는 명상수련회의 요점이랄까 강조점을 추가할까요? 양 선생처럼 반가부좌 자세입니다. 이렇게 앉아서 척추를 펴고 엉덩이를 흔들 듯이 앉아 항문이 땅에 거의 닿지 않게 자세를 약간 앞으로 기울이는 것이 좋습니다……. 〈중략〉 (명상수련의 방법, 녹화 50분 42초)

(양○○ 선생님의 자서전 읽기가 있었음. 자신의 유년시절 힘들고 수치스러웠던 이야기까지 말하면서 마음속의 많은 이야기를 처음으로 표현함.)

제4마당	요가명상 후 집단회기 2, 약 2시간

－장소 분위기: 햇볕이 들어오고 따뜻한 느낌. 졸릴 정도로 편안한 분위기. 계속 산새소리들이 들림.

장6: 가까운 위치로 앉읍시다. 무릎이 닿도록. 옆에 누가 앉았는지, 나 혼자만 존재하는 것이 아니라 누가 같이 앉았는지 바라봅니다. 나는 민○씨와 종○씨 사이에 앉았습니다.

종3: 저는 장○ 선생님과 최○ 선생님 사이에 앉아 있습니다.

원22: 저는 종○ 선생님하고 동○ 선생님 사이에 앉아 있습니다.

장7: (동○을 보며) 선생님은 모든 분을 말해보세요. 양쪽 말고 다 말해보세요,

동5: 저는 종○ 선생님과 정○ 선생님 사이에 앉아 있습니다.

원23: 다 한번 해보시라는데요.

동6: (정○를 보며 웃으며 허허) 먼저 해보세요.

정7: 저는 이름을 잘 모르는데 동○ 선생님과 오○ 선생님, 현○ 선생님, 민○ 선생님, 장○ 선생님, 종○ 선생님, 원○ 선생님, 현○ 선생님과 어울려 앉아 있습니다.

장8: 네, (오○을 보며) 선생, 교수, 님 자 빼고 이름만 불러서 한번 해보시겠어요?

오12: (약간 웃으며) 네, 저는 현○, 민○, 장○, 종○, 원○, 동○, 정○.

장9: 성 안 붙이고, 님 자나 선생님 안 붙이고 이름만 불렀을 때 기분이 어땠어요?

오13: 좋았어요.

장1○: 안내자인 내가 제안하기를 이름만 부르는 것이 괜찮다면, 한 시간만이라도 그렇게 부릅시다. 그렇게 한번 해볼까요? 종○, 장○라고 부를 수 있겠어요?

종4: 네.

장11: 오○, 그렇게 부를 수 있어요?

오14: 네, 재미있을 것 같아요.

장12: 옆에 사람 손을 잡고 눈을 감고 자기 나이만큼 들숨 날숨으로 쉬어보세요. 자기 나이가 3○이면 3○번을 들이쉬고 내쉬어 보세요.

(각자 숨을 고르며 명상. 나이보다 많이 하는 사람도 있고 나이만큼 하고 편안히 앉은 사람도 있음.)

장13: 자, 눈뜨시기 전에요, 내가 앞으로 3년 이내에 하고 싶은,

이루고 싶은, 되고 싶은 것이 무엇인지를 그려보시든지 잡아보세요. 그것을 발언의 소재로 이야기를 하겠습니다. 하고 싶은 것, 되고 싶은 거 해서 이제 조용히 눈을 뜨세요. 우리가 항상 과거를 중시하고 과거 때문에 내가 이렇다는 것이 일리가 있는 이야기지만, 통합상담연구회에서는 미래지향적인 생각이 좋다고 생각합니다. 그래서 앞으로 어떤 기간 내에 이루고 싶은 것을 소개해주겠어요? 나는 …… 하고 싶다든가, 나중에 …… 하고 싶지 않다든가 하면, 그래도 좋아요.

민9: 석사 졸업하는 거.

장14: 그게 하고 싶은 건가요? 이루고 싶은 건가요?

민10: 이루고 싶은 거.

장15: 하고 싶은 건?

민11: 공부, 석사학위를 받는 거요.

장16: 간결하면서도 구체적으로 이야기해주실 수 있어요?

민12: 표현예술치료.

장17: 네, ○○대학교죠? 석사학위를 받는 것일 텐데, 되고 싶다면 장차 뭐가 되고 싶죠? 표현예술치료사가 되고 싶어요? 신부가 되고 싶어요? 사업해서 사업가가 되고 싶은가요?

민13: 표현예술치료사요.

장18: 그걸 하면 자신에게 무엇이 유익한가요?

민14: 저도 표현예술치료사로서 남도 돕고 심신건강에 도움을 주고받을 수 있어서요.

장19: 표현예술치료라는 것이 뭔지 아세요? 대충 짐작을 하고는 있지만 이야기 좀 해줄 수 있어요?

민15: 표현예술치료는 음악치료라든지, 미술치료, 동작치료, 연극치료 등 다양한 예술치료 기법 가운데 한 가지만 고집하는 것이 아니라, 내담자에 맞춰서 두 가지 이상 기법을 섞어 내담자에게 맞

는 것을 선택해서 내담자가 통합적 인간으로 기능할 수 있도록 도
와주는 것이고, 통합상담에서처럼 심신일원적인 요소가 들어가서
몸도 많이 치료가 될 수 있고, 마음도 외상 후 스트레스 등 다양한
장애를 극복할 수 있게 해주는 치료접근법입니다.

장20: 석사과정 중에 그런 전문가가 될 수 있나보죠?

민16: 아니요. 마치고 과정을 이수하면 될 수 있습니다.

장21: 재미있고 좋아하는 분야입니까?

민17: 네, 좋아합니다.

장22: 시간이 필요 이상으로 할애될지도 모릅니다만 내용은 구
체적으로 말씀하시되 간결하게 말씀해주세요. 복잡하게 말씀하시
지 말고 이루고 싶은 거, 되고 싶은 거 순으로 말해주시고 소개해
주십시오. 그래서 우리가 공동체 가족으로서 상호이해와 상호협조
가 되었으면 좋겠습니다. 그다음 누가 발언했으면 좋겠어요?

민18: 저는 이○○ 선생님.

장23: 정○!

민19: 네, 정.

정8: 저는 대학원에 가고 싶고요. 그때쯤 되면 졸업반이나 2학
년이 될 것 같고, 제가 그동안 오랫동안 몸담았던 가톨릭 성소 쪽
의 사람들이 한쪽으로 치우쳤다는 생각을 많이 했어요. 상담공부하
면서, 특히 자존감이라든가, 자기의 고유성 이런 것을 봉사, 희생에
강조하다 보니까, 성서에서 그런 것을 강조해서인지 우울한 쪽에
많이 가 있더라고요. 그런 쪽에 우리가 얼마나 귀한 존재인지 느끼
면서 성서에 나오지만 그게 실생활에서는 잘 안 이루어지겠다는 것
을 봉사를 하면서 제가 많이 느꼈고, 그런 사람들에게 기 살려주는
일을 하고 싶어요. 종○.

종5: 되고 싶은 것은 상담사가 되고 싶은데, 자세하게는 위기상
담자라고 해서 자살이나, PTSD(외상 후 스트레스 장애) 같은 분야에

서 서비스를 하고 싶고 어떤 발견을 하고 싶습니다. 학자 같은 길을 걸어가고 싶습니다. 교수가 아니라, 상담자의 일을 하면서 논문을 통해서 어떤 특정한 발견, 어떤 내가 생각한 의견을 발표하고 싶어요. 하고 싶은 일과 이루고 싶은 일은 우리나라 공사현장 같은 곳에서 외국인 이주 노동자와 갈등관계를 맺는 사람들을 많이 봤어요. 앞으로 이런 문제들이 커질 것 같으니까 이런 사람들의 심리적 스트레스를 조금 완화해줄 수 있는 부분을 찾고, 그 사람들이 책임을 맡는 것 등에 도움을 해주는 일을 하고 싶습니다. 다음은 원○.

원24: 저는 하고 싶은 일이 당장 1년 이내에 각 지역에 문화센터라든가 동사무소에 제 이름의 강좌를 개설하고 싶습니다. 요가자격증하고 상담자격증을 토대로 해서 각 지역에 문화강좌와 통합상담이 가능하다면 강의하고 싶고요. 추진 중이고 이루고 싶은 것은 제 개인적인 연구소를 가지고 좀 더 집중적으로 하는 것인데요, 저는 중독 상담도 관심이 있는 분야지만 제일 자신 있는 것이 통합상담이기 때문에 통합상담과 중독 상담을 병행하는 고유의 연구소를 가지는 것이 제 꿈입니다.

그리고 저 자신이 되고 싶은 것은 좀 재미있고 즐거운 사람이 되는 거예요. 남을 쫓아다니면서 구체적으로 도와주는 것은 저한테는 안 맞는 것 같고요. 제 삶 자체가 즐겁다면 누군가에게 유익함이 될 수 있지 않겠어요? 우선 가깝게는 제 가족들, 제 아들과 집사람과 생업을 끝까지 잘 이루어갈 수 있는 것입니다.

장24: 종○가 원○이 말을 듣고 뭔가 고개를 끄덕이는데 무슨 의미가 있나요?

종6: 연구소를 만들고 싶다는 이야기에, 저도 능력이 되고 자원이 된다면, 또 투자를 받을 수 있는 여건이 된다면 그런 센터를 만들고 싶다는 꿈이 있었는데, 비슷하게 다른 분들도 그런 생각을 하는구나하고 생각했습니다.

장25: 각자…….

종7: 능력이 되면, 지금처럼 꾸준히 열정을 갖고 서로 도움이 될 수 있다면, 누군가를 도와주고 도움을 받으면 좋겠습니다.

장26: (원○에게 웃으며) 잘되고 생각이 유사하다면 (종○를) 좀 보태주고 도와주세요.

원25: (웃으며) 고려하겠습니다. 지금을 이야기하십시다요. (집단원 웃음) 저는 좀 가깝게 느껴지는 현○이 이야기를 듣고 싶습니다.

현3: 저는 너무 바쁘게 살았는데요. 한 3년까지는 제가 하는 국선도와 선도수련에 대한 이론체계를 정립하는 교과서를 만들려고 합니다. 사실 대충해서 올해 말에 내려고 했는데 대충 낼 것이 아니라, 가령 우리 선도가 역사도 있고, 심리학하고도 연계가 있고, 의학, 대체의학과도 연결이 되어 있고, 이런저런 프로그램을 할 수 있도록 되어 있으므로 이런 것들을 종합하려고 합니다. 두 번째로 해야 할 것은 수련에 좀 더 정진해서 수련에 대한 방법을 사람들에게 깊게 지도해 줄 수 있도록 고민 중입니다. 외국인에게도 우리나라의 수련의 맛을 더욱 깊이 보여줄 수 있으려면 일단은 제가 수련을 깊게 해야 하니까, 그렇게 할 생각입니다.

그리고 이렇게 집단으로 같이 나왔지만, 혼자 연구해서는 안 될 것 같고, 저는 사실 통합상담연구를 위해 함께 모이면서 저의 연구 방향이 정리되고 이런 것이 필요하구나 하는, 그런 것을 많이 얻었거든요. 그래서 더 보완하고, 최 선생님이 하시는 통합상담의 실제적 프로그램도 많이 배워서 저도 할 수 있는 능력을 배워가도록 하겠습니다.

장27: (원○을 보며) 그에 대해 할 이야기가 있어요?

원26: 현○이 이야기를 들으면서 와 닿는 것은, 이루고 싶은 부분에서 3년이라는 기간과 목표가 구체적으로 설정이 돼 있어요. 그런 점에서 와 닿는 부분이 있고, 제가 들으면서 '본인이 원하는 기대대로 잘되지 않을까?'라는 그런 생각도 한 것 같습니다.

장28: (현○을 보며) 기획하시는 책, 저서의 심리학 파트만은 제가 협조랄까 공동연구를 해서 그 책에 이용되면 좋겠어요.

현4: (인사를 하며) 감사합니다. 저희 선도체험이 제가 아까도 이야기했지만, 몸 아픈 사람들이 와서 하는 보신 플러스 자아초월할 수 있는 방법이고, 자아실현할 수 있는 방법이고, 많은 문제를 해결할 수 있는 방법이라는 것을 알고는 있지만, 이론적인 배경을 종합해서 우리 선인들이 해온 방법들이 좋았다는 것을 알리고 싶어요. 이런 게 더해지고 하면 우리가 진짜 이 세계의 지도자가 될 수 있죠. 선도수련을 전에 회사직원들과 하는 그런 쪽에서의 말로만 하는 식이 아니라, 기존의 학문과 연결을 해서 하고 싶습니다.

장29: 중요한 얘기죠. 다음 누구를 청하시겠습니까?

현5: 동○.

동7: 저는 3년 내에 노인요양원을 지을 것입니다. 올해 7월부터 시행되는 노인장기요양보험제도로 국가에서 80% 지원해주고 본인은 20% 들이고 하는 것이기 때문에, 수요자는 앞으로 지속이 된다면 현재 있는 시설로는 노인들을 다 수용하기 힘들어요. 앞으로 계속 요양시설의 확충이 많을 것으로 생각이 듭니다. 노인요양시설을 10인 이상, 30인 미만으로 정해서 한다면, 노인건강, 노년의 교육 및 사교 쪽으로 구체적으로 신경을 쓰면서 상담실을 만들 생각입니다. 그리고 노인상담을 하고, 우울증이라든지, 노인들이 대인관계가 좀 격조하니까, 노인들이 노인정 가는 대신에 대인관계를 가질 수 있는 시간, 시설들을 노인들이 좋아하게끔 구체적으로 계획을 해서 운영을 하고 싶고요.

그리고 좀 실제적으로 노인상담을 더 신경을 써서 추진해나갈 것 같습니다. 그리고 통합상담에서도 역할을 할 수 있는 것은 어떤 죽음 문제라든지 생애의 결산 같은 것을 제대로 같이 노인들과 나누기 위해서는 통합상담론적 접근이 해낼 수 있는 그런 역할이 있을 것 같습니다. 이상입니다.

현6: 거기에 덧붙이면 노인문제가 지금 국가적으로 해결해야 할 문제이고 많은 프로그램이 나오는데 먼저 이야기 했지만 선도 프로그램을 같이 하시면 연구에 도움이 되실 것 같고요,

동8: (현덕 말이 끝나기 전에) 예, 그렇죠.

현7: (말을 이어나가며) 국선도에서도 그냥 똑같은 수련이 되지 말고, 기능이나 사람에 맞게 프로그램을 개발하자고 논의해요. 노인이 특성이 있지만 자아실현하고 자아초월할 수 있는 것을 수련하자는 방향으로요, 육체와 정신이 같이. 노인분들 수련시켜보면 자신의 경험이나 정신적으로 육체를 치유할 수 있는 능력이 있기 때문에 치유가 될 수 있을 것 같습니다.

장30: 제가 하나 묻고 싶은 것은 요양시설을 설립할 만한 자금은 준비가 되어 있는지요?

동9: 네, 준비되어 있습니다.

원27: 잘 부탁드리겠습니다. (집단 모두 웃음) 자격증이 있는데.

장31: 나는 노인상담을 봉사하겠습니다.

동10: 포천동에서 예식장과 레스토랑을 운영하는데, 짓는 과정에 자금이 어려움이 있어서 제가 만약 노인요양시설을 하면 집사람이 그쪽으로 투자를 하겠다는 약속을 받았죠. 그래서 오히려 그쪽이 집사람 하는 것보다 전망이 있어 보이니까, 큰 돈벌이보다는 꾸준히 제 일을 하면서 수입이 될 수 있는 것입니다. 의외로 할 일이 많을 것 같아요. 시설운영만 생각하는 분들은 관리만 생각하겠지만, 상담하고 노인건강 등을 생각하면 많이 달라질 것 같아요. 이왕이면 현대화된 단전호흡, 상담실, 이런 것이 있으면 훨씬 들어

오고 싶어 하시겠죠? (몇 초 후) 아, 제가 (다음 발언자를) 뽑아야 하는군요. 오〇. (집단원 웃음)

오15: 저는 내년에 대학원 졸업해요. 논문을 통합상담 효과성에 대해서 쓸 예정이고요. 요번에 제가 사단법인 시설에 들어가는데 졸업하고서는 제가 중요 역할을 할 수 있는 직장인이 되었으면 좋겠구요.

장32: 어떤 직장이죠?

원28: 어떤 사단법인인지?

오16: 우보 사단법인이라고, 근무를 하는데 정식은 아니거든요. 대학원을 졸업하면 제자리에서 열심히 했으면 좋겠어요. 거기가 뭐하는 데냐면요, 알코올, 마약 등을 다루는 사단법인이에요. 별로 크지는 않은데, 저 자신이 직장인이 되고 싶다는 생각을 합니다.

장33: 사단법인 이름이 뭐죠?

오17: 우보요. 거기서 관리 일을 하며 상담을 하고 있는데, 제가 상담보다는 행정 쪽에 가까워서 자격증은 상담 쪽을 준비하고, 일도 하면서 상담도 하고 싶죠. 제 노후와도 관련이 있죠?

장34: 다음…….

오18: 다한 것 같은데.

장35: 나는 (모두 웃음) 돈이 있어야 할 텐데, 저는 하고 싶은 게 통합상담연구회의 본부와 전용차를 사고 싶어요. 왔다갔다할 수 있는 우리 공동의 승합차 같은 것을 사고 싶고, 5년 안에 이루고 싶은 것은 통합상담연구 논문집이죠. 편집을 해서 책을 출판하고 싶어요. 그러면서 하객들 초청해서 자축하고 싶은데 5년이라는 것이…….. 나이로는 희수인 77세가 되는데, 그래서 내가 학문적인 활동을 하는 것은 77세까지라고 봅니다.

앞으로 5년만 하고 책과 결별하고 싶고, 5년 이내에 통합상담에 관한 연구를 나 혼자 하기 힘들 때는 오〇이가 쓴 논문이나, 원〇

이가 쓴 논문을 축약해서 쓸 것이고, 또 하나 되고 싶은 것은 자유롭게 방랑객이 되고 싶어요. 특히 나를 괴롭히는 병이나 내 자식이 어디서 뭘 하는지 신경 안 쓰고, 나 혼자 보따리 싸서 방랑객이 되고 싶어요. 근데 그러려면 건강해야겠죠? 국선도를 열심히 해야겠어요. (몇몇 웃음) 그것이 이루고 싶고 되고 싶은 소망입니다. 종○는 나의 그런 생각에 대해서 어떻게 생각해요?

종8: 음. 제가 여태껏 봐왔던 어른들을 볼 때, 이렇게 앞으로도 무언가 하고 싶다는 생각을 정립하는 분을 처음 보았어요. 어떤 점에서 나도 훗날 저런 나이가 되어서 삶의 테두리 안에 자신을 가두지 않고, 자기 원하는 것을 그때도 선택하는 사람이 됐으면 좋겠다는 교훈을 얻었습니다.

장36: 내 말을 무겁게 높이 평가하는 것 같은데, 한 가지 덧붙이면 난 지켜왔어요. 대학 교수도 내 능력에는 부치고, 억지로 버티고 이것저것 강의를 나가는 것이 사실은 즐겁지 않아요. 우리 현○이가 옛날 대학원 갈 때, 그 대학원에 나갔는데, 내가 강의를 할 때마다 "에이, 힘들었다"고 생각했어요. 이렇게 지내 와서 그런 스트레스와 의무적인 것이 싫고, 제자라고 해서 전화하고 추천서 써달라는 친구들 하나도 좋아하는 친구가 없어요. 부담스럽기만 하고, 그래서 내가 말하는 것이 방랑객이에요. 내가 하고 싶은 대로, 만나고 싶은 대로 하는 건강한 노인이 되었으면 합니다.

한마디만 더하자면, 역시 나는 학자출신 티를 벗어나지 못하는 것이 통합상담연구회를 한 지가 오래죠? 우리 논문 중에 어떤 것을 구상하느냐고 하면, 앞으로는 고령화 사회가 됩니다. 전 세계적으로 평균수명이 70세가 넘어서 문제입니다. 과거에는 40세 이후 30년, 70세까지 사는 것이 거의 다 사는 것이라고 했는데 그건 옛날 이야기입니다. 25~50세까지는 성장하고 학습하는 시기인데 30세쯤에 가정을 이루고 세우고, 50~70세까지는 제1차 사회활동을 마무리하고 제2의 인생을 준비하는 것이 75세입니다. 75세에서 끝나는 것이 아니라, 그 후에 25년이 더 있다는 겁니다. 75~100세까지 인생의 제4 인생을 어떻게 살 것이냐? 정신건강이나 심리학적으로 정리해서 인생의 제4기를 어떻게 할 것이냐 하는 것입니다. 80세, 90세가 되었을 때 어떻게 살 것이냐? 하는 책을 쓸 것입니다. 그런 책을 낼 계획이기 때문에 제가 논문을 함부로 시작하지 못하고 몸도 아끼고 에너지도 쓰지 않고 많이 쉬고 많이 자고 될수록 잘 먹고 합니다.

그런데 내 고등학교 동기들이 나하고 나이가 같아요. 그런데 그 친구들은 세상 다 산 것처럼 잘못 생각하고 말해요. 75세 이후 인생이 끝난다고 생각하는데 잘못 생각하는 거예요. 70세 이후에 봉사하고 사람이 사람을 도와주는, 자아를 통합하고 자기를 버리고 초월하는 시기이고, 그런 시기의 삶의 방식이 어떨 것인가를 데이터를 수집하고 글로 쓸 예정입니다. 그래서 동네에서 산책하고 점심 같이 먹는 노인친목회가 있는데, 거기 가서도 그런 안목으로 관찰하고 이야기를 나누고 합니다.

가정도 나는 벌써 초월하기 시작했어요. 제자나 기타 여러 것을 버리기 시작했습니다. 지금 좀 제 이야기가 딱딱하죠? 앞으로는 재미있는 유머러스한 이야기를 하는 그런 사람이 되고 싶습니다. (몇몇 웃음) 아직까지 안 되네요. 다 이런 되고 싶고 이루고 싶은 이야기를 했잖아요? 사실은 동료들이 네가 생각하는 것은 어떤 거고 나와 공통점은 무엇이라는 안내자로서 격려하는 역할을 했는데, 현재 상태에서 나를 가장 즐겁고 신나게 하고 유쾌하게 하는 것이 뭔지 이야기해주세요.

정9: 저는 굉장히 우울한데, 우리 안에 익살스러운 점이 있다는 것을 알고, 익살스런 모습으로 바뀌고 나니 나는 이제 굉장히 즐거워요. 막 춤을 추고 싶고, 막 복잡하고 할 때는 노래를 틀어놓고 몰입하면 안 좋은 생각이 싹 없어져서 굉장히 자유롭고 두려움이 별로 없더라고요. 그렇게 이야기하면 제 주위 사람들은 저 보고 피곤하게 산다고 하지만. 제가 하고 싶은 공부를 하는 것이 좋고, 제 꿈이 퀴리부인처럼 과학자가 되고 싶었는데, 이제 내가 필요한 곳에 가겠다, 이제는 제가 필요한 곳이면 어디든지 가겠다는 거지요. 사회적 레벨이 아니라 마음이 기뻐지고, 지금처럼 자유롭고 행복한 것이 없으니까요.

장37: 그중에 가장 기쁘게 하는 것이 뭐예요?

정10: 그러니까 음악이라든가, 명상을 하거나 책을 보면서 애인을 만난 것 같은 인간이 되는, 어제 산책하는데 흰 두루미를 만나서 비상을 하는데 제가 박수치면서 즐거워했어요. 저도 논리적이고 계산적인 것을 떠나니 훨씬 삶이 자유로워졌습니다.

이사갈 때는 울면서 들어갔어요. 저희 집이 이사를 가는데 산 고개를 넘어서 가더라고요. 그래서 제가 아직 산에 들어갈 나이가 아닌데 하면서 펑펑 울면서 들어갔는데, 인제는 그곳에서 바람이 살랑살랑 불면 계산 없는 기쁨, 그런 것이 참 많이 느껴지더라고요. 전혀 사회적인 레벨도 돈도 없는 그런 제가 기쁜 것이 어디에서 오는 신비인가요?

민20: 정○ 말을 듣고 졸림이 싹 달아났어요. 아까 덩실덩실 춤춘다는 말에.

정11: 정말 놀라운 게 90살 넘은 똥, 오줌 싸는 어머니가 살아계신데, CD를 하나 꺼내 음악을 틀어놓고 춤추고 몰입하고 나면 어머니도 하나도 밉지도 않고 그런 것에 자유로워졌어요. 이 정도로 기쁜데 이런 것쯤은 감사해야지.

현8: 그런 것을 글로 써서 문서화해서 통합상담에도 쓸 수 있을 것 같아요. 그런 경지에 가는 게 정말 어려운데.

정12: 제가 꿈 작업을 하는데, 자기 무의식에 있는 것을 다 기록

하고, 수없는 메모를 노트에 적어요.

현9: 그런 것을 노트를 해주시면 좋을 것 같아요.

정13: (동○을 보며) 선생님 이야기할 것 같아요. 선생님이라고 하면 안 되지 (전부 웃음) 너무 좋아, 하하 아까 그 즐거움.

동11: 즐거움. 저는 뭐 노인이야기하다 보니까, 장○가 이야기, 쭉 하시는데 앞으로 5년간 선생님이 분발하는 것처럼 우리도 분발해야 하는데 하는 생각을 했습니다. 연구회가 제대로 되어나가려면 선생님 말씀이 상당히 고무적이고, 우리끼리 어떤 활동에 대해서 상당한 방향표가 될 수 있을 것 같아요.

장38: 아니, 자기를 가장 즐겁게 하는 것이 뭐냐고요.

동12: (집단 웃음) 하하, 아, 제가 아침에 공 차러 나가거든요. 한 시간 정도 차고 들어오거든요. 제가 공을 아주 잘 차는 것은 아니지만 못 차진 않아요. 공 차러 가면 나이 차이가 많이 나는데, 60대도 많이 나오고 50대도 나오고 하는데 나가면 배울 것이 많습니다. 그래서 그 분들이 "잘했어, 오늘 게임 잘했어" 하면 그렇게 기분이 좋더라고요.(집단과 동○ 함께 웃음) 다른 데서는 나이든 분들께 칭찬받을 일이 없거든요. 은행 다닐 때는 나이든 분들께 더 잘하라고 꾸지람만 들었는데, 이쪽은 공차는 분들이 사장님, 식당, 개인사업 하는 분들이라 기쁨을 많이 얻습니다.

또 보면 움직이는 활동에 제가 기쁨을 많이 느낍니다. 단전호흡, 산행할 때 산바람이라든지, 시냇물소리라든지 그런 것을 즐깁니다. 우리 사회에서도 길거리에서도 주위는 분주하지만, 개념을 가지면 그게 복잡할 것 같지도 않아요. 서로 에너지를 이루면서 왔다갔다하는 느낌으로 바라볼 수 있으니까. 이상입니다.

원29: 저는 이야기를 들으면서 동○이가 참 여유가 있어졌다는 느낌이 많이 들었어요. 제 개인적인 선입견인지 몰라도 전에는 거리가 있었는데 여유가 있어요. 아까 같이 차를 타고 오면서 잠깐 이야기를 나누고, 저번부터 가까워지고 있다는 느낌이 들었는데, 오늘은 확연히 가까워졌다고 느꼈고, 아까 나이든 분들에게 참 잘했다고 인정받았다는 말을 할 때 저의 경우도 생각이 났어요. 뭐냐면 작년에 저희 아버지가 일흔아홉이신데 아버지와 관계가 소원한 상태에 있었습니다. 오랫동안 그런 관계여서 작년에는 그래도 한번은 모시고 그동안에 내 서운한 점과 원하는 점을 이야기하고 싶어서 부모님을 모시고, 저희 가족들과 식사를 하면서 제가 그동안 살아오면서 있었던 이야기들, 현재 있었던 이야기들을 처음으로 했어요.

제가 막낸데, 아버지가 하시는 이야기가 뭐냐면 "참 잘하는구나" 그렇게 말했어야 되는데 하시는 거예요. 제가 평생 동안 아버지에게 듣고 싶었던 이야기가 그런 것이었거든요. 아! 그런 게 느껴지고 그런 게 공감이 옵니다. 저도 나이 드신 분들에게 인정받고, 그런 것을 어떤 때는 지나치게 원하지만, 어쨌든 그런 부분을 볼 때 기분이 좋아지고, 저를 인정하는 것 같아서 좋은데 그런 느낌이 아니었을까? 그때 참 기뻤겠다. 그런 기분이 들었어요.

동13: 나이 많이 든 남자들이 칭찬이 그렇게 많지 않죠.

원30: 저는 아버지에게 "너 참 잘 한다"는 이야기를 평생 처음 들어봤어요.

동14: 참 좋으셨겠어요.

원31: 그렇죠, 얼마나 좋은지 몰라요. 그런 기분 아시죠?

장39: 원○이 참! 말 잘하고 있어요. (집단원들 함께 웃음)

원32: 칭찬 들으니 참 좋네요. (집단원들 웃음)

종9: 뭐가 현재 즐거움인지 궁금하네요.

원33: 전 요즘 그래요. 한때는 큰 걸 많이 원했고, 큰 걸 얻으면 기쁘고 내 삶이 즐거운 줄 알았는데, 실제로 경험해보니까 그렇지는 않다는 것을 조금씩 알게 되어가는 것 같아요. 요즘에는 제가 새벽에 신문 일을 하고 있거든요. 신문지국을 운영하기에 새벽 1시에 일어나서 아침 8시까지 바쁘게 움직입니다.

한 10년 됐는데 처음에는 그게 의무적이고, 참 이렇게 '새벽에 나와서 이것까지 해야 되나?' 하는. 제가 힘들 때 시작한 일이어서 일에 대한 어떤 일치가 안 됐는데, 요즘에는 하루라도 새벽에 안 나가면 재미가 없어요. 움직이고, 새벽에 남들 다 잘 때 제가 준비해서 신문들을 다 갖다주면서 세상과 나와의 소통에 있어서 좋은 도구로 생각하고 그거로 인해서 제가 상당히 건강해졌어요. 옛날에 제 집사람이 제 다리보고 새 다리라고 했어요. (몇몇 웃음) 활동을 안 하고 운동을 안 하기 때문에 그랬는데 이제는 건강도 어느 정도 좋아지고 그런 유익한 점들이 저를 기쁘게 하는 것 같고요.

요즘에는 굳이 제가 신문업이라는 것을 밝히지는 않지만, 신문업이라는 것이 알려져도 굳이 감추는 그런 일은 안 하는 것 같아요. 지역사회에서는 제가 신문업을 하니까 오토바이타고 옷도 깔끔하게 입고 다니지는 않지만, 그 나름대로 지역주민하고 어울리고, 또 공부하면서 강의하고 교육할 때는 넥타이 매고 깔끔하게 하고 거기 가면 또 재미있어요.

사실 장○ 이야기를 들으면서 그렇게 재미있다고는 저도 생각을 안 했어요. 강의준비를 할 때, 다음 주 같은 경우 어느 ○○모임에 한 60명을 모아서 강의초청을 받았는데, 사실은 두려워요. 60명 앞에 서서 혼자서 네 시간을 버텨야 된다는 것이……. 사실 나만 그런 생각을 가지고 있는 줄 알았는데, 그 네 시간을 마치고 개운하게 나오지만 사실은 준비하는 과정이 힘들고 두렵고 합니다. 남에게 인정받는 것은 좋은데 그 과정이 쉽지 않다는 것. 보람도 있고 대가도 있지만, 사실 나만 그런 게 아니구나. 내가 기존에 가지고 있는 두려움이 조금 드러난 것 같아서 장○처럼 오랫동안 그런 업을 했던 분도 그런데, '나 같은 풋내기가' 하는 위안도 되고.

덧붙여 이야기를 한다면 장○가 방랑자 이야기를 할 때, (몇몇 웃음) 오늘에서야 좀 더 장○라는 인간이 좀 더 느껴지고, 더 인생이 가까이 느껴지고 인간적으로 더 이해심을 갖게 된 것 같습니다. 지금까지 살아온 삶이, 그렇게 본인에게는 최대한의 만족은 아니었구나. 남들이 볼 때, 또 내가 볼 때는 부러운 대상이고 가까이 하는 것만으로도 이렇게 그런 걸(자부심) 얻게 되는데 정작 본인은 그런 게 아니었고, 정작 되고 싶은 것이 방랑자라고 할 때 이해가 안 되었는데 뒤에 설명하는 이야기를 듣고 참 인간적으로 느낌이 와 닿았습니다. 제 개인적으로는 목표지향적이고, 어떤 면에서 냉혹한 면을 가지고 있었는데, 오늘 비로소 인간적인 면을 발견했습니다. (집단원들 모두 웃음)

정14: 방랑할 때 한 번씩 부르세요. (집단원들 모두 웃음)

장40: 좋아요. 정○도 방랑벽이 있을 것 같아요. (집단원들 모두 웃음)

정15: 좀 많아요. 황진이 책을……. 그러니까 제가 작년부터는 끼가 있어서 시대를 살면서 비난 받은 사람들의 책을 읽는데, 멋있게 그렇게 방랑하며 끝내고 싶어요. 나도 그렇게 적당히 살고 싶지 않은 기분이어서. 동지 얻은 기분이에요. (몇몇 웃음)

장41: 좋았어요.

종10: 갑자기 제 차례 같아요. (몇몇 웃음) 일단 이야기를 들어보니까. 뭔가 즐거움 얻는 부분이 심리적으로 성숙되고 삶에서 깨달은 것 같은데, 저는 조금 세속적으로 통장에 숫자가 하나씩 올라갈수록 어찌나 그것이 기쁜지. (집단원 웃음) 하나하나 올라갈수록, 내가 돈이 많다는 것은 할 수 있는 영역이 넓어지는 것이라는 생각이 들거든요.

제가 왜 이 이야기를 하냐면 어렸을 때 집이 좀 힘들었어요. 부모님의 지원이 고등학교 2학년 이후에는 없어가지고, 자기 스스로 해결해야

하기 때문에 대학도 등록금을 빚을 내서 가는 건 좀 그랬어요. 나이가 지금도 젊은데 그때 당시에도 그러면 안 될 것 같다는 생각을 하다보니까. 즐거움이라는 것이 통장에 숫자가 올라갈 때마다 마음이 편안해지는 거예요. 내가 어느 순간 부모님으로부터 자립해서 어떤 면에서는 돈을 가지고 있는 것이 내가 생존할 수 있다는 안심이 될 수 있고, 그에 따른 저의 즐거움이 어떤 면에서는 편안함이라는 생각도 들고요.

또 하나의 즐거움이라는 것은 전혀 예상치 못한 문화나 영화, 소설을 접해서 새로운 정보를 알고 이해하고 더 많은 호기심이 생길 때가 즐겁지요. 마지막으론 이야기가 통하는 사람을 만났을 때요, 그런 사람이 의외로 적다는 생각이 들었어요. 어느 정도 세상에 나오면 맞춰야 하는 어떤 룰이 있고, 겉도는 이야기를 하고 의례적으로 하는 이야기를 하는 사람을 만나다가 내 마음과 아이디어를 말할 수 있는 사람 말이에요. 제가 좀 비난을 많이 받았거든요. 너는 틀리고, 독특하고, 반항심이 많고 규율에 어긋나는 생각을 많이 한다는 말이 표면적으로는 내보이지 않았지만 상처로 남았는데, 수용해주는 사람을 만나니까 느낌이 좋아요. 제가 젊기 때문인지는 몰라도 이 세 가지 정도가 즐거움이 되는 것 같습니다.

원34: 그 수용해주는 사람이 구체적으로 누구예요?

민21: 저요. 저. (집단 모두 웃음)

종11: 민○씨도 있고, 친구들도 있고.

원35: 이름은?

종12: 현○이 원○이도 있고, 통한다는 것이 어떤 부분마다 있는 것 같아요. 그런 게 있는 것 같아요. 어떤 장소에는 하면 안 된다는 게 있잖아요. 이야기해도 수용이 된다는 것이 마음에 들었어요. 제 생각이 세속적이지 않나요?

(집단원들이 아니라는 의견의 말을 나눔. 그런 것이 자연스럽다고 반응하면서.)

오19: 저는 일단은 교회가는 게 즐거워졌어요. 설교보다는 교회 끝나고 부모 코칭하는데, 교회 끝나고 듣는 게 즐겁고 우리 아들과 같이 적용하는 게 즐거워요. 제 딴에는 심리학을 한다고 생각하고, 더 자연스럽지 못했던 것을 깨달으면서 적용하는 게 힘들었는데, 지금은 그게 재미있고요. 요새 경제계통 책을 보고 있는데 참 재미있어요.

종13: 저처럼……. 통장저축이 올라가는 재미는요? (모두 웃음)

오20: 네, 전에는 심리학 책을 보는 게 재미있었는데, 이제는 그 재미가 경제잡지로 옮겨가나 그런 생각도 들면서 책이 재미있고 기분도 좋습니다. 주가를 비교하면서. 그렇게 재미가 두 가지 있습니다.

현10: 저는 지금 당장 즐거운 거라면 따뜻한 물을 받아서 몸을 담그고 거기에서 내가 좋아하는 허브향이 나면 최고 좋을 것 같고, 요즘엔 제가 조금 변한 게 전에는 전투적으로 살아왔는데 지금은 전투적이 아닌, 내가 적당히 양보를 하는 거예요. 나도 이제 조금씩 변화하는구나 하면서 그게 즐거움이 되고 있습니다. 아까 이야기한 통장저축 같은 그런 건 참 일찍 포기를 했어요. 저는 TV에는 안 나왔지만, 제가 거대한 금융계 문제와 연계가 됐었고, 그래서 그런 곡절을 겪고 나니까 전투적인 그런 것에서 벗어나서 내가 좋아하는 것에 몰입하는 즐거움이 훨씬 커요. 운동으로 봉술을 하는데, 그것하고 따뜻한 목욕물에 몸을 담그면 혼자 편안하게 즐거울 것 같아요.

그리고 아까 장○가 이야기한…… 조금 참, 다 털어내고 하는 것을 몇 년 됐는데, 저도 갑자기 그런 생각이 들었는데, 내가 없으면 집사람이 어떻게 살까? 살아야 하는데 내가 못한 부분이 뭐냐고 했는데. 우리 선친이 못한 족보 문제를 정리하는 것이었죠. 그래서 한 5년 전에 찾아서 족보 문제를 다 정리를 했어요. 내가 이제 없더라도 할 일은 한, 쉽게 말해 방랑을 하면 할 수도 있도록, 지금은 제가 가장으로서 못할 짓이니까 당장은 못하지만, 원하면 방랑을 할 수 있게끔 다른 일을 진즉에 끝내 놨습니다. 그게 저에게는 수련하고 맞아떨어졌습니다. 국선도 창시자격인 분이 일정 부분을 하고 나는 산으로 간다 하고 가셨거든요. 저는 실행은 엄두가 안 나지만 과거에 전투적으로 살았고요, 방랑자라면 전투를 완전히 끝내는 것이거든요. 그래서 그 후엔 버리는 삶이고.

민22: 저는 마음이 불편하면 뭘 해도 기분이 안 좋아요. 지금 잠깐잠깐 지금 이 순간에 기분이 좋아지는 것 같아요. 이 순간에 나누는 것이 제일 기분 좋아지는 것 같아요. 다른 사람들이 뭐 좋아하는지 들으면서 순간에 좋아져서, 지금 당장엔 (나를 기쁘게 하는 것이) 떠오르진 않아요.

장42: 피곤이 남았나 봐요.

민23: 피곤.

장43: 피곤하진 않아요?

민24: 마음이 피곤해요.

현11: (기치료할 때 한 이야기) 가슴에 응어리진 것이 안 풀어져서 그래요. 좀 버리면 좋을 텐데.

(침묵 민○ 소리 없이 눈물을 흘리다.)

장44: 아까 내가 5년 뒤에 논문집을 내는 것이 포부이고, 내 계획이라고 말했잖아요. 사실은 다 때려치우고, (집단원들 모두 웃음) 절에 들어가든지 섬에 가고 싶어요. 내가 가도 아는 사람 없고, 새로 사귀는 인심 좋은 섬마을에 가서 사는 거죠. 나에게 즐겁고 유쾌한 것이 뭐냐면, 목욕탕에 들어가서 벌거벗고 옆에서 누가 안마해주고 몸을 씻겨줬으면 좋겠어요. 난 해보지는 않았지만 옛날엔 터키탕이라는 곳이 있었어요. 거기선 돈을 보통 목욕 값보다 더 많이 주면 때도 밀어주고 비누칠을 해주는 데 그런 곳을 좀 가고 싶어요.

그것이 내 마음을 편안하게 하는 것 같아요. 그다음에는 포르노 영화를 제가 좋아해요. 잠이 안 올 때 포르노 영화를 보면 저는 기분이 좋아져요.

종14: 저도 그것이 기분 좋습니다. (집단 모두 웃음)

장45: 젊은이니까 당연한 거고, 늙은 사람도 그렇다는 이야기입니다. 나는 아직도 젊었단 이야기입니다. 내가 실제로 못하니 대신 보는 것으로 눈요기를 하고 만족하는 것인지도 모르겠지만, 나에게 즐거움을 주는 시간입니다. 이상입니다.

제가 안내자 입장에서 마무리 발언으로, 실은 그런 의무감도 벗어나고 싶지만……, (웃음) 제가 각자 무엇을 목표로 하는지 나누어 보자고 했지요. 그런 가운데 통합상담적인 초반부가 시작되었습니다만. 오전에 있은 집단의 관계형성에서는 서로 이야기하고 웃고, 자기의 치부랄까 내밀한 것을 이야기하고, 그런 분위기가 형성되고, 손잡고 간단히 진행하는 이유는 평소 우리가 이미 관계형성이 되어 있잖아요.

통합상담연구회라는 모임의 틀에서는 우리가 목표지향적이고 미래지향적인 생각을 어떻게 하는가가 중요하고, 현재 자기를 즐겁게 하는 측면이 뭔지를 이야기하고, 그런 마음으로 자기를 서비스하는 것이죠. 다시 말해서 자기 마음을 분석하고 쪼개는 것이 아니라, 살아 있는 자기를 느끼게 하는 것입니다. 자연스럽게 또 이야기하고 싶으면 하면 됩니다. 뭘 이루고 싶으냐, 무엇이 어떻게 당신을 현재 즐겁게 하느냐하는 것이 나의 관심사이고 그것들을 집단에서 탐색, 표현하고 나누도록 하는 것이 나의 접근 스타일입니다.

나는 이제 집단에서 해방되고 싶어요.

(웃으면서 모두 박수)

제5마당	묵언의 저녁식사

사전에 묵언식사가 시행될 것을 공지하고 각자 기도하고 싶은 사람은 기도하고, 수저를 들고 모두 말없이 농부에게 감사하는 마음으로 음식을 들면서 현재 살아 있음을 감사하는 시간이 되도록 (안내자가) 권유하다.

제6마당	집단상담 제4회기(원 ○ 지도, 2시간)

- 저녁시간이라서 주변이 어두운 편이고 조용함.
- 명상음악이 흐르고, 각자 잠시 동안의 명상 후에 이야기가 시작됨.
- 총 50분 정도 지난 회기 경과 관련 이야기와 상호작용, 반응과 느낀 점 등을 나누고 다시 바라보기 명상과 요가동작 절차에 들어감.

현12: 시작하기 전에 제가 민○씨가 몸이 안 좋아서 (기로) 처치를 해주었는데 민○씨의 이야기를 한번 들어봤으면 좋겠습니다.

민25: 몸이 좀 안 좋아서 누워 있었는데, 처음에는 머리가 깨질 듯이 아프고 힘들고 마음이 많이 답답하고 복잡했는데, 현○ 선생님의 치료를 받고 나서는 머리가 맑아지고 마음이 편안해져서 제가 잠들었는지도 모르고 스르르 잠이 들었습니다.

현13: 그렇죠.

원36: 네, 조금만 당겨 앉으시죠. 자 이번 시간에는 제가 지도를 하는데요. 자신이 공개한 내용과 관련해서 다른 집단원 발언 중에 기억이 나는 부분이 있다면, 거기에 대해서 어떻게 자신이 상호작용했는지 들어볼까요?

동15: 어떻게 상호작용했는지요?

원37: 요컨대 다른 집단원이 한 이야기에 어떤 느낌을 받았는지, 생각이 들었는지 이야기해보세요. 전 회기와 동일하게 이름만 부르는 방식으로 진행하도록 하겠습니다.

장46: 정○가 방랑벽이 자기도 있다는 말이 머리에 계속 남고, 동○이가 노인요양시설을 준비하고 개설한다는 것이 나에게는 큰 뉴스로 다가왔습니다. 그걸 이야기하고 싶어요. 민○이는 무슨 이야기를 했는지 기억이 안나요. 우선은 두 분 말이 기억나요.

종15: 현○이 자기가 평소 하는 봉술 외에 따뜻한 물을 받아서 자신이 좋아하는 것을 노래로 듣고 한다는 것이 생각났어요. 그리고 앞으로 많은 분들이 하고 싶은 일들이 명확한 분도 있고 명확하지 않은 분도 있고, 장○의 은퇴 후 방랑하고 싶다는 이야기가 생각이 나고, 다 귀찮고 힘들다던 이야기가 생각이 났습니다.

원38: 그래서 장○가 관계적인 측면에서 어떻게 느껴지던가요?

종16: 평소 보는 모습과는 다르게 봤던 것 같아요. 기억에 남는 게 어떤 책에서 보았는데, 어떤 유명한 교사가 하는 말이 은퇴 시기에서 교사가 되고 싶지 않았고 음악가가 되고 싶었다는, 그런 부분이랑 같은 것 같아요. 그런 비슷한 느낌이랄까? 이제까지 했던 것은 불편했고 하고 싶은 다른 게 있었다는 것이 느껴지는 것 같아요.

원39: 그럼 관계적인 측면에서 이전에는 어떻게 느껴졌는데, 그 이야기를 들으면서 어떻게 가까운 느낌이 들었다든가, 또는 다른 측면을 이야기한다면요.

종17: 좀 편해진 것 같아요. 왜냐하면 전에는 제가 생각하는 장○의 모습이 있잖아요. 권위적인 대학교수, 나이 많은 선생님이었는데. 현재는 고뇌의……, 자기가 하고 싶은 것을 꾸준히 했던 사

람이라는 생각이었는데, 그렇지 않다는……. 조금은 딱딱했던 이미
지가 사라졌다고 해야 하나?

동16: (입을 다물고 흠흠흠 웃음)

오21: 왜 웃으세요?

동17: 이 집단에서 가장 나이가 젊고 앞으로 오래 살 날도 많은
사람이 제일 연장자이신 분의 삶을 약간 뒤에서 바라보는 듯한 그
런 이야기로 논평하는 것 같기도 하고 해서, 참 즐거웠습니다.

원40: 동○ 자신은 지난 시간 어땠는지요?

동18: 제 이야기에 원○이가 아버지 이야기를 했거든요. 그런데
칭찬을 한 번도 안 해줬다고 해서 제 아버지도 어지간히 권위적이
고 평소에 칭찬을 안 해주셨구나 하는 생각을 했고, 저는 형님과
나이차이가 많은데 저는 형님한테 칭찬을 많이 받았어요. 종○의
이야기는 아까 그것으로 대신하고, 또 정○ 이야기는 또 기회가 있
으면 대학 다니고 싶다는 말을 하시는데, 연장자 분들이 그렇게 말
씀을 하시니까, 뭐랄까요? 느낌이 색다르고, 아직까지 내가 색다르
다고 느낄 만한 시간이 남아 있나 보다, 아직 끝에 있는 내 자신이
마무리에 대한 생각을 어떻게 할까 하는 생각이 있었습니다.

원41: 말씀 중에 시종 미소를 지으시고, (동○ 모기를 잡기 위해
손뼉소리를 짝짝 내다.) 모기도 잡으시는군요. 정○는 이야기를 들어
보니까 어때요? 본인의 이야기를 조금 더 정○가 보충하고 싶은 부
분이 없으신가요?

정16: 동○씨가 이야기하는 건 제 어떤 단편일 수 있고, 아까 종
○가 통장 숫자가 올라가는 이야기를 할 때 한때 저도 그랬었고,
민○이가 마음이 불편해서 아무 생각도 안 난다고 했을 때는 내가
옛날에 불편해서 피정 갔을 때 그런 마음과 아픈 상태가 전해졌고,
현○이의 글을 쓰고 싶었던 그것도 제가 가졌던 꿈이고, 회사 취
직하는 것도 (집단 몇몇 웃음) 전부 다 가졌던 거였고 내가 바랐던

거였는데.

원42: 정○가?

정17: 네, 그리고 원○이의 상담가 활동……, 제가 학교 입학할 때는 그런 꿈을 가지고, 명상과 상담을 겸하는 그런 센터를 세우겠다는 그런 꿈을 가지고 그 학교를 갔던 거고, 그리고 노인상담 그런 것도 다 들어가잖아요. 제가 나이가 있고 그러니까, 공부를 그렇게 했는데, 동○이가 그걸 그렇게 계획한다고 하니까 어떻게 보면 내가 거기 가면, 내가 봉사든 아니면 무료상담이든 할 수 있겠구나 하는, 모든 것이 내 무대가 될 수 있겠구나 하는, 장○의 동지, 큰 동지를 만난 것 같았고. (정○가 동지란 말을 하며 자신의 손을 맞잡음) 내가 주위에서 '특이한 년이다'라는 소리를 참 많이 들었거든요. (집단 한두 명이 '년'이란 말이 나오자 웃음) 그랬는데, 주변에 큰 동지를 얻은 느낌. '아, 세상에는 이렇게 통할 수 있는 사람도 있겠구나' 하고 굉장히 다양성 안에서 나를 보고 또 기쁜 느낌이고요.

장47: 정○가 기쁘다는 말을 내가 예상하는 것보다는 자주 많이 쓰는 것 같아요. 난 그렇게 못한답니다. 나하곤 차이가 있군요. 난 아직도 우울증에서 벗어나지 못한 사람인데. (약간 웃음) 저 사람(정○)은 우울증을 완전히 탈피한 사람이구나 하는 느낌이에요.

정18: 그러니까 저는 딱 누워서 큰 형광등을 쳐다보면 '모기가 죽었나, 왜 이렇게 때가 많이 꼈나?' 그렇게 보다가, '아니야, 그래도 쟤는 안 낀 부분이 훨씬 더 많구나' 그렇게 제 빛의 역할은 하는구나 하고 생각해요. 그래서 저도 제 단점, 그게 굉장히 우울한 거, 내가 생각해도 내가 한심한 것, 그것 때문에 내가 정말 미친 지랄도 한번 했었거든요. 그림자 작업할 때, 가톨릭 상담자들은 마음 작업을 많이 하는 편이거든요. 마지막에 내 그림자 작업을 하는데, 내가 내 그림자를 수용하는 게 너무 어려워가지고, 반 미치려고 하는 그런 순간이 있었거든요. 그래서 정말 고개 들기 창피한 일을 한번 벌인 적이 있어요. 인간하고는 대화도 안 되고, 예수님하고 한잔하자, 해가지고 어떤 큰 집에서 크리스천 식으로 최고의 잔치를, 신과의 잔치를 한번 벌이자했거든요. 그랬던 것을 하나씩 해답을 얻으면서, 내가 내 단점을 보고서부터 그렇지, 그 전등을 보니까 까만 점 보다 하얀 부분이 많더라고요. 그러면서 해방감 같은, 나는 자꾸만 검은 단점을 보면서 우울했었구나, 나에게는 사실 저렇게 투명한 게 더 많아 하면서 느껴지더라고요.

원43: 지금 느낌은 어떠세요? 말씀을 하고 나니까.

정19: 지금요?

원44: 네.

정20: 약간의 두려움이 있어요. 이런 발표를 하는 게, 내가 예상하는 발표를 안 할 때가 참 많더라고요. 근래에. 그래서 '내가 왜 이런 방향으로 가나?' 그래서 가끔은 두려워요.

원45: 예상하는 방향은 어떤 방향이세요?

정21: (원○ 말이 끝나기도 전에) 그러니까, 어떤 페르소나 (persona)적인 단어를 쓰고 싶은데 내 이성에서는, 그런데 여기뿐만이 아니라 다른 곳에서도 제가 발표할 때, 내 페르소나적인 것을 딱 막아서 현장으로 갔는데, 그 현장에서는 전혀 그렇게 이성적으로 말하고 싶은 건 안 하고 다른 이야기를 해요. 그러니까 예를 들어서 내가 장○한테도 느낀 게 이렇게 벗어진 (정○ 자신의 머리에 이마가 벗어진 것을 손으로 표현해 보이면서) 것을 보면서 동안으로 보이면서 동자 같은 모습을 발견하게 되면 제 안에서 익살스러움이 딱 나타나가지고, 이 분위기에 맞지 않는 이야기를 톡톡 튀게 하더라고요. 이런 작업을 할 때, 그러면서 그런 게 약간은 두려워져요 저한테. 그래서 그런 상담도 한번 해봤거든요. 나한테 왜 그런 현상이 나타나는지를.

원46: 그럴 때 다른 사람들이 정○를 어떻게 볼 것 같아요.

정22: 저를요?

원47: 네, 이성적으로 말을 해야 될 때, 자신의 계획적인 이야기에서 벗어나서 순간적인 이야기들이 순간순간 튀어나올 때 그럴 때는 다른 사람들이 정○를 어떻게 볼 것 같아요?

정23: 그래서 제가 물어도 봤어요. 집단에서 다 공개하고 내가 지금 이런 현상이 일어난다 하면서 작업 중에도 이야기를 하면서 이야기를 해달라고. 그런데 모르겠어요. 나의 체면이나 연배 때문인지는 몰라도 '재미있다, 너무 재미있다. 해도 돼요.' 그렇게 하는데, 한편으로 제가 두려워요. 전혀 평소에 생각지 않았던 저의 모습이고 저를 아는 사람들이 '너무 변했다. 어떻게 그렇게 변했냐. 어떻게 그렇게 될 수 있냐?' 그런 이야기를 많이 하는데, 어떨 때는 저도 감당이 안 될 때가 있거든요. 어떻게 보면 주책이 심한 건데 나이에 맞지 않는 그런 끼가 나오는. 나올 때는 그게 나올까 봐 걱정 안 들어요. 제가, 기분이 나쁘진 않아요. 그러면서 '그게 난데' 하고 편하게 생각은 해요.

원48: 정○를 이렇게…….

정24: (원○의 말이 다 끝나기도 전에) 예, 누가 어떤 이야기를 해도 '그게 난데' 하고 빨리 제가 환유한다고 할까요.

원49: 네, 알겠습니다. 자, 또 발표를 안 하신 분 계시죠? 눈을 안 마주치시네요. 오○이는?

오22: 전 장○이야기 중에서 떠돌이 5년 후에 나간다는 말에 순간 버릇인데 하고 판단해요. '책임을 많이 지고 사셨나 보다 혼자. 그래서 인제 자유롭고 싶은가보다' 그랬는데, 조금 있다가 종○가 물어봐서 그 이야기가 나왔는데 진짜 맞네 하면서 '편안하게 이야기를 들으면 좋은데 왜 자꾸 판단하고 그럴까?' 했었고, 그다음에 '사람들 이야기를 듣고 가볍게, 가볍게 가자'고 생각했었고요. (손으로 종○를 가리키며) 동○ 이야기 할 때 '역시 젊다'는 생각이 들었습니다.

원50: 그 이야기를 들으니까, 종○는 어떻게 느껴집니까?

오23: 저는 좀 인간적으로…….

원51: 그래요.

종18: (농담 식으로) 제가 평소에는 인간적이지 않았습니까?

(집단들 조금 웃음)

오24: (손을 저으며) 아니요. 평소에도 인간적으로 느꼈는데, 더 인간적으로 가까워진 느낌이에요. 그리고 동○이가 축구시합하면서 사람들에게 칭찬받는다는 이야기를 들으면서, '아, 저거 좋은 방법이다. 나도 칭찬받고 싶을 때마다 그런 곳(동호회)에 가야겠다'고 생각했어요.

종19: 축구 동호회 같은 거 말씀이세요?

오25: 아니요. 축구가 아니더라도 나는 여자니까 다른 곳에 가서라도 칭찬받으면 되겠구나, 나는 엄마랑 별로 안 좋았고 돌아가셨는데, '정○한테도 칭찬받으면 좋겠다.' 이런 생각을 하면서 좋은 생각 중의 하나라고. (집단 몇 명 크게 웃음)

동19: 특히 뭐야, 나이 차이 세대 차이가 많이 나는 모임에 가면 어머니뻘 되는 사람들이 칭찬해주면 기분이 얼마나 좋아요. (허허)

오26: 근데, 나는 지금 이 이야기를 하다보니까, 그 이야기가 생각나서 말하는데, 작년 1월에 강○○ 선생님 감수성훈련집단에 참여했을 때, 요번에 그분(강○○ 선생님)이 그 발표(상담학회 상담사례 발표)를 한 거예요. 내 착각인지 내가 편하게 생각해서 그런지 모르겠는데, 감수성훈련집단에서 내 생각대로 이야기를 했는데, 많은 사람들이 (사례발표를 듣고) 논평을 하는데, 내가 집단에서 한 이야기를 가지고 두 명 정도가 이야기를 하는 거예요.

내가 뭐라고 그랬냐면, "난 지도자가 여자인 사람은 처음이다.

여태까지 남자가 지도했다"는, 그 부분 가지고 사람들이 이야기를 하는데, 나는 그 이야기가 다 이해될 거라고 생각하고 이야기를 한 건가 봐요.

그런데 사례발표회 하는 데 어떤 분이 (강○○ 선생님에게) "그래도 인간인데 그런 이야기 듣고 힘들었을 거다" 막 그러는 거예요. 난 상처주려고 한 말은 아닌데, 정말 여자가 처음이었고, 엄마 같은 느낌이 들어서 좀 싫다고 말했나 봐요. 다 지나간 이야긴데 지금 생각이 나네요.

정25: 근데 참 부러운 게, 교수님한테 자기생각을 딱 내놓을 수 있다는 게 '나도 저런 건 배워야겠다'고 생각했어요.

오27: 근데 그게 공격적으로 들렸나 봐요.

정26: 근데 저는 그게 공격적으로는 안 들렸어요. (정○와 오○이 함께 감수성훈련집단에 참여했음.) 정말 자기생각을 당당하게, 저는 그때(작년 1월) 수준만 해도 감추었거든요. 그래서 굉장히 부럽던데.

오28: 상담학회에서 발표하셨는데 거기서 다른 사람들이 그렇게 이야기를 하니까 '그게 그렇게 화나게 한 이야긴가?' 했어요.

민26: (상담학회 참석해서 상황을 모르는 몇몇 집단원 사람들을 위해 상황을 잠시 설명해줌.)

오29: 난 강○○ 선생님을 신뢰해서 말했던 거거든요.

원52: 그 이야기 들을 때 기분이 어떠셨어요?

오30: 좀 안 좋았어요. 내가 이야기한 것 가지고 사람들이 다르게 자기들끼리 해석을 하니까. 그 자리에 있는 사람 입장으로서는 별로 그렇다. 그랬어요.

종20: 이해해줄 줄 알았는데 이해 안 해주고…….

오31: 아니, 그걸 가지고 사람들이 이슈로 토론하니까.

원53: 여기와 깊은 관계는 없는 이야기인 것 같네요.

오32: (웃으며) 관계없는 이야기…….

장48: 글쎄, 이 자리와 무슨 관계가 있나 싶어요.

(오○ 소리 내어 웃음)

원54: 장○도 그렇게 생각을 하셨군요.

장49: 네.

원55: 저와 같은 생각을 하셨네요.

장50: (흠흠흠 웃음)

정27: 떠오르는 것 이야기하면 되나요?

원56: 아! 예, 자유롭게 이야기하시면 됩니다.

(몇몇 집단이 웃음)

장51: (집단이 웃자 상황을 설명해주듯 말함) 자유롭게 이야기 하더라도 현재 이곳에서의 일이 아닌 지난 이야기이고 이해하기 쉬운 화제였으면 좋겠는데, 과거에 경험한 이야기가 여기와 무슨 상관이 있나 싶어요.

원57: (오○을 가리키며) 이런 이야기 들으니까 느낌이 어떠세요?

오33: (약하게) 안 좋아요.

장52: (장○와 몇몇 집단이 웃음) 좋다 나쁘다 말고 느낌을 말해보세요.

민27: (오○을 보며) 장○에게 향한 느낌.

오34: (민○을 보며) 서운해.

원58: (장○를 보고) 음…….

장53: '서운할 것이다'라는 말이 이해가 갑니다.

정28: 성하고 앞뒤 다 빼고 이름만 부르니까 굉장히 역동성이 있네요. (집단원들 크게 웃음)

원59: 저도 집단에서 이렇게 이름만 부르는 건 처음입니다.

정29: 예명하고 또 다른 것 같아.

원60: 또, 오○이가 관계가 없는 이야기를 했지만 그러나 자신의 부끄러운 부분들을 솔직하게 이야기를 해주시고, 또 장○가 하는 피드백에 대해서 느낌을 그대로 표현할 수 있는 그 부분이 새롭게 느껴집니다. 다음에는 아까부터 조용히 계셨던 우리 현○.

현14: 아까 회기에는 같이 손잡고 기운을 나눴었고.

원61: 그렇죠.

현15: 그리고 이제 주제를 가지고 이야기를 했거든요. 식사를 하고 민○이가 아파가지고 제가 기운을 조금 나누어줬거든요. 좀 뇌파가 깨려고 하는데, 집중을 해서. 사실은 제가 기진(氣診)을 좀 했어요. 이제 좀 보충을 했는데, 그게 그렇더라고요. 한 모임에서는 다 기운이 틀리기 때문에 아까보다 많이 좋아졌는데, 아까는 손을 잡아서 미세하게 보면 아주 느꼈을 거예요. 끝날 때 다시 해보면 아주 좋아질 것 같고.

그리고 제가 정말로 사는 거나 가치관이 동물적이고 전투적이었던 곳에 소속되어 있었는데, 내가 원한 것, 내가 추구하는 것이 사실 내가 다 가지고 있었던 부분이었고, 그렇지만 그걸 내가 안 내려놓고 진짜 내 방어의 방어를 한 거죠. 그런 부분이 한 번 깨지고 두 번 깨지고, 이 집단 안에서 깨지면서 내가 조화를 찾아가는 거죠.

원62: 방어벽이 깨지면서? 무너지면서.

현16: 네, 이 이야기를 하면서 '내가 속물이라고 할 것 같아, 다 살았다고 할 것 같아' 그런 게 아니고, '그대로 이야기를 하고, 아! 나의 이런 모습' 그런 게 깨졌다구요. 물론 지금도 사실은 숨기고 싶고 내가 부끄럽지만, 그래서 해탈을 진짜 원하고. 오기 아닌 오기로 살고 그런 과거도 가지고 있고 그런 과정도 똑같이 있는데. 목표나 내가 진짜 좋은 거 이야기할 때, '내가 진짜 포르노를 좋아하고, 편안한 데 앉아서 여자의 목욕 서비스를 받고……, 나도 원

하고 있는 게 다 나오면서 '아! 그래 나도 그런 생각 다 가지고 있고 오히려 더 원하고 있지 않았을까?'

종21: 아, 장○ 이야기가 사실 자신이 원했던 것이란 거죠.

현17: 네, 그것보다 더한 것도, 그러면서 제가 많이 깨졌습니다.

장54: 깨졌다는 느낌은 지금 기억으로 남아 있는 거잖아요?

현18: 아, 그래서 제가 아까 기억에 담은 이야기를 하면서도 수련하는 입장에서 제가 좀 이기적이에요. 그래서 기운을 잘 안 줍니다. 왜냐면 이게 기운을 좀 알면, 무협지 같은 데서는 내공이라고 하잖아요. 상당히 많이 소진이 돼요. 그게 아무것도 아닌 것 같지만 집중을 하고 뇌파를 안정시키고 잠을 재우려면 상당히 소진이 돼요. 그런 게…….

종22: 민○씨가 아까 마루에서 그랬나요? 모르고 계시던데, 자기가 왜 잠들어 있는지.

현19: 아까 것을 좀 말씀드리면…….

원63: 짧게 좀 해주세요.

현20: 네, 뇌파가 아주 불안정하게 움직였어요.

장55: 짧게 요점을 말해주세요.

현21: 짧게 말해서 조화롭게 해준 거예요.

원64: 제가 이제 현○이 이야기를 듣고 아까 저도 경험하면서 현○이 평상시에 관계하는 것보다는 가장 많은 말을 듣고 관계를 한 것 같아요. 저도 그 점에서는 더 가까이 하는 계기가 된 것 같습니다. 그리고 약하다 싶으면 그 방어벽이라는 것 중에서 현○이를 좀 더 이해하고 싶은 욕심에 방어벽 중에서 하나 공개할 수 있는지요?

현22: 예를 들면 제가 수련을 같이 시작하면 적어도 수련시간에서 딴 사람보다 많아야 된다는 그런 생각이 있습니다. 과거에서 오는, 지는 것도 싫고, 적어도 오래는 하자 그런 것이 있어요. 중압감 같은. 가령 제가 아주 새벽형인 게 그런 배경에서 나온 거죠. 그런 방어벽을 가지고 있어요. 제가 직장생활을 하면서도 과거에 대한 경험으로 예를 들면 2시간 하는 사람이 있다면 쟤는 이겨야겠다, 쟤보다는 더 많이 해야겠다 그런 거죠.

원65: 실제 경험을 이야기해줄 수 있나요?

현23: 네, 가령 아까 수련 이야기를 했죠. 똑같이 수련을 하고 경쟁자가 있다면 아침에도 하지만, 점심때도 얼른 가서 먹고 와서 또 하고.

원66: 제 이야기는 좀 더 구체적으로 어떠한 시기에 어떠한 사항에서······.

현24: 제가 5년 전에 같이 수련을 했습니다. 네 명이 했는데, 같은 과정을 올라갔어요. 같은 과정이라 다 고만고만했는데요. 그 시간에 내가 '이겨 내가 이겨야 돼.' 이런 생각 때문에 아침에 한 시간 할 것을 두 시간하고, 점심때 얼른 가서 밥 먹고 나서 하고 저녁때 일찍 끝나도 한 시간씩을 더 하고, 이렇게 적어도 내가 시간에서는 밀리지 않겠다는 생각으로 하니까, 미루어 짐작하면 무도에 그렇게 하는데 다른 것은 어떻겠냐는 거죠.

사실 그런 부분은 제 치부 중에 치부인데, 어디 가서 진짜 제 집사람한테도 이야기 못하고, 제 그림자가 되고, '넌 지면서 살 순 없겠니?' 하게 돼요. 그러니까 아까도 이야기했잖아요. 전 나눠주는 것도 절대 안 해요. 내가 막히는 건 절대 안 해주고 진짜로 저같이 이기적으로 살려는 사람도 없을 텐데, 아무튼 세상에서 제일 이기적인 것 같아요. 집단에서 이렇게 나누고 하면 받고, 아까도 직관으로 느껴지고, 이야기하면서 또 그리고 아까도 이야기했지만, 하고 싶어 하는 부분들이 다 따로따로가 아니고, 내가 생각했던 부분, 가졌던 부분들이라는 생각이 있어요.

원67: 이야기 듣고 어떤 피드백 주실 분이 계신가요?

민28: 평상시에는 잘 나누시는 것 같아서, 방금 그 이야기를 듣기 전에는 저는 선생님께서 나누는 것 좋아하고, 그런 걸 행복해하시는 분이라고 생각했어요. 근데 오늘 이렇게 이야기하시는 거 보니까 참 치열하게 사셨고, 그게 되게 힘들었겠다는 생각이 들어요. 많이 힘드셨겠다.

장56: 확인해보고 싶어요. 힘들게 느끼면서 사셨어요?

현25: 그렇죠…….

민29: 한 시간 두 시간 더 잘 수 있음에도 불구하고, 그걸 이겨내야 되잖아요. 해야 되니까, 얼마나 힘들었겠나, 그런 생각이 들어요. 안쓰럽기도 하고요. 누군가 이기는 것에서 행복을 느끼는 건 참 좋은데, 그게 아니라 치열하게 살아야만 한다는 그런 느낌 때문에.

종23: 저도 그 생각에 약간 동감하는 부분이 있었어요. 저도 노력은 많이는 안 하지만 지는 것을 참 싫어해요. 그러니까 열심히, 어떤 특정 부분에서 비교를 했을 때 그 사람이 나보다 뛰어난 점이 있으면, 나는 그 사람이 못하는 점을 약간 더 높여서 내가 불만족스러워하는 부분을 회피하고 '내가 저 사람을 이겼다'는 것에 중점을 두었던 점에서 경쟁심이 꽤 있었는데, 선생님 이야기를 들어보니까 저 역시 저 정도로 열심히 하지는 않았지만 저의 과거의 모습이 떠올랐었어요. 그러니까 동일한 선상에서 하지 못하면 다른 선상에서 약간 위로 가서 제 마음을 만족시키려고 했던 생각이 많이 났어요.

장57: 그러면서 현○을 바라보는 종○의 느낌은 어땠어요?

종24: 전 조금 부러웠어요. 전 동일하지 못한 부분에서 그 사람이 못하는 부분을 좀 더 해서 내가 따라잡으려고 했는데, 저분은 이제 동일한 선상에서 더 많은 시간을 투자한다는 노력이 좀 부러웠어요. 나는 저렇게 하지 못하니까.

원68: 노력을?

종25: 네, 전 참 게으르다고 생각하거든요.

원69: 그러셨군요. 음.

민30: 제가…….

원70: 지금 자신의 이야기하시려고 하죠?

민31: 네, 제 차례인 것 같아서요.

원71: 네, 그전에 민ㅇ이의 현ㅇ이에 대한 피드백 '힘들었겠다' 는 그 말에 전적으로 저도 공감합니다. 그럼에도 불구하고, 그런 자신의 모습을 이 자리에서 공개한 부분에 대해서 높이 사고 싶습니다. 또 수용하고 싶고, 있는 그대로 받아들이고 싶습니다. 자, 말씀하시죠. 마지막인가요?

민32: 네, 저는 아까 앞 시간에 손잡는 것을 이야기하니까 기억이 났어요. 양쪽에서 잡았는데, 저는 제가 기운이 없어서 푹 꺼져 있었고, 양쪽에서 저를 들어주는 느낌이 났어요. '내가 많이 처져 있구나' 하면서 양쪽에서 잡아서 들어 올려주는 느낌 있잖아요. 그래서 약간 힘을 내자는 마음이 들었고, 장ㅇ랑 현ㅇ이 한테 그런 마음이 있었고, 정ㅇ의 이야기를 들었을 때 되게 기뻤고 순간, 정ㅇ의 평상시의 밝은 모습도 느껴졌고.

장58: 밝은 것을 좋아해요?

민33: 저는 밝은 것을 좋아해요. 그 이유가 제가 어둡기 때문에 밝은 것을 향하고 찾으려고 해서, 그래서 아마 정ㅇ가 밝은 이야기를 할 때 뭔가 번득 잠에서 깬 듯한, 그래서 정ㅇ의 밝은 것을 찾는 그 마음에 아마도 '나도 이제 일어나야지' 하는 그런 생각이 들었어요. 잠이 확 깨더라고요. 그래서 정ㅇ한테 좀 고맙기도 했었어요. 그리고 다른 분 이야기도. 책 쓰고 싶다는 이야기랑 논문을 완성하고 싶다는 그 이야기에 '아, 내가 이렇게 넋 놓고 있을 때가 아닌데' 하는 생각도 좀 들었고, 그리고 장ㅇ의 마지막의 적나라하면서도 진솔한 이야기들이.

장59: 어떤 부분이 진솔하다고 느꼈어요?

민34: 어, 그러니까 다른 사람 같으면 집단에서 안할 것 같은 포르노 이야기라든가, 목욕할 때 그런 부분, 목욕할 때 이야기는 사실은 좀 안쓰러웠어요. 뭔가 엄마의 사랑? 엄마가 여자를 대표할 수도 있는데, 엄마의 손길이라든가 그런 게 많이 그리웠겠다. 오죽했으면 목욕탕에서 누군가 씻겨줬으면 좋겠다는 그런 마음을 느꼈나? 해서 안쓰러웠고 솔직한 모습이 좀 놀랍고 평상시에도…….

장60: (민○ 말을 자르며) 안쓰럽다는 이야기에 부끄러워해야 할 것 같은데 난 부끄럽지 않네요. 부끄럽지 않아요.

민35: (작은 목소리로 의아한 듯) 왜 부끄러워해야 되죠? 하여튼 제가 이렇게 다독거려주고 싶은 느낌에 약간 모성이 자극되는 것이 (몇몇 웃음) 아픈 와중에도 좀 들었고, 그리고 종○의 그 돈 동그라미 붙는 기쁨을 이야기할 때, 자기 꿈을 잘 충족하면서 열심히 살고 있는 사람 같은 생각이 들었고. 현○이 한테는 쉬는 시간에 기치료를 해주는데 나는 사실 '이런 거 안 해줘도 되는데' 하면서 누워서 받았고, 그러면서 너무 깊은 잠에 들어서. 깨자마자 종○씨가 저한테 "이제 올라 가셔야 되는데요." 그래서, "여기가 어디예요?"라고 말했었어요.

원72: 현○이 보고 이야기하세요.

민36: 예, 현○이 보고. "어디에요?" 그랬는데, 에너지가 소진이 됐다고 하니까 한편으로 미안하고 한편으로 고마웠어요. 그리고 지기 싫어하는 사람이지만 따뜻함이 느껴지고. 그리고 동○이가 노인요양원을 짓는다고 할 때 반가웠어요.

원73: 반드시 지어야겠네요. (집단들 웃음)

동20: 상담하실 분들이 많네요.

민37: (웃으며) 굳이 동○이네 가서 상담해야겠다 그런 마음보다 이렇게 남을 위해서 뭔가 한다는 게 어쨌든 복지관이나 이런 것은 타인을 위해서, 물론 나의 이익도 있겠지만, 타인을 위해서 세워지는 거니까 그런 마음이 반갑고, 동○의 평소에 딱딱한 그런 모습보다는 뭔가 따뜻함을 발견한 것 같고. 저도 목표가 하나 있다면, 당장은 아니라 훗날의 목표이지만 지금 결혼할 사람이랑 복지관을 차리자고 이야기를 했었거든요.

원74: 우린 갈 데 많네. 복지관, 연구소. (집단원들 큰 웃음)

동21: 그게 필요한데, 노인들 수발. (웃음 하하)

민38: 그건 제가 잘해요. (웃음) 하여튼 그런 것들을 나누면서도 솔직히 몸은 고단하고 힘든 상태였는데, 집단이 희망적이었어요. 나는 힘들고 지쳐 있긴 해도, 내가 다른 분보다 가라앉은 느낌은 들었지만. 그래도 뭔가 괜찮다 그런 마음은 들었었거든요. 그러면서 지금 마음은 평온해요. 내가 조증인지는 모르겠는데. 병명 붙이면 안 되는데. (몇몇 집단 웃음)

종26: 기를 뺏어서……. (집단원들 웃음)

민39: (웃으며) 그런 거 때문인지는 모르겠는데 아까 잠에서 깨어나면서 지금은 편안해서 이야기를 앉아서 하고, 머리가 계속 아프긴 해요. 그래도 아까만큼 마음이 갑갑해가지고 울 것 같고 그렇지는 않아요.

정30: 민○이가 안쓰럽다고 이야기할 때, 장○가 안 부끄럽다고 하니까. 나는 '아, 너무 좋다' 그런 생각이 들었어요. 저는 섹스에 대한 것을 꿈 작업을 하면서 해방이 됐어요. 집이 불교 집안이다 보니까 아주 압박이 되고 부부생활이 원활하지 못하니까 수녀가 돼야겠다는 이야기도 많이 듣고 생각도 들었어요. 꿈 작업에서 섹스는 하나님이 도장 찍어주고 확인하는 거래요. 그래서 마지막 그림자 작업 같은 경우에는 남자가 이렇게 막 성행위하려고 달려드는 것인데 제가 끝까지 반대를 했다고 하니까. "어휴, 그걸 끌어안

앉어야 하는데"라는 이야기를 우리끼리 하고 그러거든요. 그래서 그런 이야기를 하는데, 장〇가 그 이야기를 했을 때…….

원75: 어떤 이야기?

정31: 아까, 목욕탕 이야기할 때 어떤 생각이 들었냐면, 남편이랑 계속 방을 따로 잠자리를 했다가 요즈음 자꾸 잠자리에 오거든요. 그러면 자꾸만 손을 잡아요. 그러면 참 아기 같다. 그러면 내가 옛날 같으면 막 답답하다 했는데, 우리 나이에는 답답하거든. 그런 부부생활을 떠나서, 그래서 계속 안쓰럽다는 생각을 했는데, 꼭 이렇게 내 손을 잡으려고 하면 난 허리 아프다고, 다리 아파서 자꾸 한쪽으로 자고 (집단원들 웃음) 끊임없이 손을 잡으려고 해요.

원76: 손을 잡으려고 하는데 본인은 외면하는 쪽이다?

정32: 네, 저는 아무튼 안쓰럽다는 생각이 많이 들더라고요. 아기 같단 그런 생각. 그래서 옛날처럼 냉정하게 "밖에 나가서 자라" 이런 소리 못하고 그냥 좁은 침대에서 답답함을 조금 참는데, 내가 참 잘 참아줬구나, (장〇를 바라보며 웃음) 남자들은 그 피부 같은 그런 것 드러내고 싶은가 봐요.

원77: 그래서 앞으로는 어떻게 하실 생각이세요? 손을 잡고 그러면.

정33: 적당히 조절을 해야죠. 제가 100% 다 받아줄 수는 없으니까. (집단원들 웃음) 경우에 따라서 (웃음) 그런 면에서는 제가 많이 부드러워졌어요. 제가 딱딱 구분하고 논리적이고 이런 거 좋아하고, 당신은 논리적이지 않다고 수없이 이야기해서 상처를 많이 줬던 사람인데, 조금 그런 게 허물어지면서 요런 쪽도 이렇게 수용이 되더라고요.

원78: 자, 다 말씀 하셨나요? 지난 회기에 대해서 우리가 어떻게 상호작용을 했고, 어떻게 반응을 하고 느꼈던 점들에 대해서 연관성을 가지기 위해서 지난 시간 회상을 좀 해봤습니다. 계속 진행하기에 앞서서 사이에 요가명상 바라보기 명상을 조금 더 하고 다음 순서로 진행하도록 하겠습니다.

(총 48분 정도 지난 회기 이야기와 상호작용, 반응과 느낀 점 등을 나누고 요가명상에 들어감)

부딪히지 않도록 조금 간격을 넓혀주시고요. 벽에 기대시면 안 되고요. 편안하게 앉으세요. 명상 자세로 해주시고.

(명상음악이 나옴. 지도자 원○이 천천히 이야기를 하면서 중간 중간 침묵의 시간이 있음.)

아까 배웠던 명상의 자세를 취해 주시고 약 1~2분 정도 심호흡과 더불어 자신을 가만히 가라앉히는 시간을 가져보도록 하겠습니다. 턱은 가슴 쪽으로 잡아당겨 주시고, 손과 발은 아주 편안한 위치에 두시고, 숨을 들이쉬고 내쉴 때 어깨의 힘을 빼시고, 코를 통해서 바깥공기가 단전까지 갈 때까지 그 흐름을 천천히 찾아서 가고, 내쉴 때는 그 반대로 천천히 느껴보세요. 지금 현재 떠오르는 생각이 있다면 판단하지 마시고 보이는 그대로 바라만 봅니다.

(침묵) 들숨과 날숨에 따라 주의 집중되어 있으면서요. 의도적인 모든 것은 내려놓으시고 자연 그대로에 따라서 자신의 호흡과 그대로 갑니다. (침묵) 가만히 눈을 감은 상태에서 두 손바닥을 자신의 얼굴부위에 가져갑니다. 손끝이 머리카락과 이마의 경계에 위치하도록 해서 자신의 손끝으로 자신의 얼굴을 가볍게 마사지합니다. 이마, 눈썹, 그저 내가 다섯 살, 여섯 살짜리 아이라 생각하시고 안내자의 안내에 따라갑니다. 눈두덩, 코를 가볍게 마사지하시고, 인중, 뺨, 입술, 턱 등 손끝에서 느껴지는 내 피부의 느낌들에 주의를 집중하시고, 두 손으로 내 머리카락을 가볍게 쓸어서 뒷목까지 쓰다듬어 주시고 내 귀도 만져주시고, 자신의 오른손으로 왼손의 손가락 마디마디를 부드럽게 마사지 합니다. 손가락 사이사이 손바

닥 곳곳을 가볍게 지압해주시고, 손목, 내 왼손 팔, 팔뚝, 어깨를 주물러주시고, 반대로 왼손으로 오른손 손가락을 자극해주시고, 두 손바닥으로 자신의 가슴을 쓰다듬어 주시고 그 상태에서 아랫배로 내려와 내장을 마사지해주시고 자신의 허리, 등, 허벅지, 정강이, 종아리, 발바닥을 주물러줍니다. 자신의 손끝과 조금 전처럼 자극했던 온몸의 느낌들과 체험들을 바라봅니다. 그 자극들이 충분히 이완되는 과정을 느끼세요. 평상시 얼마나 긴장이 많았는지, 남의 눈치를 보지 않아도 되고, 남과 비교하지 않아도 됩니다. 자신만의 체험에 주의를 집중해주시기 바랍니다.

（명상음악은 끝남）

숨을 내쉬고, 자신의 들숨과 날숨에 집중해주시고, 떠오르는 생각은 그대로 바라만 봐줍니다. 그 상태에서 깍지를 끼고 가슴에 가져갑니다. 자신의 몸을 약간 기울여서 조금씩 시계추처럼 흔들어주시고, 등을 약간 뒤로 빼면서 손바닥이 바깥으로 나가도록 하고 아주 천천히 최대한 밀어서 등으로부터 시작한 자극이 팔뚝과 팔꿈치를 지나서 내 손목까지 지나가도록 합니다. 천천히 손바닥이 하늘을 향하게 들어 올립니다. 시선은 손바닥을 향하게 해서, 자기 몸에서 일어나는 느낌들을 깨워주시고, 두 팔을 자신의 귀 뒤로 하고 다시 한 번 쭉쭉 펴주세요. 이 상태에서 복식호흡을 합니다. 자신의 상태를 확인하고 숨을 크게 들이마시고 그 상태에서 천천히 왼쪽으로 몸을 기울입니다. 절대 많이 숙이려고 하지 마시고 자신의 한계만큼 할 수 있는 만큼만 합니다. 호흡을 깊게 합니다. 자동적으로 복식호흡이 나올 수 있도록 자신이 나오는 윗배를 확인하고, 숨을 들이쉬면서 다시 제자리, 다시 숨을 들이쉬고 내쉬면서 반대쪽으로 천천히 한계까지 가서 깊은 호흡을 합니다.

숨이 가쁘면 가쁜 대로, 저항하지 말고 숨이 나오는 그대로 자연스럽게 숨을 들이마시면서 원위치, 손을 천천히 내려놓고 느낌들을 살펴보면서 편안한 상태에서 자신의 손과 얼굴과 어깨 등에서 일어나는 느낌들과 호흡에 계속 주의를 집중하시고. 아직도 긴장되어 있지는 않은가, 천천히 내 몸을 살펴보시고 자신이 가장 편안한 상태에서 (침묵 20초) 자신에게 떠오르는 생각은 분별하지 마시고 떠오르면 그것이 사라질 때까지 가만히 바라만 봅니다. 그 상태에서 약 3~5분 명상의 시간을 갖습니다. 자신이 어떻게 변화될지. (침묵) 호흡은 천천히 단전에 주의를 집중하시고 흐름을 따라서 천천히. (침묵) 자, 이제 자신의 몸과 마음을 정리하시고 의식세계로 돌아옵니다.

다시 손바닥으로 자신의 얼굴에 손을 대고 눈동자도 움직이고 모든 것이 천천히 이루어지도록 합니다. 갑작스럽게 깨어나지 않게 천천히 합니다. 바로.

이제 조금 가까이 앉을까요? 자, 두 다리를 앞으로 뻗어서 긴장을 좀 풀어주시고, 발바닥을 저처럼 발가락을 자신의 몸 쪽으로 향하게 해서 뒤 근육들이 당겨질 수 있도록 한 후 쭉쭉 당겨줍니다. 바로.

소감 한마디 들어볼까요? 제일 먼저 하품하신 분부터.

민40: 저요. 일단 몸이 많이 경직되어 있었어요. 위장을 만질 때 가스도 차고, 마지막에 바라볼 때 제 어깨가 땅으로 한 10Cm가 내려가는 느낌이 들었어요. 전혀 몰랐는데, 편안해지고 몸을 만질 때 마치 애인이 머리카락을 만지는 듯한 느낌이 들었어요. 따뜻하고.

원80: 두통도 좀 나아지고?

민41: 예, 왼쪽이 아팠는데 지금은 조금 없어졌어요.

원81: 현○이가 조금 약하게 치료를 해주셨던 것 같아요. 자, 다른 분은요.

장61: 나는 내 몸과 마음이 원했던 것을 원○이가 만나게 해줘서 고마운 생각이 들어요. (몇몇 웃음)

원82: 정○는 이 이야기를 들으면 어떤 생각이 들어요?

정34: 그럴 수 있겠다는 생각이 편안하게 들어요. 많이 외로우셨나 보다 그런 생각도. (집단원들 큰 웃음) 내가 뭘 해줄 수 있을까 그런 생각도 스쳐 지나가네요. 저는 제 몸을 만지면서, 한때는 제 신체에다 이야기를 참 잘했는데 요즘은 거의 못했어요. 그래서 "참 고맙다"고 제 신체부위에 말해줬고, 요즈음 상담했던 생각이 들었어요. 몰입된 것보다 수업의 많은 필름들이 스쳐 지나갔어요.

장62: 뭐가 지나갔어요?

정35: 어떤 생각들, 요즈음에 있었던 생각들, 엊그저께 상담했던 사람들 생각, 그러면서 잠깐 '여기 장○네 주막에 왔지' 그런 생각이 들면서 (집단 몇몇 약간 웃음) 또 좀 복잡하네요. 생각이.

원83: 장○네 주막?

정36: 예, 제가 몰입을 하는 방법 중에 하나가 오늘은 나그네처럼 여기에 머물렀지 하면 잘돼요. 몰입이 근데. 오늘은 '아니야 그런 순수한 마음이 아니야. 증이라는 게 있지' 또 뭐 이런 생각도 들어가요.

원84: 증? (수료증을 말한다는 것을 안 집단원 몇몇이 웃음)

정37: 아, 뭐 그러니까 제 생각에. 그렇게 몰입을 어떤 쪽으로 해 보려고 하면 다음 커트에 생각이 지나가네요. 그런데 여기 같이 있는 분들은 여기 의식에는 없어요. 전혀 없는데, 주막에서의 느낌이라는 것을 느껴보려고 하면 다른 생각들이 자꾸 커트로 들어와요.

원85: 그럴 때 어떻게 처리하나요? 생각들이 스쳐 지나갈 때.

정38: 그대로 지나가게 두죠.

원86: 그대로?

정39: 그냥 내버려둬요. 그러면 계속 다른 생각들이 넘어가면서 어떨 때는 거기서 굉장한 아이디어를 얻거든요.

원87: 이렇게 해서 제가 통합상담에 적용시키기 위해서 지난해, 지지난해 9월부터인가 준비작업을 하면서 통합상담에 가장 어울리는 명상법을 몇 가지 찾다가, 바라보기 명상을 하시는 분이 계셔서, 그분의 바라보기 명상이 작업을 조화롭게 하고 마음과 신체를 조화롭게 하는 부분들이 저희와 맞겠다 싶어 그분께 배우기 시작해서 저희에게 적용을 시키면서 현재까지 이렇게 하고 있습니다. 다만, 회기가 한 시간 반짜리라면 한 동작을 줄이고 한 동작을 하는 등 배분을 하고 있습니다. 많이 실제적으로 외부에 쏠려 있던 시선이나 마음들을 현장으로 끌어들이는 데 유용하게 사용되고 있다고 보고 있기 때문에, 앞으로 계속 개발을 해야 되지 않을까 싶습니다.

자, 이번 시간에는 제가 이번 1박2일을 준비하면서 여러분들께 일부러 주문했던 것이 있습니다. 자서전을 써보라고 했던 것이 있습니다. '써보는 것이 치유다'라는 제목의 책도 있고, 제 경험에 특히 한국의 중독치료센터에서는 반드시 자서전 쓰기를 95% 정도는 프로그램에 집어넣고 있습니다.

그래서 다른 사람들에게 공개하지 못할 정도의 내용들도 혼자 있을 때는 공개할 수 있는 유리한 점이 있기 때문에 자신의 경험들을 회상하고, 또 그것을 다시 집단에 들고 나올 때는 수위조절을 할 수 있다는 이점이 있지요. 어느 정도 공개를 할 수 있는지는 여러 가지 집단의 변인들에 의해서 나올 수 있겠죠? 안내자의 시도나 방법, 그날의 집단의 응집력이라든가, 이번에 우리 회기에서의 주목적이 통합상담에서의 회기 진행과정, 아까 한번 경험하셨고, 제가 어깨너머로 배우거나 책을 통해 안 것, 그리고 슈퍼비전 받은 것을 좀 나누어보고자 했지요.

그래서 자서전을 중심으로 남은 회기를 진행하도록 하겠습니다. 그래서 일단 회기의 주인공을 한 사람 정하는데, 정하기 전에 자신이 써보았던 자서전을 중심으로 해서 약 2~3분 정도 간결하게, 간결하지 않아도 이야기할 수 있는 부분들은 이야기할 수 있도록 하고, 그 속에는 자신의 관심사도 포함할 수 있을 것 같아요. 그런 다음에 주인공을 선정하고, 주인공을 위해서 다른 사람들은 모든 마음과 관심을 보여주고, 주인공은 주인공대로 자신의 어떤 변화하고 싶은 부분이라든가 여러 가지를 같이 다룰 수 있는 시간을 가지도록 하겠습니다. 가장 열심히 쓰신 분이 계신 것 같아요. (동○을 보며)

동22: 공개를 할까요? (자서전을 책 읽듯 읽어감) 내가 어릴 때 가족은 부모 슬하에 2남 2녀의 가정이었다. 어릴 때 일찍 아버지를 여의고 어머니께서 가장 역할을 하셨기 때문에 아버지가 없는 집안에서 어머니는 장사를 하러 다니셨고, 생활비를 벌어놓으시곤 다시 타 지역으로 장사를 나가시곤 했다.

원88: 말씀 중에 죄송한데 다른 분들은 자신의 자서전은 내려놓으시고 동○이의 이야기에 주의를 집중해주세요. 동○이는 가능하면 시간을 줄여서 말해주세요. 긴 이야기는 나중에 할 수 있는 시간이 있으니까.

동23: 그래서 나는 어머니의 애정을 충분히 받지 못한 것 같다. 어머니는 항상 내게 하시는 말씀이, 클 때 옆에서 돌봐주지 못해서 미안하다고 하셨다. 내가 성장하고 나서도 한두 번씩 그때 생각을 하시면서 내게 미안하다고 속마음을 털어놓곤 하셨다. 그때마다 나는 어머니가 나를 얼마나 생각하고 사랑하는지 짐작하곤 했다.

어머니가 굉장히 미안해하시더라고요. 어릴 때 생각하면 내가 어머니를 많이 찾았으니까. 큰 누나, 작은 누나가 있고 형님이 있었는데, 형은 무뚝뚝하고 나이 차이가 많이 나니까 친하지는 않았고, 큰 누나가 시집가기 전까지 어머니 노릇을 대신 하다가, 나하고 일곱 살 차이가 나는 작은 누나가 그 후 나를 보살펴줬죠. 그래서 어머니에게 애정을……, 지금 기억에도 어머니가 집에 계실 때는 굉장히 기분이 좋았어요. 그래서 하루종일 즐거운데도 떼를 많이 썼죠. 좀 더 애정을 받아내려고. 그리고 집에 안 계시면 허전하고 그런 기억이 많이 납니다. 그걸 또 어머니가 잘 아셔서…….

근데 어머니는 내가 크면서 앓아 누우셨어요. 그래서 돌아가실 때까지 계속 아팠는데 저는 쭉 어릴 때부터 어머니 돌아가실 때까지, 어머니가 행복해 하시고 즐거워하는 것을 많이 못 봤기 때문에……, 내가 어릴 때는 어머니 애정이 모자랐던 것 같고, 자라서는 어머니가 몸이 건강하지 않으시고 정상적이지 못한 생활이어서 충분히 사랑을 나누지 못한 것 같습니다. 돌아가실 때 아프시다고 해서 서울에서 뛰어 내려갔는데, 혼수상태에 있다가 나를 보시더니 정신을 차리셨어요. 그래서 마음을 놓고 서울에 올라왔는데 돌아가신다고 해서 또 내려갔죠. 그런데 이번에도 내가 갈 때까지 그대로 계시더라고요. 내가 가서 얼마 안 돼서 한 한 시간 만에 돌아가셨어요. 그걸 보고 평소 하시던 말씀이 참, 어머니 속에 있던 말을 그대로 임종 때도 나타내시는 것 같았어요.

그리고 저는 초등학교 때 그림그리기, 음악, 글짓기에 소질이 있었어요. 미술대회, 합창대회, 고전읽기 경시대회, 백일장, 이런 데 많이 나가서 상도 받고.

원89: 뜻밖입니다.

동24: 상도 받고, 고등학교는 부산상고에 진학해서 문학 서클을 했어요. 그때 친구들과는 잘 어울려서 아직도 연락하고 친하게 지내는데, 그 당시 가졌던 인간관계가 지금 나이가 들어서도 큰 힘이 되는 것 같아요. 그때 문학 서클이 청소년기에 자아형성이라든지 성장에 큰 역할을 했던 것 같습니다. 그래서 철학서, 문학서, 이런 것을 많이 보지 않습니까? 내 자신을 위해서 책을 많이 찾아봤는데, 기억나는 것은 광장이라든지 회색인이에요. 회색인을 보면 그게 나오거든요. 주인공이 유토피아, 자기가 원하는 세계를 향해서 떠나는데 이순신도 만나고 논개도 만나고 해요. 이순신을 만나서는 이순신에 대한 인간적인 측면을 토론하는데, 그 당시 원균이라는 사람도 있고 많은 조정대신도 나오는데 그런 이야기가 기억에 남아요.

그리고 대학에서는 국문학을 전공했어요. 은행 다니면서 야간이었는데, 제 딴에는 주간학생들보다 더 공부를 열심히 할 거라고 노력을 했어요. 그리고 그 당시에 스승이 필요하다는 생각을 많이 했어요. 대학을 다니면서 논어를 읽었고 교수님들이 논어의 위대성을 이야기하던 것을 들은 적도 있고, 그래서 아마 과 담당하는 교수님들을 한 번씩 다 찾아뵌 것 같아요. 명절 때나, 아프실 때 안 나오시면 찾아뵙고 인사하던 분이 국문학과 교수님인 김명인 시인이었는데, 그분 집에 찾아가서 내가 쓴 글이 어떠냐고 봐달라고 이야기하고 했습니다.

원90: 잠깐만요. 제가 마음이 급해서 진행은 해야 될 것 같고. 제 마음이 바빠져서……, 더 요약을 해서 말씀을 정리해주시면 좋겠습니다.

동25: 네, 그래서 결혼을 하고 직장생활을 하면서 마음에 대한 의문이 생겨가지고, 고통과 어려움, 이런 것이 현실생활에서 나타나는 것을 많이 느꼈어요. 그래서 정신세계 서적을 많이 탐독을 했어요. 그리고 바로 그런 것들이 내가 상담공부를 하게 이끈 것 같습니다. 내가 현실적으로 노력할 수 있고, '내가 어려워하고 궁금해하는 분야를 내가 어떻게 공부를 할까?' 생각을 하니까 상담이 적합하겠더라고요. 그래서 상담공부하면서 수련을 한 거죠. 그 두 가지를 잘 조화시켜서 다른 사람들의 고민도 같이 해결해주고 싶고 가르쳐주고 싶은 소망도 있습니다. 이상입니다.

원91: 박수 한번 쳐주시죠. (집단원들 박수) 자, 다음에 어떤 분이

할까요? (동○을 보며 물어봄.)

동26: 종○.

원92: 종○. 신경을 써서 짧게 해주시는데, 5분 이내로 끝낼 수 있도록 하고요, 이야기 중에 종○에 대해 좀 더 이해하고 싶은 부분이 있다면 한 사람씩 질문을 해야 합니다.

종27: 들어보니까, 저는 깊은 생각을 별로 안했다는 생각이 들어서, 여기 적힌 이야기 중에 개인적으로 생각나는 내용만 짧게 이야기해야겠다고 생각이 들었습니다. 어린 시절의 기억은 거의 안 나는데……, 다섯 살인지 여섯 살인지 흉터 같은 게 생겼거든요. 어릴 때 호기심이 많았는지 지나가던 리어카에 손가락을 넣어서 벗겨진 기억이 있고요. 그걸 볼 때는 세상에 대한 호기심이 많았던 것 같고, 어린 시절에는 거의 혼자서 어떤 집 마루에 앉아서 현관 앞에 태양이 떠올라 있는 모습을 본 기억이 있거든요. 그때는 부모님 다 일 나가시고 돌보는 사람 없이 혼자서 집안에 앉아 있었던 기억이나요.

원93: 형제는 어떻게 돼요?

종28: 위에 누나가 있었는데, 그때는 아직 학교가 끝나지 않을 때니까요. 그리고 혼자 지냈던 게 오래됐었던 것 같고, 초등학교 때는 지금 와서 느낀 건데 행동이 불안정했었다는 생각이 들어요. 굳이 표현을 하자면 과잉행동성이 있지 않았나? 왜냐하면 3학년 때 너무 선생님을 괴롭힌다고 해서 다른 반으로 옮기게 된 적이 있었거든요. 선생님이 책가방을 싸게 하고 "너는 못 가르치겠으니 나가라"고 했어요. 왜냐면 학습 분위기를 너무 해치고, 싸돌아다니고, 수업 안 듣고, 큰소리로 소리를 지른다고요. 너무 시끄러워서 쫓겨난 기억이 있어요.

그리고 지금도 귀찮아하는 게 없잖아 있지만, 중학교 때부터 '귀차니즘'이 생겼고, 고등학교 때는 따돌림을 당한 것 같아요. 고1 때 그때는 행동도 특이하게 하고, 목소리도 크고 시끄럽고 좀 나서는 게 있었거든요. 그때 당시에는 그게 너무 이질감이 있어서 아이들과 거리감이 있었는데, 고2 때는 그게 완화가 돼서 애가 일부러 그런 것이 아니라, 원래 그런 거다 이해를 해주어서 친구들이 좀 생겼던 기억이 나요.

그리고 제가 26세인데 아버지가 보증을 잘못 서셔서 집안 형세가 파탄이 났어요. 큰아버지, 작은아버지가 다 보증을 섰는데, 작은 아버지가 사업에 실패를 하고 도망을 가셨어요. 그런 것이 큰아버지와 저희 아버지가 피해를 고스란히 입어서 제가 10대 때 돈 때문에 힘들었어요. 그것 때문에 가장 아픈 기억이라고 하면 중2 때인데 새벽 2시에 잠을 자다가 아버지가 술을 잔뜩 먹고 휘발유통을 가지고 불을 지르려고 했던 게 기억이 나요. 또 제가 폭력을 되게 싫어했거든요. 제가 맞아본 것 중에 그때 맞은 것이 가장 아팠는데, 목이 여기서부터 한 270도 정도 돌아간 것 같아요. 중2 때인데……, 그때도 아버지를 잡았는데.

원94: 그 상황을 자세히…….

종29: 그러니까 아버지가 새벽 2시에 들어와서, "더 이상 못살겠다"고……, 그러니까 너무 힘드셨던 거예요. 사채도 끌어쓰셔서 죽을 각오까지 하셨던 분이니까, 근데 그런 거 몰랐던 거예요. 지금에 와서야 빚이 다 깔끔히 해결되고 지금 아버지와 너무 편하게 지내고 그때 다 서운했다고 이야기하는 사이가 됐지만, 그때는 너무 무서웠거든요. 그런 당시에 아버지가 불을 지르고 어머니가 말리는 것 막으면서 "다 죽어버리자" 했을 때, 제가 나서자 "네가 뭔데 나서냐?" 그런 상황이었거든요. 그런 무서운 게 있었죠. 그런 '돈에 대한 잘못되고 순진했던 판단이 이렇게 나를 포함해서 우리 가족 모두에 피해를 준다'라는 생각이 드니까 돈에 대한 욕심이 생겨나더라고요.

원95: 그때 아버지가 그러셨을 때 느낌이 어떠셨어요?

종30: 아버지를 죽이고 싶었어요. 제가 그때 중2 때였는데, 중3 때 누나가 가출했었거든요. 집안 꼴도 말도 아니고, 원래 좀 마음에 안 들어 했어요. 어머니를 때리는 게 너무 싫었어요. 물론 지금은 다 사과를 하셨고. 그러니까 느끼는 건데, 돈이라는 하찮은 물질이 그때 당시에는 사람을 죽일까 말까 생각게 하다가 지금은 깔끔히 해결이 되니까 너무나 사소한 문제가 되는 거예요. 다 깔끔히. 아니 깔끔히는 모르겠지만, 그래도 앙금이 남아 있겠지만, 그래도 편안하게 여러분 보는 앞에서 이런 이야기를 할 수 있는 상황까지 왔거든요. 나는 서운했다구요. 누나는 그런 돈 문제 때문에 집을 나갈 수밖에 없었고 아버지는 "(사기범을) 잡지 못해서 미안했다. (자기는) 세상을 잘 몰랐다"고 그래요. 아버지는 군인이었는데 군에서 나오시고 사기를 당한 것이었거든요.

원96: 그럼 지금은 이해가 되는데 그때 중2 때 아버지가 기름통을 가지고 들어와서 말리는 어머니를 때리고 아들을 목이 270도로 돌아 갈 정도로 심한 타격을⋯⋯.

종31: 네, 그건 기억이 나요.

장63: 270도면 어느 정도예요?

종32: 네, 이렇게 맞으면 제가 이렇게 돈 거예요. (행동으로 설명해 줌)

장64: 다시 또, 아이고!

종33: 제가 태어나서 군대에서도 맞고 어디서도 맞고 했는데, 그렇게 강렬하게 맞은 건 그때가 처음이에요. 지금에야 편안하게 말하지만, 참 증오했어요. 참으로 이런 사람이 다 있나 그랬어요.

원97: 그때 당시의 자기 태도는 어땠어요?

종34: 그때 무서웠죠. 어떻게 이 상태를 헤쳐나갈 수 있나? 맞은 상태에서 겁이 나는데 상황은 계속 악화되어 멍하고 아무 것도 못하고 있는데, 그게 해결된 게 누나가 전화를 해서 고모가 오셨거든요. 아버지가 고모를 많이 믿고 따르셨거든요. 고모가 오고 나서 행동이 좀 수그러드시고 그날 나가셔서 다음날 들어오셨는데, 사과를 했는지는 기억은 안 나는데, 집이 불에 타진 않았고, 그렇지만 앙금은 가지고 있었죠.

원98: 지금은 이야기 중에 다 아버지에 대해서는 이해를 하신 거고?

종35: 웃으면서 이야기해요. "그때 때린 게 아직도 기억에 남고 그게 가장 미워요" 그러면, "미안하다"고 하세요. 아버지가 말씀하신 게 기억나는 게 그때 그렇게 하고 못을 보니까 그게 정말 크게 다가왔대요. '저 못에 밧줄을 매달고 내 목을 감아야겠다'고 생각했다고 그런 말씀을 하시더라고요. 자기가 죽어야겠다고 생각을 하면 어떤 게 눈에 보인다고 하시더라고요. 그러다가 내가 이렇게 죽으면 안 되겠다 하면 그게 작게 보인대요. 그런 건 교훈이 되더라고요. 내가 죽고자 하면 어떻게든 죽는 모습으로 표현이 되는데 내가 죽지 않으려면 그렇게 과장된 것들이 다시 평상시처럼 보이게 된다는 그런 말을 했어요. 분명 아버지가 잘못하셔서 그런 생각을 가지고 있었지만, 그게 이야기를 할 수 있는 영역까지 와서 지금은 완화됐어요. 10대 때는 굉장히 괴로웠는데, 20대 때는 집에 가면 편안했어요. 굉장히 아이러니한 건데, 이 문제가 트라우마(trauma)가 있을 수도 있는데, 그런데 빚을 그렇게 많이 졌던 게 땅값이 올라서 한방에 다 해결이 됐거든요. 그게 너무 이상한 거예요. 우리가 그렇게 8~9년을 고생을 했는데, 단 1년 만에 땅값이 한방에 올라서 7천 만 원짜리 집을 1억 8천인가에 팔고 새집을 샀어요. 그리고 보니 돈이라는 것이 묘하더라구요.

원99: 빚을 진 상황에도 땅은 있었네요.

종36: 예, 팔자 말자 팔자 말자 했었거든요. 집은 안 된다고 이야기하셨거든요.

원100: 그런 일도 있었군요.

종37: 그것 말고는 무난한 20대였죠. 여기까지 생각이 나네요.

오35: 아버지가 우리를 산으로 올라가서 다 죽자고 했던 게 생각이 나네요. 어릴 때인데 할아버지가 혼자 계셨는데, 어떤 내용인지는 모르는데 아버지가 다 나오라고 하는 거예요. 무섭잖아요. 소리 지르고 하니까 따라나서긴 했는데, 어떻게 집에 다시 들어왔는지는 몰라요. 죽자고 해서 무서웠어요.

종38: 아무것도 할 수 없다는 게 그런 거 같아요.

오36: 막 소리 지르시니까 따라가긴 해야 될 것 같고, 우리가 애들이 많았거든요. 애들이 7명이었거든요. 우리가 무서워하면서 다 따라 죽으러 가는데 그래서 아까 멍하다는 게.

종39: 얼어붙었던 거 같아요. 아무 생각 안 나요.

오37: 그런데 후려친다는 건 덜한 것 같아요. 아무 말도 못하는 거야. 그냥 따라가는 거지.

원101: 이어서 본인의 이야기를.

오38: 저는 자서전을…….

원102: 자, 이야기를 할 때 말이죠. 두 사람 할 때는 놓쳤는데 이야기를 할 때 오○이에 대해서 궁금한 점이 있다든가 좀 더 이해하고 싶은 부분이 있으면, 각 집단원들이 한 가지씩 이야기를 해야 합니다.

오39: 전 자서전 써놓고 울었거든요. 어떤 대목에서 울었나 생각이 나는데, 지금도 말하려니까 눈물이 나려고 하는데 (울먹이며) 뭐라고 하냐면, 우리 엄마가 평소에 '너는 왜 태어났니?'라고 해요. 어떻게 저런 말을 할 수 있나? 서럽더라고요. 근데 쓰고 나서도 서러워요. 그래서 내가 바라는 게 "네가 태어나길 잘했어. 네가 태어나서 기뻤어"라는 말이었어요. 근데 이런 생각하면서 스스로 '상상을 말아라' 이러는 거야. 그런 소리를 듣고 싶었고. 그런 이야기를 엄마한테 해보고 싶었어요. 이런 생각이 들었어요.

정40: 지금 안 계셔요?

오40: 예, 돌아가셨어요.

현26: 그럴 때 막 오기 같은 건 안 생겼어요?

오41: 오기도 생기죠. 사실 속으로는 엄마한테 따뜻한 걸 받고 싶은데, 다가가서는 (웃으면서) 개지랄을 다 떠는 거예요. 사실 내 마음하고 다르게 행동하는 거예요. 우리 엄마는 '아주 애만 보면 징그럽다'고……, 나는 진짜 내 속 이야기를, 그런 이야기하면 거부당할까 봐 말을 못했나 봐. 진짜는 엄마하고 잘 지내고 싶고 그런데 굉장히 엄마한테 가면은……. (약간 생각하는 듯하면서 말끝을 흐림.)

우리 엄마가 싫어하는 이유가 이해가 가는 것 같아. (웃음) 예쁜 짓을 못하는 거야 앞에 가서도.

민42: 나 같아도 예쁜 짓 못하겠어요. 엄마가 그렇게 싫어하니까. 엄마가 싫어하는 게 느껴지니까.

오42: 그러니까 엄마랑 같이 있고 싶어요. 그런데 같이 있으면, 그런 독기, 오기를 품어. 그러니까 우리 엄마는 나만 보면 징그럽다 그래요. 그나마 할아버지는 내가 초등학교 때 75세였어요. 그러니까 늦게 손자 손녀를 본 거지. 그러니까 할아버지 방에 가서 살았다니까. 그래서 우리 엄마는 나를 쳐다보지도 않는데, 내가 할아버지 방에 가니까 할아버지는 그래도 예뻐하시는 것보다는 외로우니까 잘됐잖아요. 거기 가면 좀 편안했나 봐요. 그래서 자서전 쓰면 아직도……. 좀 풀어져야 하는데…… (또 다시 울먹임) 나는 참 내 존재에 대해서 인정받지 못한 생각이 들고, 딸을 낳기 싫었다니까요. 아들 하나인데, 진짜 똑같은 아이를 낳을 것 같아서, 진짜 딸을 낳기 싫었어요. 얼마 전부터 여자아이 보면 예쁘더라고요. 그전에는 여자애는 불쌍해 보이는 거야. 내가 그러니까 쟤도 저렇게 살 건데 그런 생각 때문에……. 어디 텔레비전에서 "여자로 태어나서 행복해요" 하면, 내가 속으로 "지랄하네." (집단 모두 웃음) 내 색깔로 보면 참, 근데 장○가 손녀들 보면서 자기는 손자 생각 안 했다고 하니까 받아들일 수 없는 거야. 우리 집은 아들 위주로만 살았으니까. 그러니까 그대로 들으면 되는데 나는 내 식대로 봐야 돼요. 특히 엄마한테 받고 싶은 그런 게 되게 많았죠. 예쁜 짓을 해야하는데 어떻게 해야 되는지도 모르고 할 줄도 몰랐지만, 미운 짓만 골라서 하고…….

또 커서도 난 남자이고 싶었어요. 그래서 난 누가 나한테 이쁘다는 게 듣기 싫고, 오히려 힘쓰고 능력 있고, 외관상으로도 난 화장도 안 하고 청재킷 같은 거 입고 내가 생각해도 멋있고. 그러니까 정말 남자이고 싶었어요. 결혼해서도 남편하고 엄청 싸웠던 건 나는 계속 남녀평등을 주장한 거야. 그렇게 따진 거야. (웃음) 남자가 할 일 여자가 할 일 해야 하는데 조금만 이상하면 남자라 저러고 여자라 이렇다 생각을 한 거야. 그래서 둘이 똑같이 해야 한다고 생각해서 결혼해서는 엄청 싸웠죠. 내가 틀렸다고 생각 안 한 거야.

종40: 지금도 그렇게 생각하시나요? 남녀관계 평등…….

오43: 뭐, 저기 상태가 좀 안 좋을 때는 그런 부분이 좀 나오고. (집단원들 웃음)

원103: 유도 발언은 삼가세요. (집단원들 모두 웃음)

오44: 그리고 진짜 엄마에게 바람이 있었어요.

원104: 엄마한테 제일 듣고 싶은 이야기는 뭐예요?

오45: 아까 이야기한 거, "난 네가 내 딸이어서 참 좋다"라든지, 아니면 "여태까지 한 말은 엄마가 속상해서 한 말이야, 난 너를 참 좋아했다. 네가 있어서 든든했다"라든지 (울먹임과 웃음) 아니면 "너처럼 예쁜 딸이 없다"라는 말이 듣고 싶어요.

원105: 그럼 정○가 이야기를 한번 해줄까요?

정41: (오○을 머리와 등을 쓰다듬어줌. 웃음) 엄마가 그 시대는 어색해서 그런 것 같아. 난 아까 그전에 못 느낀 참 청아하고 예쁜 걸 느껴서 아마 저도 애들한테 그런 이야기 못하고 안아주지 못해서 환경적이고 성격적으로 못한 것 같아요.

민43: 듣고 싶은 이야기 좀 해주세요.

원106: 오○이 듣고 싶은 이야기 좀 해주세요.

(정○가 약간 어색해 하자 집단원 몇 명 웃음)

정42: (오○에게 다가가서) 얼마나 기뻤는데. (안아주며, 얼굴을 쓰다듬음)

(집단원들 웃음)

장65: 엄마가 저렇게 해주실 때 엄마한테 뭐라고 반응해 줄 수 있을 것 같아요?

오46: 계속 안아줘, 손이라도 잡고 있어줘요.

원107: (정○를 보며) 계속 잡아달래요.

정43: (손을 잡아줌) 저는 이런 느낌 같은 걸 잘 몰라요. 한 번도 딸이라고 편애를 받아본 적이 없어요. 부유한 집안에서 태어나고 학교에서 공부도 잘하고. 여자아이들이 숙제 안 해오고 그러면 나는 숙제 다 해가고 하면서 그 아이들 속에 섞이고 싶은 거예요. 특수하기가 싫고, 선생님이 "너는 왜 나왔어?" 그랬어요. 그렇게 살면서도 내가 정한 레벨을 가지고 살더라고요. 상류사회 의식이 있어서, 결혼을 가난한 집 사람과 했는데, 아버지가 그 당시 그 직장이라면 사회적인 체면에 자랑할 만한 직장이라고 해서 저는 너무 가기 싫었는데 시집을 갔거든요. 근데 아까 자서전을 쓰면서 이제 제가 새삼스럽게 발견을 했던 것은 우리 사촌오빠네 백일잔치를 크게 하는데 그때 저녁에 저를 낳았다고 하거든요. 그래서 나는 아, 잔치 속에 태어난 축복받은 애구나 새삼스럽게 아까 쓰면서 느꼈어요.

가장 아픈 기억은 대학교를 교대를 가려고 했는데, 그때 시험보고 실기하고 이런 게 다 있었어요. 하필이면 음악 오르간 치는 실

기를 치를 때, 어떤 애가 시험을 잘 못 봤다고 난간에서 떨어졌어
요. 그러니까 난리가 나서 우왕좌왕하고 선생님이 내 오르간 점수
에 신경을 못 쓴 것 같아요. 그리고 면접을 하는데 갑자기, 지금도
키가 평생 콤플렉스로 발목을 잡은 것 중에 하난데, 키가 몇 센티
냐고 그래요. 그러니까 제가 얼굴이 빨개지면서 몇 센티라고 거짓
말을 했어요. 그런데 어지간하면 넘어갈 텐데, 보조하는 학생들한
테 키 재는 것을 가지고 오라더라고요. 그래서 탁 올라가라더니,
그렇게 뭐라고 그럴 수가 없어요 사람 속였다고. 그때부터 제가 새
하얗게 질려서 그다음에 제가 면접을 하면서 무슨 이야기를 한마
디도 못했어요 제가. 또 그다음 면접 선생님이 성적을 보면서 "네
가 이 좋은 성적으로 그렇게 말도 못하면서 어떻게 교단에 서려고
하느냐?" 하면서 그 뒤부터는 계속 야단만 치는 거예요. "말도 못
하는 벙어리냐?", "성적만 좋으면 최고냐?" 이런 식으로 했는데 결
과는 낙방이더라고요. 완전히 학교에서도 "아무개가 떨어졌다. 그
럴 수가 있나?" 하면서 굉장히 이슈가 됐어요.

　학교도 못가고 굉장히 쇼크가 되고 문밖을 두문불출하니까 할
머니가 돌아가시려고 준비를 하셨는지, 고향을 돌아다닐 때 저를
가자고 해서 같이 갔는데, 그때 인상 깊은 할머니가 있었어요. 어
떤 움막 같은 곳에서 사셨는데 뭔가 깨달은 할머니였대요. 예수쟁
이였대요. 우리 할머니 친척이었나 봐요. 신학교 다니고 성서교사
자격을 취득하고 봉사하고 하면서 그 특이한 할머니가 계속 기억
에 남으면서 그 할머니가 어쩌면 나의 노후일 수도 있다 생각이 들
고, 그러면서도 키에 대한 콤플렉스가 나를 평생을 짓누르고 있더
라고요. 대인관계에서 특히, 꽃꽂이 분야에서 제가 독일에서 딴 자
격증, 숙대, 이대대학원 등 많은 걸 갖고도 탁 대인관계에서 막히
더라고요. 독일과 협약을 맺은 사람을 접대하고 여행가야 하고 하
는데 교육이사할 때 못하는 거예요. 부담감이 오는데 나는 못하는

거예요. 몸이 아프더라고요. 부회장이고 협회 일을 다 그만 두었어요. 왜 사람들이 회장 안 올라가고 놓느냐고 하는데 화장실에서 조용히 울었어요. 시댁에서도 계속 강의 듣고, 어른을 모시고 사니까 잠을 줄여서 공부하고 명상을 하면서 계속 교사 쪽 일을 하면서 느낀 건 '아, 내가 그때 대학 떨어지길 잘했다' 내가 훨씬 안목이 넓어졌구나, 이런 거 느끼면서 거기에 대해서 해방은 됐는데, 완전 해방은 안 됐는지, 생각이 또렷이 나요. 전에는 완전 분노가 일어났어요.

원108: 지금은 어땠어요? 자서전 쓸 때는?

정44: 지금은 그런 게 전혀 없었어요. 아까 말했듯이 전화위복이라고 생각이 들어요. 더 넓은 세계로 나올 수 있었구나, 내 나이에 이렇게 젊은 사람들과 작업을 할 수 있구나 하면서 좋고, 부모에 대한 상처는 저는 별로 없어요. 8남매 중 둘째인데 별로 차별받은 적도 없고, 큰 아픔은 없었어요. 키는 하여튼 저한테 콤플렉스였어요. 지금은 웃으면서 이야기를 하죠.

원109: 지금은 극복한 상태군요.

정45: 예, 제가 지금은 어디 가서 하나님이 조화롭게 만들고 키만들 때 하나님이 꾸벅 졸았는데, 다 만들고 나서 다시 손대면 망칠까 봐 그냥 두자 그렇게 해서 귀엽게 만들었다고 소개하고, 웃기면서 이야기를 해요. (집단 몇몇 웃음) 그런 생각을 하면서 오히려 전화위복이 됐다고…….

원110: 다른 쪽에서 기쁜 것을 찾았네요.

정46: 네, 그렇죠.

(정○가 교대 떨어진 것에 대한 이야기를 하면서 비디오테이프가 다 되어 끊어짐.)

제7마당	정좌명상 및 국선도(요가동작) 수련 — 현 ○ 지도, 1시간 25분

─조용히 명상의 노래가 울리며 분위기는 새벽이라 고요하다.

현27: 어제 나누어 드린 프린트를 꺼내주십시오. 통합상담론 서설에 보면 누운 자세의 단전호흡, 선구행법, 식사 전 묵언, 동작감상명상, 상대 집단원에게 절하고-절받기, 지금 이 자리 마음나누기, 실내외 봉사노동, 고통 한 번 참아보기 등이 있습니다. 정의가 되어 있는데, 앞에 누운 자세의 단전호흡, 선구행법, 동작감상명상, 상대 집단원에게 절하고-절받기, 이외에 정화수 의식이라든지 여러 가지를 할 수 있는데, 오늘은 두 가지를 해보도록 하겠습니다.

다시 한 번 말씀드리겠습니다. 통합상담론에서 제시한 방법들이 누운 자세의 단전호흡, 선구행법, 식사 전 묵언, 동작감상명상, 상대 집단원에 절하고-절받기, 지금 이 자리 마음나누기, 실내외 봉사노동, 고통 한 번 참아보기 등이 있습니다. 이번 시간에는 누운 자세의 단전호흡, 선구행법, 상대 집단원에 절하고-절받기, 고통 한 번 참아보기를 체험하도록 하겠습니다.

지금부터 1분 정도 편안하게 가라앉혀 봅니다. 단전호흡을 생각하지 마시고 그냥 편안히 있어 봅니다. 잠이 덜 깨워진 부분이 있으면 가만히 깨워봅니다. 억지로 깨우려고 하지 마시고 살살 달래서 같이 가는 걸로 몸을 편안히 해줍니다.

(좌식자세로 허리를 세우고 최대한 몸을 편안히 숨 쉬고 깨워줌. 약 1분 이상)

자, 그만하시고 수련하도록 하겠습니다. 국기에 대한 경례, 바로. 양발 넓게 벌리시고 고개는 들고 허리를 숙이고 다시 양팔을 하늘 위로 턱은 당기시고, 천천히 많이 젖히면 안 되고 호흡대로. 자, 그만하시고 허리를 천천히 돌려보세요. 반대로 돌려주시고, 그만.

앉아서 다리를 쭉 펴고 발목을 앉은 자세에서 돌려봅니다. 하나, 둘, 셋…… 반대로 돌려주시고, 발목만 풀어주셔도 혈이 돕니다.

전신 두들겨주기. 손바닥을 펴서 발끝부터 상체 옆구리, 팔, 손, 손등, 등, 어깨를 두들기고. (전신을 마사지한다는 생각으로 손바닥으로 두들겨줌.)

다음은 팔을 쭉 펴서 툭툭 두들겨줍니다.

발을 펴서 왼쪽 다리를 몸 쪽으로 들어서 당기고 발목을 잡고 풀어줍니다. 그 후 왼손으로 발목을 잡고 반대 손은 주먹을 가볍게 쥐고 발바닥을 두들겨줍니다. 귀 뒤에까지 손을 올리면서 하나, 둘, 셋 …… 열.

다음은 복사뼈에 새끼손가락을 가져다 대면 검지가 만나는 부분이 삼음교라고 하는 간장, 대장, 신장이 만나는 혈이니까 숨을 크게 들이마시면서 지긋이 눌러줍니다. 하나, 둘, 하나, 둘. 다음 뼈 밑을 꾹꾹 주물러주시고 무릎, 허벅지도 꾹 주물러주시고, 정성스럽게, 사랑스런 마음으로. 자, 그만하시고, 왼발을 더 바짝 당기시고 무릎을 눌러주시고 오른쪽 왼쪽을 반동을 이용해서 반동운동. 하나, 둘. (몇 회 반복) 자, 그만하시고. 숨을 크게 들이마시면서 천장을 향해 손을 뻗었다가 내려갈 수 있는 만큼만 내려갑니다. 다음, 손을 뒤로 하고 엉덩이는 들고 쭉 엉덩이를 하늘로 들고 무릎을 흔들어줍니다. 억지로 하지 마시고. 그다음, 또 흔들어주시고. 그만. 무릎을 그대로 세우고 오른쪽으로 돌리고 고개는 반대로 돌려주시고, 그다음 반대쪽 발. (반대쪽 발도 똑같은 방법으로 시행함. 3분가량)

다음 다리를 쭉 벌려주시고, 쭉 뻗어주시고 허벅지 안쪽부터 두들겨주시고, 좌측으로 쭉 몸을 틀어주십니다. 손은 다리 뒤쪽으로 우측으로 쭉 다시 한 번 좌측으로 우측으로. 다음 한 손을 들어서 좌측으로, 자, 다음 우측으로. 다음은 양손을 들어서 좌측으로, 우측으로. 자 그만하시고 상체를 앞으로 숙일 수 있는 만큼 숙여주세요. 손바닥을 뒤로 하고 상체를 쭉 들어보시고. 자, 그만.

다음은 발바닥을 마주대고 앉고 상체를 앞으로 숙입니다. 이번에는 다리를 모았다가 내려줍니다. 자, 그만. 손은 발목을 감싸고 앞으로 쭉 숙여봅니다. 좌측을 보면서 하나, 둘. 우측을 보면서 하나, 둘.

다음은 가부좌를 합니다. 가부좌가 안 되는 분은 반가부좌를 합니다. 상체를 돌립니다. 하나, 둘, 하나, 둘. 자, 이번에는 손을 뒤로 하시고, 온몸을 늘려준다는 생각으로 무리는 하지 마시고 숙여줍니다. (몇 회 반복). 이번에는 손을 뒤로 하시고 몸을 가볍게 흔들어줍니다. 이번에는 손을 머리 뒤로 깍지 끼고 상체를 좌우로 하나, 둘, 하나, 둘.

다음은 손을 머리 위로 돌리면서 등 뒤까지 틀어줍니다. 하나, 둘, 우측으로 하나, 둘. 자, 그만하시고. 다리를 쭉 뻗어서 발을 털어줍니다. 다음 허리부터 몸을 두들겨줍니다. 다음, 머리를 감싸고 앞으로 쭉 내려갑니다. 다음 좌측으로 머리를 돌리고. 다음 앞으로 쭉 내려간 후 다시 우측으로 머리와 상체를 틀어줍니다. 다음 다시 손을 머리 위로 돌리면서 등 뒤까지 틀어줍니다. 하나, 둘. 다음 발을 좌측으로 가지런히 놓고 좌측으로 머리에 깍지를 낀 상태에서 옆으로. 다음 우측으로 상체를 쭉 세우시고 틀어줍니다. 자, 다음 발을 우측으로 가지런히 놓고, 우측으로. 다음 좌측으로 상체를 쭉 세우고 틀어줍니다.

자, 다음 무릎을 꿇고 엉덩이는 들고 머리를 아래로 위로 움직입니다. 하나, 둘, 셋, 넷, 다섯, 여섯. 자, 이번에는 좌우로. 하나, 둘, 셋, 넷, 다섯, 여섯. 이번엔 젖히기. 하나 ⋯⋯ 여섯. 돌리기. 하나, 둘, 셋. 발가락이 아프면 발가락을 세워도 됩니다.

손을 가슴에서 깍지 끼시고 가슴에서 쭉 앞으로 밀었다가 다시 아래로 내려주고 다시 가슴에서 쭉 앞으로 밀었다가 위로 쭉 뻗어 주시고. 가슴에서 앞으로 쭉 밀었다가 머리 위로 좌측 우측으로 흔들어줍니다. 가슴에서 앞으로 쭉 밀었다가 좌측 우측. 이번에는 손바닥을 꼬아서 깍지 끼시고(꽈배기 모양) 돌리고. 앞으로 뻗고. 하나, 둘, 다시 한 번. 자, 이제 손을 털어주고 손등끼리 마주보게 가슴 앞에서 쭉 뻗었다가 옆으로 팔을 벌리고. 하나, 둘, 셋. 엄지끼리 마주보게. 하나, 둘, 셋. 세끼손가락끼리 마주보게. 하나, 둘, 셋.

자, 이번에는 어깨에 손을 올리고 돌려줍니다. 어깨를 쭉 천천히 돌려주시고 하나, 둘, 하나, 둘. 그다음 손을 뒤에 대시고 엉덩이를 쭉 들어줍니다. 되는 만큼만 쭉 들어줍니다. 다시 한 번 합니다. 자, 일어나시고, 발을 딱 모으고 무릎을 잡고 앉았다 일어났다 합니다. 하나, 둘 ⋯⋯ 여덟. 둘둘 셋 넷 ⋯⋯ 여덟. 자, 그만, 다음 무릎 돌리기. 다음 허리 돌리기, 반대로도 돌리시고, 팔에 힘을 빼고 반대쪽까지 돌려주십니다. 자, 그만. 발을 모으시고 손을 가슴 쪽으로 모으고 하늘 위로 들면서 옆으로 내리면서 내쉬고. 다음 숨쉬기 편안하게 손을 모았다 벌렸다 하면서 하나, 둘, 하나, 둘. 자, 다음 손을 비벼주시고 아랫배를 가볍게 문질러주십니다. 자, 누우시고 온몸의 힘을 빼시고 발목도 털고 온몸의 긴장을 풉니다.

편안하게 힘을 모두 빼고 모든 의식을 눈과 눈 사이에 집중하십니다. 숨이 천천히 내려옵니다. (가상으로 바디스캔을 의식함. 명상음악이 나옴.) 코를 거쳐서 입, 목, 가슴을 지그시 바라보면서 아랫배로 내려옵니다. 다시 편안하게 근심걱정은 내려놓으시고 이 시간에 온전히 집중을 합니다.

(안내는 몇 분의 간격을 두고 조용히 명료하게 말함. 명상은 30분 정도 진행함.)

편안하게……. 그 상태에서 반대로 복식호흡으로 합니다. 배가 볼록 나오게 시간은 5초와 10초로 합니다. 호흡은 한 호흡, 한 호흡 정성스럽게 합니다. 모든 의식을 호흡에만 집중합니다. 아주 정성스럽게 합니다. 호흡을 길게 하실 수 있는 분은 길게.

아주 정성스럽게 합니다. 한 호흡, 한 호흡 아주 정성스럽게 합니다.

자, 이제 아주 천천히 앉았다가 일어납니다. 발바닥을 붙이고 엉덩이 조이고 항문을 조이고 천천히. 아주 정성스럽게 아랫배에 힘을 모아서 하나, 둘. 어깨의 힘을 쭉 빼시고 호흡을 아주 정성스럽게 합니다. 하나, 둘, 천천히 호흡합니다. 다시 아랫배 들어오고 나오는 숨을 느끼시고, 천천히 호흡합니다.

자, 호흡을 끊지 마시고 그대로 무릎을 꿇고 앉으시고 다리를 쭉 세우시고 상체 가슴을 쭉 폅니다. 턱은 살짝 당기시고, 깍지를 끼시고, 머리 위로, 한 호흡 한 호흡을 모아줍니다. 그대로 가슴을 쭉 펴고 그대로 일어나시고. 천천히 호흡을 하고 하나, 천천히 하시고. 한 번, 호흡을 내려줍니다. 하나, 둘. 정성스런 마음으로. 이제 그만, 한 호흡 한 호흡 모든 정성을 다하고.

자, 손을 비벼서 세수하듯이. 자, 다시 한 번 손을 비벼서 안구를 위아래로 꾹꾹 눌러줍니다. 눈 주위를 꼭꼭 눌려줍니다. 다음 얼굴. 자, 손가락으로 눌러주고 잇몸 부분도 눌러줍니다. 머리도 꾹꾹 눌러 줍니다. 왼손 오른손 그대로 잡고 주물러줍니다. 머리가 시작되는 혈을 꾹꾹 눌러줍니다. 귀 뒤 풍지혈을 꾹꾹 눌러줍니다. 검지와 중지 사이로 귀에 자극을 줍니다. 비벼줍니다. 다음 귀를 쭉쭉 당겨줍니다. 다음 몸을 우측 좌측으로 늘려줍니다. 그만, 자, 무릎을 꿇고 팔을 앞으로 짚고 허리를 잘록하게 눌러줍니다. 하나,

둘. 자, 그만하시고 배를 대시고. 상체만 세워줍니다. 앞으로 쭉 폅니다. 좌측, 우측을 바라봅니다. 그만하시고, 그대도 엉덩이만 쭉 뺍니다. 그대로 팔은 쭉 빼고 엉덩이를 뒤로 밀어줍니다. 지긋이 눌러줍니다.

자, 그만하시고 일어납니다. 허리를 넓게 돌려줍니다. 자, 반대로 돌려주시고. 발은 11자가 되게 하시고 몸통 돌리기, 팔에 힘을 빼고, 자, 그만하시고, 숨쉬기를 합니다. 천천히 손을 가슴 앞에서 머리 위로 향하고 내리면서, 다음 손을 내리고 호흡합니다. 하나, 둘. 자, 손을 비벼서 가볍게 장을 마사지합니다. 복장 단속하시고 수련을 마칩니다. 국기에 대한 경례하시고, 자, 수련생들끼리 인사하시고.

(집단원들 '감사합니다' 인사한 후 모두 앉음.)

장66: 자기가 할 수 있는 데까지만 하면 된다고 했지만, 나는 힘들었어요.

현28: 처음이라 힘드셨죠? 처음에 한 체조가 온몸의 근육을 다 풀어주는 체조입니다. 선도인 체조 중의 하나입니다. 그중에 골라서 했습니다. 제가 한 것은 노인과 암환자한테 좋은 것을 구분하고 있는데, 명상할 때는 몸을 이완하는 게 중요합니다. 좀 힘드시면 다하려고 하지 마시고, 한 달, 두 달, 조금씩 늘려 가시면 됩니다. 또 경험하신 분 계신가요? 제가 아까 강조했는데, 한 호흡 한 호흡 정성스럽게 하라고 했는데 가령 잡생각을 하면서 건성건성하는 것보다 1분을 하더라도 아주 정성스럽게 하는 것이 좋습니다. 의식은 맑게 깨어 있으면서 고요한 상태가 있습니다. 선도수련에서는 그것을 아주 중요하게 생각합니다. 무의식이 막 나옵니다. 무의식이 나올 때 어렸을 때 모습도 보이고 하는데 수시로 호흡에 집중하면서 정성스럽게, 사실은 누워서하는 수련이 참 어렵습니다. 서서 하는 수련은 몸을 좀 낮추어서 하고 앉아서 하는 수련은 가슴을 펴고 약간 상체가 앞으로 갈 정도로 힘을 펴고, 그래서 마음상태가 몸에 반영되고 거꾸로 몸의 상태가 마음에 반영된다고 합니다. 예술가, 학자들 이론이 있습니다. 바른 자세가 아주 중요시됩니다.

5분 정도 쉬고 다음 프로그램을 하겠습니다.

원111: 땀이 나네요. 온몸에.

현29: 아주 잘하신 거예요. 호흡을 정성들여 하는 게 익숙지 않은데 아주 잘하신 거예요. 컵 정화수라는 것이 있어요. 모든 정성을 담아서 하는 프로그램이 있는데, 시간이 되면 할 수 있도록 합시다. 정성을 들여서 드리는 겁니다. 초를 예로 들면 촛농이 안 떨어지도록 아주 정성스럽게. 그런데 그런 자세를 정성스럽게 하는 것에도 마음의 자세를 정성스럽게 해야 합니다.

장67: 옆 사람에게 주지 않고?

현30: 옆 사람에게 아주 정성스럽게 주는 거예요. 안 흘리게. 정성스럽게 있다가. 걷기명상에 관해서는 요령을 가르쳐드리겠습니다.

걷기명상은 신체감각을 보다 잘 자각하기 위해서 일상적인 걷기활동을 활용한 명상방법이거든요. 초조함을 많이 느끼는 분들께 안정감을 느끼게 해주는 명상입니다. 걸을 때 땅의 촉감을 느끼며, 내딛는 발에 무게를 싣고 그대로 느껴보는 겁니다. 그럴 때 땅의 감촉은 어땠고, 아주 천천히 온몸이 가면서 발이 땅과 접촉하는 것을 느끼면서 발바닥에 의식을 집중합니다. 왼쪽 다리에 힘을 주지 않고 걸을 때 신체변화의 자극과 발가락과 발바닥이 땅에 닿는 느낌, 발바닥을 움직일 때는 천천히 움직이면서 발의 느낌을 느껴보도록 하는 겁니다. 충분히 자각하기 위해 느리게 걷지만, 나중에는 보통걸음으로 걸으면서도 느껴집니다. 다음 컵에 물을 받고 물을 쏟지 않도록 하는 것을 준비해봤고, 다음 명상은 큰절하기입니다. 구성원들에게 정성스럽게 큰절을 하는데, 그 목적은 나를 소중히 여기고 타인도 소중히 여길 수 있도록 하고 상대도 소중한 존재고 나도 소중한 존재라는 것을 잘 알기 위해서입니다. 그다음은 산책명상으로 호랑이 걷기가 있습니다. 네 발로 걷는 체험을 통해 두발로 걷는 것이 편한 것을 느껴보면 걷는 것이 소중하고 다리가 있다는 것이 소중한 것이구나를 체험하는 8~10분 명상입니다. 그다음 산책명상은 10분, 자연명상은 10분으로 둘이 짝지어서 꽃을 보면서 아주 자세히 말해주도록 합니다. 예를 들면 꽃잎은 분홍빛이고 줄기는 아주 굵직하고 등 자연을 관찰하고 서로에게 자세히 상대방 얼굴을 보고 이야기해줍니다. 그리고 마지막으로 자연과 하나되기에서 눈을 감고 자연과 동화되는 산책하기로, 이렇게 명상 프로그램을 마칩니다.

처음에는 사실 우리가 명상이란 말을 많이 붙이는데, 이렇게 정확히 해야지 명상입니다.

자, 이제 몸과 마음을 모으고 큰절을 합니다. 서로에게 큰절을 합니다.

이것도 두 가지 방법이 있습니다. 한 사람씩 정성스럽게 하거나, 한 분씩 순서대로 하는 방법이 있습니다. 앞서서 제가 먼저 절을 하면 옆에 앉은 사람에게 정중하게 절을 하는데 자세가 엉성하면 안 되겠죠? 최대한 정중하고 정결한 자세로. 자.

(현○이 제일 먼저 절을 함. 다음 앉은 순서대로 절을 함. 오○이 절을 함. 정○가 절을 함. 동○이 절을 함. 원○이 절을 함. 장○가 절을 함. 종○가 절을 함. 민○이 절을 함.)

현31: 자, 큰절은 자신뿐만 아니라 다른 사람을 존중하는 마음을 가지게 합니다. 지금 공간이 잘 안 되지만, 이제 호랑이 걷기를 합니다. 보행법으로도 좋고 걷기명상하기 전에 두 발로 걷는 것이 정말 축복이라는 것을 알게 될 것입니다. 여기 공간이 작지만 한 세 바퀴 정도 걸어보도록 하겠습니다. 손가락을 세우고 걸어봅니다. 이런 감각을 간직하고 잊어버리지 마시고, 두 발로 걸을 때는 두 발로 걷는 소중함을 몰랐는데 소중함을 느껴보세요. 그만, 자, 앉으시죠. 네발로 걸어보니 어떠세요?

오47: 힘들어요.

현32: 두 발로 걸을 때는 몰랐죠? 네 발로 걸으면 이걸 다들 느껴요. 두 발로 걷고 다니는 것이 엄청 좋은 거라고 말입니다. 네 발로 걸으면 몸에도 좋지만, 두 발로 걷는다는 것이 엄청 소중함을 알게 됩니다. 자, 이어서 걷기명상은 산책하면서 아까 이야기한 것처럼 발과 무게감을 느끼면서 정성을 들이면서 합니다. 걷는 것에만 집중하고 한쪽에서 애인 생각하고 그러면 안 됩니다. 명상이라는 것은 무조건 몰입이 되어야 합니다. 단 몇 분간만이라도 몰입하고, 다음은 자연과 하나가 된 명상을 합니다.

(밖으로 나감.)

제8마당 　　아침 산책명상, 1시간

지저귀는 새소리와 함께 땅을 천천히 밟으면서 땅을 느끼며 호흡하는 명상을 시작함. 걷기명상과 자연명상을 함.

자연과 하나 되듯 조용히 사뿐히 걸음. 한 걸음 한 걸음에 정성을 담고 땅과 바람과 자연과 인사함.

떨어지는 낙엽 하나에도 느낌이 있음.

특별히 돌보지도 않았는데 나무에 열매가 열려 있어 마지막에 집단원들은 자연에 감사하며 열매를 따서 먹음.

다들 크게 심호흡을 하고 자연산책명상 후 다 같이 국선도 식의 스트레칭 체험을 짧게 함.

배고픔을 잊었다고 하면서도 아침식사 준비를 하러 돌아감.

제9마당	요가명상 후 집단회기, 2시간

-처음 몸을 스트레칭하면서 웃고 떠드는 분위기에서 서로 스트레칭을 봐주고 건강에 좋은 것을 이야기함.

장68: 자, 이제 시작합니다. 건강에 좋다고 해서 아침에 고통참기 자세를 해서 그런지, 화장실에서 제대로 볼일을 못 봤습니다. (오○ 웃음) 자연관찰명상을 하고 좋았습니다. 눈을 감고 느꼈습니다. 오늘 아침 식사 끝머리에 새터민 이야기가 나왔죠? 사실은 어제 저녁 마지막에 고단해서 자서전을 계획하고 있다는 말을 못했는데, 오늘 아침 새터민 이야기에 이어서, 말씀을 계속하겠습니다. 제가 1945년 새터민으로 대한민국 서울 땅에 도착했습니다. 그러니까 할아버지, 아버지의 고향인 북한 함경남도 거쳐서 건너온 때가 초등학교 4학년 때입니다. 요즘 새터민도 힘들지만, 나는 일제강점기를 끝내고 대한민국에 가족들하고 같이 내려왔습니다.

동27: 연세가 어떨 때?

장69: 아홉 살 4학년 때쯤에. 나는 긴 이야기를 할 시간은 없지만, 출생은 현재 중국 흑룡강성 목단강시 근처 마도석이란 곳에서 태어났어요. 나의 선친께서 동경유학생인데, 고향이 함경남도 북청이어서 할아버지가 큰아버지만 서울에 보내서 공부를 시키고 나의 아버지는 농사를 지어라 했고, 동네에 점지해준 여성하고 장가를 들게 하셨어요. 말하자면 나의 큰어머니뻘입니다. 나의 친어머니는 나중에 아버지와 결혼한 후처인 셈입니다. 정주영이는 소 한 마리

훔쳐서 고향을 탈출해 동경으로 갔다는데, 아버지는 훔칠 소도 없어 땡전 한 푼 없이 고향을 탈출해서 그 당시 경성이라 불리는 서울을 거쳐서 동경까지 가서 동경대학을 가고 싶었는데 돈이 있나요? 식당에서 일도 하고 시중도 들고 고생해서 명문 동경대학교는 못 들어가고, 일본대학이라고 하는 지금으로 치면 전문대학 야간에 다니셨어요. 선친이 그렇고 내 가족을 전부 회상하면 시간이 걸려서 말씀을 못 드리는데, 내가 이야기하고 싶은 것은 내가 만주벌판에서 태어났다는 겁니다. 핏줄이 이성계 조선조 태조하고 의형제를 맺은 퉁두라는 여진족 장수가 있습니다. 과거에 KBS 드라마 '용의 눈물'을 보셨다면 거기에 나옵니다. 태조의 형입니다. 거기서는 동생으로 나오던가 그렇습니다. 집안 역사가 공식 기록에는 없지만 이태조의 형으로 나오고 그럽니다. 무술이 이성계보다 우수해서 이성계가 과녁에 맞춘 화살 다음에 저희 선조할아버지가 맞추면 이성계의 화살이 두 쪽으로 쪼개어질 정도로 무술이 출중했다는데, 이성계를 도와서 조선조를 건국한 공신임에도 불구하고 이성계가 정권을 장악한 다음에는 함경남도 북청에 귀향 겸 가서 조용히 보내라 해서 밀려난 거죠. 그 과정이 여러 가지로 복잡한데, 아무튼 내 고향이 함경남도 북청입니다. 원래 선조할아버지는 여진족장, 조직의 장이었어요. 그런데 고려시대 말 조선 땅으로 내려와서 이성계를 만나 의기투합해서 고려를 무너뜨리고 새 나라를 세우자는 대열에 합류한 거죠. 선조할아버지 묘는 풍습에 의하면 고인돌 식으로 양쪽에 돌기둥을 세우고 가운데 시체를 묻고 석관을 해서 뚜껑을 덮는 그런 식의 묘지인데, 돌아가신 아버지가 동네 유지를 모아서 그것을 이장했다고 하십니다. 무거운 석관을 걷어내고 새로운 방식대로, 1930년대 초반 일입니다. 앞뒤를 정확히 이해를 못하는데 제가 만주에서 태어난 이유는 아버지가 동경유학생으로 학교를 졸업하기 전에 무슨 반일사건 때문에 쫓겨서 만주로 가시게 됐

습니다. 가신 다음에는 무장투쟁에 참여한 것도 아니고 교육사업을
진행했습니다. 조선 마을에 가서서 조선학교를 도산 안창호 선생님
처럼 교육사업을 시작했습니다. 조선말로 가르치고, 일본인들이 만
주에 침투해 있을 때입니다. 제가 그 학교를 다녔습니다. 여하튼
그런 역사가 있습니다. 그런 여진족 후예, 북한 출신 새터민이란
말입니다. 고국 땅을 버리고 1945년 초겨울 러시아군이 북한 땅에
있고 미군이 남쪽 땅에 자유를 표방하는 정권을 세운다는 말을 듣
고 아버지가 식구를 데리고 내려왔는데 아직도 기억이 생생해요.
두만강 건너고, 38선을 넘을 때 러시아군의 눈을 피해서 야간에 걸
어서 갔습니다. 아홉 살 때. 그래서 중간과정을 좀 축약하면, 아버
지가 비록 동경유학생이지만 대학도 제대로 졸업 못하고, 고향에서
피난하고 만주에 가서 독립운동을 하셨다면 대한민국 수립정부에
서 돈이라도 받아쓸 수 있는데, 아버지가 안하고 교육사업을 하셨
어요. 인맥도 없고 돈도 없고 상당히 가난한 청년시절이 시작됩니
다. 미국 가서 유학하는 것은 나로서는 처절한 인생투쟁이라고 볼
수 있고, 아버지가 당신께서 일본에서 공부(를 마치지) 못해서 너는
어떻게든 걱정하지 말고 다녀오라는 아버지의 격려 장학금으로 갔
다 왔지만, 제게는 청춘다운 청춘이 없었습니다. 도서관에서 영어
단어 외우면서 제대로 강의도 듣지 못하고 직장생활을 했어요. 낮
에는 공부하고 시험 치려면 택시타고 가서 시험을 치고. 대학교를
엉터리로 다녀서 심리학 공부를 잘해야겠다 싶어서 합동통신사에
서 외신기자로 있으면서 밤에도 나가고 했어요. 두만강, 삼팔선 넘
고 그런 혼란스런 과정과 대학생활 때 아르바이트하고 하니까 대
학원가서 제대로 공부해야겠구나 했습니다. 독학을 해서 학위를 땄
습니다. 그러니까 남들 놀 때 책 들고 공부하는 게 즐거울 수 있습
니까? 그런데 나의 자서전은 그런 거예요.

　　나머지 인생을 어떻게 보낼 것이냐는 맥락으로 적고 싶습니다.

아직도 욕심이 있습니다. 중소재벌까진 못 가도 가난하게 살진 않고 노후대책을 다 마련했을 텐데, 강화도 집도 퇴직연금을 믿고 지은 집이에요. 그런데 퇴직연금도 제대로의 액수를 받지 못합니다. 그런데 요즘 물가는 이것저것 강의하고 모임에 나가고 생활비 대고 하면 모자란 거예요. 나는 내 자라온 가난한 생활을 보면 200만 원으로 품위유지는 될 것이다 했는데 병원비는 많이 들고 그래서 저는 아직도 가난한 노인이에요. 돈 없으면 병은 다 있게 마련입니다. 우리나라 80세 이상 노인의 90%가 당뇨, 혈압으로 문제가 됩니다. 그 돈이 10조 원이 넘습니다. 그래서 몸은 약해져 있지 병은 들었지, 돈 쓸 데는 많은데 돈은 없지. 떠돌이 인생으로, 역할 상실감으로 노인의 세 가지 고통 외에 플러스 상실감이라는 또 다른 고통을 겪고 있다고 생각합니다. 그래서 통합상담연구회의 1박2일 연수를 통해서 동료의식을 더욱 느끼게 되었습니다. 통합상담연구회에는 지금까지 좀 시들했어요. 재미없어요. 재미있는 요소가 기대보다 약해요. 터키문화원에서 장소를 지원해서 모이는데, 최○○ 위원도 많이 나오지 못하고 그러니 터키문화원 나가는 것도 나는 괴로운 거예요. 즐거울 수 없잖아요. 여러분은 즐겁죠. 나는 과거부터 해오던 것인데 연구업적이 나오는 것도 아니고, 오○ 선생과 원○ 선생이 도와줘서 왔지만, 나는 덜컹덜컹하는 차를 타고 다니는 것이 힘들고 그렇습니다. 두서없었지만 나의 자서전을 여기서 마치고 이제부터는 잠시 명상자세로 들숨날숨에 의식을 집중하세요.

(명상음악이 나옴.)

숨을 5초 정도 길게 들이마시고 내쉬고 1.5m 정도의 앞을 바라보는 듯하면서 눈을 지그시 감고. 어제 이곳에 와서 시작했던 것처럼 감각적으로 숨을 들이쉬고 내쉬고 해봅시다. 숨이 목, 가슴, 배를 지나갑니다. 바디스캔입니다. 앉은 자세에서 나의 몸을 쭉 훑어

갑니다. 다시 역순으로 내쉬면서 훑어갑니다. 그 자세에서 긴 호흡을 하면서 어제부터 이 시간까지 집단에서 어떻게 참여했는지, 떠오르는 마음은 뭔지, 대화도 생각해보고, 어떤 부분이 나의 머리에 떠오르는지, 어떤 말이 내 귀에 흘러가는가 들어보세요. 공동체 안에서 나의 정체감, 내 몸이 느끼는 말씀. 고요함. 깊게 숨을 내쉬면서 마시면서.

끝나면 이 시간에서 1박2일 과정에서 특히 경험한 중요한 것이 무엇인지 이야기해줬으면 좋겠고, 또는 어제 내가 하고 싶고 되고 싶은 존재, 나의 목표와 목표를 달성하는 데 가장 노력을 많이 기울여야 할 것, 그리고 제거해야 되는 것이 뭔지, 내 목표를 달성하기 위한 계획이나 관련 구상을 가지고 마지막 회기에 임하도록 하겠습니다. 구체적으로 생각해주면 마지막 회기에 중요한 발언 소재가 될 것입니다.

제 개인적인 부탁이라면 더 간결하고 구체적이면 좋겠다고 생각합니다. 말씀하시는 양에 대해 의식해주세요. 잠시 숨을 들이쉬고 내쉬고 다시 들이쉬고 내쉬고 합시다.

(명상은 총 15분 정도 함.)

어제 잠자리는 불편하지 않았어요?

동28: (큰 목소리로) 아주 좋았습니다.

장70: 그렇게 크게 말하니까 반대 같아요. (집단 몇몇 웃음)

동29: 깰 때까지 아무것도 모르고 잤습니다.

장71: 나는 상당히 불편했어요. 잠을 잘 자도 위장도 편해야 화장실 명상도 수월한데, 10분을 앉아 있어도 잘 안 되더라고요. 제가 제안한 내 목표달성에 신경 쓰이는 사항, 그리고 그전에 제가 제안한 것으로 어제부터 이 시간까지 제일 유의미하게 남는 것을 말씀해보시겠어요?

동30: 선생님, 북청의 물장수가 물을 어떻게 운반했습니까?

장72: 그건 설명하기 싫어요. 단 우리 아버지가 돌아가시기 전에 제가 ○○대학교 1학년 때, 종로에서 냉차장수를 하셨습니다. 그것이 물장사하신 거 아녜요?

동31: 큰 리어카에?

장73: 내가 기억하기에 조그만 것에 종로5가에서 종로4가로 난 길에서 하셨어요. 종로5가에서 학교가 가까우니까 학교 친구들한테 들키면 창피하니까 다니시지 말라고 할 정도였어요. 대학교 1학년 때까지 자식들 공부시키고 살림 뒷받침하면서 종로에서 냉차장수를 했으니까, 물장사했다고 하는 말거예요. 진짜 양쪽 어깨에 물을 지고 수도가 없는 집에 물을 길러다주고 돈을 받든지 해서 그 돈으로 자식들 공부시켰다는 이야기가 있습니다. 이제 그런 건 이야기하지 마시고 아까 제가 제안한 것은 없어요?

동32: 오늘 남는 것은 바람소리와 나뭇잎의 푸른 초원하고, 2층의 목조에서 풍기는 향기와 분위기가 조용하고 차분하고 하니까 이틀 동안 차분함 속에서 통합상담할 수 있는 장소로서는 아주 괜찮은 장소라는 것을 많이 느꼈고요. 프로그램을 떠나서 내적으로 정화를 많이 시킨 것 같습니다.

장74: 오늘은 어떻게 성이나 님자 빼고 친밀한 소통경험이 혹시 있습니까? 오늘은 평상시대로 속세로 돌아가잖아요? 자기자신이 구체적으로 자기가 자연을 느끼게 한 것이 자기자신을 어떻게 했는지 말해볼래요?

동33: 우선 경계를 허문 거 같고요.

장75: 자기가 허문 거예요? 자신을 중심으로 이야기해주세요.

동34: 예, 밖에서 보면 도로 있고 횡단보도 있고 하니까 항상 시선에 앞서서 의식이 단속과 구별과 차별됨과 내 목적지를 향한 목적의식 외에는 주의를 잘 못 느끼지 않습니까? 그런데 그런 의식들이 많이 사라지고 소리나, 흔들림, 가라앉음, 거기서 도란도란 이야기를 하시는 분들이 상당히 격조 있게 보이더라고요.

장76: 구체적으로 어느 분이 그렇게 보였습니까?

동35: 호칭을 떼고 말합니까?

장77: 상관없습니다.

동36: 특히 선생님 말씀이 가라앉으면서 무게감을 느꼈어요. 이렇게 비고 많이 찬 것이 없다고 이야기하시지만, 그래도 그 이야기가 있게 된 무게감이 느껴지고요. 종ㅇ 같은 사람은 자기 피드백 이야기를 하는데, 이제 시작하고 개척하려는 사람 그래서 앞으로 가능성이라든지, 분위기를 잡았습니다. 그리고 밖에서 일할 때, 현ㅇ 선생님이 농촌에서 일한 경험을 이야기할 때 삽질하면서 오랜만에 하는 것도, 다른 데서 노동 체험하는 것 하고 여기서 하는 것과 차이가 나는 게, 여기는 수풀이 굉장히 우거진 것 같습니다. 그래서 좀 더 여유 같은 거, 복잡함이나 내 생각을 지워버리고 여유가 느껴진 것 같습니다. 세상에 가서도 계속 풍성할지는 잘 모르겠습니다. (침묵)

정47: 고추밭, 가지밭을 일구면서 흙과 바람이 살랑살랑 불면서 그것들이 살아나는 느낌을 받았고요. 아침에 자연하고 참 친해지고 싶었는데, 흙 밟을 때 차가우면서도 부드러운 느낌이 좋았고 새싹이 보이면서 새로운 신비감이 느껴졌어요. 사이버대를 졸업하고 대학원을 다녀야 하는데, 그만하자 했는데 어느 목표 선까지는 가야 하는데, 저는 별거 아니야 하는 건방진 마음이 있어요. 그런 유혹도 고쳐야 될 것 같아요.

장78: 잠시만요, 정ㅇ 선생 목표가 뭐였죠?

정48: 저는 우선 제가 봉사자들 기도 살려주고 자존감 살려주는 그런 역할을 하고 싶거든요. 여자들이 많이 자존감이 죽어 있어서.

장79: 그러니까 그렇게 하고 싶은 장소와 명칭이 무엇입니까?

정49: 저는 가톨릭 쪽이니까, 1차적으로 가톨릭 쪽 사람들을 위해 봉사해야겠다고 생각해요. 가톨릭 성소모임이라고 있어요. 성소 쪽에 치우친 모임인데 자존감도 세우면서.

장80: 거기서 하는 상담 봉사자의 역할을 뭐라고 부릅니까?

정50: 저희 주목표는 가오리 상담으로 되어 있어요. 성서 가오 리 상담. 가정의 어려운 일, 자신의 정립된 자세 등.

장81: 가톨릭 성소의 가오리 상담자. 그런 목표달성에 굳이 구 애받고 싶지 않다는 말씀이네요.

오48: 밭을 귀찮아하고 피하고 했는데, 작년에 노동 체험하니깐 좋더라고요. 작년부터 그 맛을 본 것 같아요. 그리고 아침에 명상 에서 일어나는 게 힘들고 했는데, 개운하고, 산책하려고 문을 열었 는데 좋았어요.

장82: 한 가지만 이야기해주세요.

오49: 문을 열었는데 이질감이 안 생기는 거예요. 가깝게 느껴 지는 자연, 명상이 잘 다가왔고요.

장83: 어떻게 다가왔어요?

오50: 가깝게 제가 제 몸에서 원하는 느낌.

장84: 그걸 느끼셨구나, 어느 부분이죠?

오51: 아침명상 산책 전에.

현33: 예, 저는 이제, 자신의 자서전을 읽고 프러포즈하는 부분. 마음에 가장 걸렸던 부분은 내가 가장 소중한 건 줄 알았 는데, 한 분 이야기할 때, 참 통합상담에서 이제 요런 걸 해야겠 구나 생각했고요. 전 수련자 입장에서 수련만 했는데, 이야! 우 리 수련할 때도 상담을 넣어야겠다. 자서전 같은. 성장기 같은 것을 이야기하면서 통합상담이 불교와 서양의 단순한 연합이 아니라, 마음에서 우러나서 할 수 있는 것을 해야겠다는 생각을 했습니다.

장85: 현○ 선생이.

현34: 예, 제가 이런 것을 개발해야겠다고 생각했습니다.

장86: 선도에 상담심리를 접목해서 하고 싶다는 그 말씀이 나에게는 상당히 두고두고 기억될 이야기입니다. 내가 도와드릴 일이 있으면 도와드리겠습니다. 말씀하세요.

민44: 저는 뭐 시작하기 전에 몸이 지치고 안 좋은 상태였는데 몸이 많이 가벼워졌고, 아침 체조를 하면서 두통이 많이 왔는데 다 끝나고 산책하고 돌아오니까 개운하더라고요.

장87: 현재 상태를 묘사하는 것보다 어느 분의 어떤 말씀이 인상에 남는지.

민45: 예, 전 마음나누기를 할 때, 종○와 현○이 머리에 많이 남아요. 자서전 읽을 때, 두 사람 이야기 할 때 눈물이 맺혔는데, 현○의 아버님의 이야기할 때 기억에 많이 남았고, 종○도 커서 인지적으로 괜찮지만 마음속 아픔을 느낀 것 같아요.

장88: 저 마음 들으니까 느낌이 어떠세요?

종41: 제가 어릴 때 감정이 안 좋았는데, 지금은 아픔은 많이 사라진 것 같아요. 머리로 이해하는 것보다. 아버지 은퇴 뒤까지 생각할 정도로 물론 충격을 가지고 있더라도 아버지에 대한 정서적인 부분은 사라진 게 아닌가 생각합니다.

현35: 제가 한 가지 추가하면, 그런 문제가 잡념으로 많이 떠올랐거든요. 그런데 상담 쪽에 내가 겪고 갈등한 그런 부분에 오늘 아침에 사람들과 이야기해보고 사람들이 지지해주는 것이 엄청 도움이 된다는 생각이 떠올랐습니다.

장89: 그 도움이 되는 것이 무엇인가요?

현36: 아, 제가 어제 와서 그 수련할 때 떠오른 많은 잡생각이 아닌 걸로 다가왔습니다. 어떤 때는 혈압이 올라가고 할 정도였고 수련을 해도 참 어려웠는데, 심리상담이 이런 부분이 이런 것 때문이라고 느꼈습니다.

장90: 상담심리 원리의 중요한 부분을 이야기 한 것인데, 말로 나 글로 공개함으로써 자연스럽게 통풍효과가 있다는 겁니다.

현37: 수련할 때도 의논을 하면서 진행하겠다고 한 것이 그런 말입니다.

장91: 수련할 때, 원ㅇ선생의 자문을 구하세요. 소득이 상당히 있으시네요. 축하합니다. 원ㅇ 선생, 과제 두 가지를 간결하게 발언 해주세요.

원112: 먼저 자문을 구하라는 말씀을 하시니 약간 부끄럽습니다. 지금까지 과정에서 기억에 남는 것이라면 현ㅇ 선생의 자서전 읽기입니다. 자서전을 통해서 자신의 또 다른 모습들, 공개하고 싶지 않은 모습들을 공개하면서 제가 전체적으로 느낀 건데, 전에 알던 형식적인 거리에서 아주 친밀하게 다가갈 수 있는 분으로 느껴서 더 가까워질 수 있는 희망적인 부분을 발견했고 또 하나 제가 배울 부분은 발표하는 선생님께서 부끄러워하시고 어색해하는 모습들을 전혀 약하고 부끄럽지 않다고 받아들이기 때문에 저 역시 좀 더 가슴속에 있는 것을 공개하고 싶은 충동을 느끼고 제가 가지고 있는 것을 말하고 싶었습니다. 또 하나는 제가 목표를 삼고 있는 것은 통합상담과 중독 상담을 중심으로 하는 것을 목표로 하는데, 제가 회정치료공동체에서 상담팀장을 맡고 있지만 만족스럽지 못한 느낌을 받고 있습니다. 그쪽과 저의 관계에 심한 갈등을 가지고 있는데, 문제는 제가 관리자이기 때문에 직원이라는 겁니다. 직장에서 저의 정체성 부분에다가, 밖에서 신발을 벗고 지렁이, 달팽이 보고 흙냄새 맡고 흙을 밟으면서 돌이켜보니 요즘 제가 고향을 등지고 있습니다. 거의 5년 정도 됐는데.

장92: 고향이 어디죠?

원113: 부산인데, 주로 제가 살던 곳은 경남 남해입니다. 의지적으로 거리를 두고 있지만, 제가 그쪽을 동경한다는 것을 알고 있습니다. 제가 어릴 때 지내던 기억이 많이 떠올라서 마음이 동심으로 돌아오는 것 같고, 바깥에서 안고 온 많은 문제에서 손을 떼고 내가 내 자신으로써 지낼 수 있고, 나 자신으로 돌아올 수 있어 좋고.

구체적으로 제 목표를 이루기 위해서 계획적으로 제가 뭔가를 쓰고 하는 것이 약한 것 같습니다. 그런데 현장에서 활동하기를 좋아합니다. 자꾸 새로운 것을 구체적으로 실현하는 것을 좋아합니다. 현재 가지고 있는 자산 중에서 그나마 자신 있는 부분이 중독 상담과 통합상담인데, 계속 발전하고 지속시키고 저한테도 확고하게 자리 잡게 되면, 제 목표인 연구소를 하는 데 훨씬 더 도움이 될 것이고…….

(비디오테이프가 다 되어 끊어짐.)

제10마당	집단종결 회기 ─ 종료소감 나누기와 작별인사, 약 30분

상담집단 종결에 따른 각자의 느낌들을 나눈 후, 주지도자의 안내로 '신체로 하는 작별인사'(말 없는 가운데 서로의 악수, 손잡고 시선 맞추기, 포옹 등 다양한 몸 인사)의 시간이 진행된다.

사후 평가지 응답, 집단원 오찬 회식 등

사후 평가지(정서지각, 대인관계 반응 관련 2종)에 응답하고, 수련장 옥내외 시설을 정리 후 집단원 오찬 식당으로 향하다.

〈 대학원생 축어록 독후감 〉

－심 정, 가톨릭대 상담심리대학원 조직상담학과 4학기－

　명상이나 요가와 같은 수련방법이 상담에 결합되어 심리치료적 효과를 발휘할 수 있다는 사실을 알게 되었습니다. 분석적이고 문제 해결을 통한 치유적 접근이 아닌, 자신의 문제를 수용하며 함께한다는 통합적 접근은, 그림자를 감싸 안아야 온전한 자기완성을 이룰 수 있다는 융 심리학과 맥이 닿아있다고 느껴집니다.

　－심신일원론에 기반하여 집단과정에서 노동체험을 하고 있는데, 2시간이라는 짧은 체험으로 의도한 성과를 거둘 수 있는지 의문이 들었습니다.
　－자기를 통찰할 힘이 있는 집단원에게는 집중명상이나 기치료와 같은 체험활동이 적합할 것으로 생각되지만, 갈급한 문제해결을 원하는 집단원에게는 어떻게 도움을 줄 수 있는지 잘 그려지지 않았습니다.

　'3년 이내 이루고 싶은 비전 다루기'와 같이 현재의 자기자신에게 즐거움을 느끼게 해주는 작업을 통해 미래지향적인 시각을 집단에서 다룬다는 것이 흥미로웠습니다.

〈 지도자(장○)의 집단 후기 〉

통합상담론적 집단수련의 특징은 집단회기에 명상과 요가동작의 도입과, 문제적 경험의 탐색-공감이 아닌 고통과의 화평-수용적 접근을 수련하는 데 있다.

명상요가 절차는 인간의 심신일원적 존재 특성에 대한 근원적 접근이며, 화평 및 수용적 접근은 인간 고통의 불가역적 본질과의 화해를 의미할 것이다. 따라서 전문지도자에 의한 분석적 언어교환보다는 자기주도적 집단구성원들의 통합적 경험과정이 주요 가치가 되고 있다. 이런 의미에서 일반 전통적인 집단 '상담'과 구별되며, 집단 '수련' 이라는 용어가 사용되는 이유이다. 즉, 개인상담에서와 같은 문제해결의 집단이 아니며, 문제대처를 위한 자기주도적 태도수련의 집단이라고 볼 수 있다.

본 축어록 내용에서는 위와 같은 이론적 관점이 충분히 나타나고 있다고 말할 수는 없겠으나, 통합상담론적 집단수련의 기본철학과 접근논리가 상당히 반영되고 있는 것으로 느낀다.

특히 주지도자인 장○의 회기 중 개입발언들에서 발견되는 긍정-수용적 접근과 미래지향적 전망의 강조 부분과, 전체 8회기 대부분의 집단과정에서 명상과 요가동작의 순서가 포함되고 있음이 그 배경이 될 것이다.

물론 앞으로 안내지도자들의 다른 입장과 집단구성원들의 특성에 따라서 회기 중 개입발언들의 강조점과 명상요가 동작 절차 등의 시간적 구성비중이 달라질 수 있을 것이다.

**인간관계
감수성
훈련**

−200×년 ×월 한국상담심리학회에
발표한 강숙정의 집단상담사례 자료

1) 집단상담의 개관

(1) 감수성훈련 집단의 시행목적

본 감수성훈련은 인본주의 철학에 바탕을 둔 인간관계 훈련 집단의 한 모형이다. 1960년대 중반 로저스에 의해 참 만남 집단(Encounter Group)에 감수성훈련 기법이 유입되면서 집단 명칭이 혼용되어 쓰여 지고 있다. 본 감수성훈련 집단의 근원이 되는 이론적 기초는 존 듀이의 실용주의 철학과 마틴 부버의 대화의 철학에 바탕을 둔 학습모형으로 알려져 있다.

본 훈련은 한 개인이 과거의 사회적 상처나 억압에 의해 누적된 부정적 감정의 찌꺼기나 한을 효과적인 감정 표현을 통해 배출 및 정화시켜 인간 본연의 생산적 심리상태로 환원하고 바람직한 사회관계적 맥락의 대화적 태도를 연마함을 목적으로 한다.

본 발표자가 훈련시키는 '관계적 대화' 형식은 일반적인 '나열식 대화'와 대비되는 것으로서 대화 주체자가 반응 내용에 주력하기보다 그 이면에 깔린 심정, 의도, 욕구에 초점을 맞추어 느낌 반응을 반드시 되돌려주는 대화이다. 이러한 관계적 대화를 위해서는 표현 주체자가 말하는 자신의 감정, 의도, 욕구에 민감하게 깨어 있어야 하며 반응자 역시 여기-지금에서의 자신의 심리적 현실(영향받아 느끼는 자기)을 분명히 자각함이 필요하다.

본 훈련의 참여자들은 매 순간 상대를 통해 영향받는 자신의 심리(감정)상태에 의식적으로 눈떠 있어야 하며 부정적 대면관계의 상황 및 무의식적 감정에 사로잡히지 않고(자신을 잃지 않고) 감정

의 주관자로서 건강한 자기표현(정직한 감정 전달)을 해낼 수 있어
야 한다. 또한 과거의 상처로부터 기인한 부적응적인 대인관계의
습관적 감정 패턴을 집단원들의 도움으로 정확히 인지, 표현(감정
정화) 후 과거와 분리시키며 새로운 생산적인 대안반응을 연습하게
함으로써 집단원들의 건강하고 생산적인 현실대처를 돕는다.

(2) 집단원 소개

· 자연-지도자(40대 후반, 상담소장)   · 매화(20대 후반, 상담전공생)
· 함박꽃(30대 초반, 상담전공생)   · 사슴(20대 후반, 상담자)
· 국화(50대 후반, 개인사업)   · 순수(30대 초반, 공무원)
· 진실(20대 후반, 일반직장인)   · 기쁨(40대 중반, 개인사업)
· 평화(50대 초반, 상담자)   · 화끈(50대 초반, 교사)
· 똑똑(20대 후반, 직장인)   · 바위(30대 중반, 공무원)

(3) 집단상담의 시행장소와 시간

• 장소: 경상도 산골의 한 수련원
• 시간: 200×년 ×월 ×일 오전 10시부터 다음 날 오전 12시까
　　　 지 12시간의 집단과정

(4) 집단사례 발표 경위

본 집단사례는 보통 시행되는 2박3일~4박5일 정도(24~48시간)
의 정식과정에 못 미치는 단기 집단훈련(12시간)으로서 이론적으로
는 제대로 된 '방어→해빙→재응고'의 충분한 중장기적 시간과정을
밟지 못한 아쉬운 사례이다. 그러나 본 상담자가 이 집단사례를 발
표하는 이유는 현재 상담전공생 및 일반사회인들이 긴 시간과 비
용을 할애하기 힘든 현실에 비추어 볼 때 효과적인 단기 집단상담
의 필요성이 지속적으로 대두되고 있는 상황이고, 비교적 짧은 시

간의 본 집단과정에서 참여자 측의 많은 문제들이 다루어졌고 당초 저항적이던 구성원들이 집단 내에서 주목할 만한 행동변화 등을 보였기 때문이다. 요컨대 이러한 집단과정에 대한 상담전문가 및 전공생들의 객관적 관찰과 생산적 논의를 기대하면서 본 집단과정 자료를 제시하는 것이다.

본 발표자료는 105면의 전체 축어록 중 24면을 발췌 축약한 것이다. 본 훈련과정의 이해를 돕기 위해 과정 직후 집단원 소감글과 3회 이상의 추수 감수성 훈련에 대한 설문응답지 내용 등을 함께 수록했다.

(5) 집단훈련의 성과: 집단과정 후 소감글, 설문응답 요약

▶ 본 집단과정 직후의 개인적 소감문 발췌
- 감정과 만나는 것의 중요성을 알게 되었다.
- 상대에게 불편한 감정을 숨기지 않고 나누려는 의식이 생겼다.
- 자신과 상대의 감정을 잘 알아차리려고 노력하게 되었다.
- 관계적 대화가 무엇인지 알게 되었고, 집단의 흐름에 더 민감해지게 되었다.
- 대인관계 상황에서 내가 미처 발견하지 못했던 부적응적 대화 습관을 알게 되었다.

▶ 6개월 후 추수설문 응답내용(5명)
- 계속 훈련 장면이 떠올라 감정 자각이 환기된다.
- 다른 사람과 이야기할 때 말의 핵심을 살피려는 노력이 생겼다.
- 화가 날 때 상대를 탓하기보다 자신을 보려는 의식이 생겼다.

-감정의 책임은 나에게 있다는 것이 분명해졌다.

▶ **3회 이상 추수훈련 후의 주요 반응**(2명)

-가까운 사람들의 감정에 휩쓸리지 않게 되었다.

-상대의 불편한 정서에 대하여 자기 식대로 해석하는 것이 줄어
 들었다.

-내가 원하는 바를 보다 더 잘 요구할 수 있게 되었다.

-대인관계에서 불편한 일이 많이 줄어들었다.

2) 상담사례의 진행과정

▶ **오리엔테이션**

-**지도자의 자기소개와 집단구성원들의 집단참여 동기 및 집단참여 경험
 을 이야기함**: 집단원의 참여동기는 상담공부를 위해서 4명, 동
 료들이 좋으니 같이 가보자고 해서 4명, 자기문제 해결을 위해
 서가 3명임(집단상담 경험: 3명, 감수성 훈련 경험: 1명).

-**훈련의 개요**: 본 훈련은 생활상의 문제를 해결하는 집단상담과
 는 다소의 차이가 있는 트레이닝(training) 중심의 의사소통 및
 인간관계 대면집단의 실험실적 체험학습임을 강조함.

-**훈련목표의 설명**: 대인관계 증진 및 개선, 집단의 목표달성은 집
 단 참여자의 부적응적인 기존 인간관계 방식을 현실적으로 검
 토하고, 각기 다른 부족한 부분의 개별 목표를 분명히 찾아내
 어 연습했을 때 이루어지게 되며, 바람직한 개인 목표 성취는
 집단에 자신을 적극적으로 기꺼이 투여했을 때 이루어질 수
 있음을 인지시킴.

-**집단 진행절차(시작과 끝내는 시간, 휴식시간, 숙식 안내) 및 참가자 유
 의사항 안내**: 참가자가 스스로 자신을 잘 돕기 위한 방법으로서

의 역할과 권리, 의무를 주지시킴.

▶ 도입
- 자신의 별칭에 대한 소개를 마친 후 눈을 감고 자신의 마음
  속에 떠오르는 미세한 감정의 흐름을 파악하고, 드러내는 시
  간을 가짐.

자연: 자 그러면 집단과정에 들어가기 전에, 잠깐 눈을 감고 자
신의 느낌을 알아차리는 **느낌 자각 훈련**을 한 다음에 본 프로그램에
들어가도록 하겠습니다. 〈중략〉 말씀드린 것처럼 **여러분이 느끼는
감정을 그렇게 단어로 표현을 하시고 또 흘려보내면서 새로운 느낌이 올 때
마다 계속해서 올라오는 느낌들을 알아차리고 표현해보시기 바랍니다.**

▶ 느낌 알아차림 연습
- 설렘, 낯섦, 기대감, 따뜻함, 짜릿함, 반가움, 호기심, 긴장감,
  불안, 다행스러움, 흥분…… 등 (약 5분 정도 느낌자각명상을 함.)
- 어느 정도 느낌 표현이 가능해지자 본 감수성 훈련에서 연습
  해야 할 관계적 대화와 일반적인 나열식 대화에 대해 언급하
  고 최대한 관계의 맥락을 끊지 않는 '관계적 대화의 모형'을
  인지시킴. '관계적 대화'는 말을 한 사람에게 반드시 반응을
  되돌려주는 대화로, 주제에 따라 자기의 생각을 나열하는 일
  반적 대화와 다름을 인지시킴.

제1마당	감정자각과 대화의 핵심의도 파악

집단 초기의 대화과정에서 말하고 있는 자신의 감정을 잘 찾지
못하거나 표현하기 힘들어 하는 집단원들을 위해 지도자의 **적극적**

인 모델 시연과 안내가 이루어짐.

지도자(자연)가 감정을 찾지 못하는 초보 집단원들에게 **"그래서 어떤 느낌이 드세요?"**라고 자주 자신의 감정에 깨어 있게 질문을 함. 진실은 지도자의 언급에 자주 고맙다는 말을 사용 함. 지도자는 자신의 언급에 고맙다 하며 자기생각을 장황하게 펼치고 이야기를 길게 하는 집단원들의 심정과 욕구가 무엇인지 옆 사람에게 물어보면서 **집단원들의 긴 말을 요약하게 하고 상호 대화의 핵심의도를 잘 알아차리도록 개입함**. 함박꽃이 진실의 마음을 다르게 보고 해석하는 상황에서 **진실이 진짜의 감정을 함박꽃과 나누도록 독려**하고 지체되었다 나중에 꺼내놓는 집단원들의 **뒤늦은 감정표현에 반가움을 표시**함.

상황에 부적절해 보이도록 '미안하다', '고맙다'를 반복하는 진실에게 평화가 "지금 애써 상대방의 의도를 굉장히 좋게, 좋게 해석을 하면서 고마움 쪽으로 자꾸 가는 게 조금은 염려스러운 느낌이 들어요"라고 말하며 촉진적 역할을 시도함. 지도자는 이에 격려하고 뒤이어 화끈이 진실의 말투에서 자신의 무서웠던 아버지를 떠올리고 불편한 감정을 표현함. 화끈의 표현에 대해 진실이 **솔직히 반응하도록 격려**하고 집단원들이 **자기 느낌과 상대에게 가는 마음을 분리해 표현하도록** 유도함. 진실의 **습관화된 무의식적 감정표출이 확실한 자기의 것인지 주의해 환기시킴**.

바위가 한 말씀 드리겠다면서 200명에 이르는 자신의 인맥에 대해 길고 장황하게 이야기하며 사람이란 지내봐야지 한번 봐서 모른다, 여기는 자아성찰의 자리인 것 같아 기분이 너무 좋다며 집단원들에게 힘을 내자고 이야기함. 이에 지도자는 표현을 안 하고 있는 매화를 초대해 바위의 언어가 어떻게 들리냐. 지도자에게 요약해 줄 수 있겠냐 부탁함. 매화는 바위의 언어가 술자리 언어처럼 조금 당황스럽고 짜증스럽기까지 하다는 표현을 했고 바위는 계속 상대와 관계없는 자기 말만 계속함. 지도자는 매화의 말을 환기시키고 바위가 매화의 심정과 욕구를 잘 들었는지 확인시킴. 지도자는 **작고 미세한 느낌 표현의 중요성을 강조하고 유치하고 사소해 보이는 표현 안한 감정들이 관계를 괴롭힐 수 있음을 인지시킴.**

바위와 순수가 직장동료 사이였음을 바위가 밝히고 직장 내 상하 관계에 있는 입장으로서 난처해하는 순수의 비언어적인 행동들을 함박꽃이 언급함.

바위와 똑똑이가 연인 사이임을 말함. 그러나 그전의 사적인 감정은 없이 이 자리에 와있다고 바위가 말함. 지도자는 똑똑에게 미안함을 표시하는 바위에게 **"지금 힘주어서 이야기하고 목소리 톤도 좀 올라가고 얼굴도 좀 상기되고……"** 하면서 비언어적인 모습을 직면시켜줌.

제1마당에서 지도자는 집단원들이 **무조건 좋은 쪽으로만 가져가는 사고와 너무 길고 서술적인 이야기, 외교성 발언들에 대해 구성원 간 상호 느낌을 교환하도록 촉진함.** 바위의 말이 계속해서 길어지는 후반부에서는 집단원들이 돌아가면서 바위가 무슨 말을 한 건지 모르겠다고 반응하며 관계의 맥을 끊는 비효율적 대화의 불편감들을 내놓기 시작함. 그러나 그에 따르는 자신들의 감정을 세분화시켜 구체적으로 표현하기는 힘들어함. 이런 속에서 국화는 바위의 어려움을 공감해주고 지지해줌.

집단원들이 바위를 보고 전부 답답해하는 분위기 속에서 바위는 매우 힘들어하는 모습을 보이면서도 괜찮다며 끝까지 버티다가 마지막 부분에 가서야 겨우 "짜증이 난다"고 심정을 토로함. 이에 집단 원들은 모두 반가움을 표시했으나 바위의 불편감은 계속됨. 중간에 국화가 바위의 힘든 심정을 공감해준 부분을 바위가 고마워함.

지도자는 마지막으로 정리하면서 **관계교류 현상의 복잡함 속에서 미세한 자신의 느낌을 알아차리고 표현하는 것은 결코 쉬운 일이 아님을 상기시키고 현재 느낌 표현이 어려운 현상에 대해 필요한 과정을 잘 밟고 있음을 인지시킴.** 점심식사를 하러 나감.

제1마당 요약

　진실의 습관적인 사회적 감정표현(긍정적 외교성 발언)과 바위의 의도파악이 힘든 장황설을 중심으로 지도자는 집단원들이 상호 대화의 핵심 맥락(심정, 의도, 욕구)을 알아차리면서 남의 말을 듣고 자기표현을 하도록 적극적 안내와 개입을 함. 정직한 감정반응 연습에서 집단원들은 자신의 진솔한 감정을 찾아 표현하기 힘들어할 뿐 아니라 타인의 핵심 없는 긴 이야기도 듣기 힘들어 함. 바위는 자신의 언어표현이 문제시되는 듯한 불편감을 계속 방어하다 끝내 본 감정을 드러낸 후 집단원으로부터 격려를 받으나 계속 힘들어함.

제2마당 요약

　점심식사 후 명상으로 마음자각 훈련을 한 후 제2마당에 들어감. 이전 장에서 미진했던 부분을 나누는 것으로 장을 시작함. 바위는 전 장에서의 불편한 마음을 이야기하며 집단원들이 예민한 분들이 많은 것 같다고 말함. 진실과 똑똑이는 감정을 찾고 표현하는 것에 대한 어려움을 호소하였고 지도자는 자신의 감정을 잘 알아차리고 표현하는 것의 중요성과 감정탐색 방법에 대해 안내를 해줌. 기쁨이 지도자가 여자인 것에 대한 반감을 이야기 하였고, 지도자는 솔직한 기쁨의 표현을 반갑게 수용함. 기쁨은 자신이 여성지도자에 대해 민감한 부분이 어머니의 영향 같다고 보고하였고, 똑똑이는 지도자가 힘들겠다며 편을 드는 듯한 발언을 함. 기쁨은 자신의 반대편에서 이야기하는 듯한 똑똑이의 반응에 대해 똑똑이가 미워진다고 반응하였으며 지도자는 자신의 의도와는 다르게 한쪽의 입장에 공감하다가 다른 편 사람이 상처받는 현실에 대해 주지시키고 양편을 헤아리며 공감하는 반응에 대해 연습시킴. 지도자는 국화는 다른 사람들의 마음

에 공감을 잘하지 못하는 자신을 '이기적이고 냉정한 여자인가보다'라고 표현함. 지도자는 자신에 대해 부정적으로 바라보는 패턴화된 인지특성에 대해 직면시키고, 자주 반성과 성찰의 말을 길게 하는 이면의 이해받고 싶은 욕구에 대해 환기시킴. 또한 지도자는 상대가 말한 구체적인 대목을 따서 그 부분이 내게는 이렇게 들린다고 보고할 때 더욱 선명하게 소통이 될 수 있다고 말함. 지도자가 바위의 현재 심정을 물어봄. 바위는 불편한 것이 없다고 말하면서 평화에게 객관적인 각도에서 지적해달라고 요청함. 이에 대해 지도자는 바위의 말의 내용 이면에 깔린 의도, 심정을 직접적인 언어로 표현하면 더욱 잘 이해받을 것이라고 말함. 이에 대해 바위는 저항감을 표현하며 자신은 내면에 뭘 두고 그렇게 이야기하는 스타일이 아니라고 함. 지도자는 바위가 현재 화가 난 것인지를 확인하고 바위가 평소 감정에 대해 느끼지 못하다가 끝까지 가서야 폭발할 수 있다는 점에 대해 직면시킴.

제3마당 요약

명상을 통해 자신의 감정을 표현해보는 시간을 가진 후, 지금 이 순간 새로운 느낌이 있으면 관계적 맥락을 살려 이야기해보도록 지도자가 안내함. 기쁨이 전 장에서 지도자에게 불편한 마음을 표현하고 난 후의 달라진 마음의 변화에 대해 보고함. 바위는 이번 시간에는 뭔가 꺼내야겠다는 각오로 임할 결심을 하고 들어왔다고 보고함. 함박꽃이 진실에게 관심을 표명한 것에 대해 진실은 집단원 모두에게 고맙다고 표현함. 이에 대해 지도자는 진실에게 마음을 표현한 함박꽃의 눈을 바라보며 특별히 관심을 가져준 것에 대해 표현하길 바란다고 말함. 지도자는 의사소통에 있어서는 소통하는 당사자 간의 직접적인 표현이 중요함을 인지시키며 집단에 적극적으로 개입하지 않고 있는 매화를 초대함. 매화는 지적당할까 봐 두

려웠으며 어렸을 때처럼 모범답안을 마련하고 싶다는 생각을 했다고 말함. 또한 진실과 함박꽃님의 대화가 인사치레로 보여 자신이 어떤 태도를 취해야 할지 잘 모르겠다고 말함. 지도자는 부정적인 감정에 대해 언급할 때 구체적 언어표현의 중요함을 인지시킴. 지도자는 매화가 구체적으로 어떤 장면에서 불편했는지를 알아차릴 수 있도록 촉진시킴. 매화는 관계적인 대화의 형식을 지도자가 틀을 정해서 제시하는 것 같고, 집단의 성격을 결정짓는 것 같다고 함. 지도자는 매화의 솔직한 표현을 격려하고, 당시의 즉각적인 피드백의 중요성을 언급하며 당시의 상황으로 돌아가 표현하는 기회를 제공함. 이때 지도자는 자신의 언어반응이 주도적으로 집단의 상황을 바꿀 수 있음을 주지시키고 답답한 현실에서 적극적으로 자신을 돕는 방법을 인지시킴. 국화가 남편에게 감정적으로 폭발했던 일에 대해 언급함. 화끈이 남편 역할을 하여 실제 상황을 재연한 후, 감정정화 작업을 시행하고, 관계적 대화의 역할연습을 실시함. 보다 안전하고 신뢰로운 상담장면에서 묵은 감정의 찌꺼기를 털어내고 현실로 돌아가서는 좀 더 편하게 관계적 대화를 실천해야 함을 강조함.

| 제4마당 | 해빙 — 집단신뢰를 통한 감정의 정화, 자기수용 및 집단 일체감 형성 |

▶ 자연이 몸풀기 작업 안내

- 몸풀기 작업 동안 집단원들은 장난치고 웃고 즐거워하며 시원하다는 말을 함. 약 5분 동안 몸풀기를 하고 원위치로 앉아 잠시 명상을 하고 시작함.

순수1: 아까 마지막에 화끈님과 국화님이 역할연기를 하시는데 주위 분들은 보니까 제가 좀 살짝 웃긴다고 해야 하나? 그래서 고개를 숙였다는 분이 계셨어요. 그렇게 말씀하셨죠? (누군가에게 확인) 근데 전 사실 정반대였어요. 저는 제 감정을 숨기기 위해 고개를 숙였어요. 제 어머니나 아버지를 보는 것 같아서…… 〈중략〉 (눈물도 고이고)…… 암튼 전 국화님이 오늘 여기서 꼭 해결하고 가셨으면 좋겠다는 생각이 들어요.

자연1: 본인이 고개를 숙이고 있을 때, 다른 사람들은 순수님이 웃겨서 그런 거 아니냐, 그런 표현을 하셨나 봐요?

순수2: 아까 제가 고개를 푹 숙이니까 바위님이 쳤어요. 제가 이렇게 고개를 숙였을 때 저를 이렇게 툭 치는 거예요. 그리고 함박꽃님이 저한테 막 뭐라고 하셔서.

자연2: 뭐라고 하셨나요?

순수3: 왜 그렇게 쑥스러워 하냐고.

자연3: 바위님은 쑥스러움으로 본 건데 사실은 그게 아니라…….

순수4: 네 사실이 아니죠.

자연4: 정확하게 내 감정을 나누고 싶은가 봐요. 그때 사실이 보여지는 것과 달랐다는 거, 그리고 엄마 아버지가 떠올라서 힘들었다는 거, 그리고 좀 더 일찍 엄마 아버지 편하게 해드리게 이런 걸 접할 수 있었으면 좋았을 걸 하는 그런 이야기를 해주셔서 훨씬 더 순수님이 우리 안에 쑤욱 들어와 있는 거 같고. 함께하고 있었구나 확인이 돼서 기뻐요. 국화님께도 더 영향이 미칠 것이고 표현해줘서 고마워요. 그렇게 보셨던 매화님은 뭔가 나누실 이야기 없나요?

함박꽃1: 아까 식사 가지고 올 때 순수님이 언급한 부분이 있었어요. 국화님이 이 부분을 잘 해결하고 갔으면 좋겠다. 이렇게 말씀하시더라고요. 그래서 그 부분을 왜 말씀을 하셨는지 들으니까 이해가 가고…… "제가 왜 쑥스러우세요?" 이랬을 때 상대는 어떤 반응을 느끼는지 알 수 없는 거구나…… 내가 좀 더 배려를 했어야 하는데 나의 판단으로 이야기한 것 같아서 그 부분을 내가 조금 가볍게 행동한 것 같아서 아쉬워요.

순수5: 그 이야기를 들으니까 한결 더 나아지고 편안한 것 같아요.

자연5: 그렇게 듣고 난 후의 심정까지 전해주시니까 자신의 마음을 간단명료하게 잘 표현하신다고 느껴지네요.

기쁨1: 저는 아까 제가 '공무원 아저씨들 무서웠어요'라고 장난처럼 말했는데 지금 이야기 들으니까 조금 미안한 마음이 들고, 그땐 잘 몰랐으니까, 지금은 참 좋다는 생각이 들어요.

자연5: 다르게 느껴지는 부분이 생기셨나 봐요. 정서와 만난다는 것이 기쁘다 반갑다는 것처럼 다행스럽게 느끼시는 것 같아 저도 기쁨님의 표현이 반가워요.

순수6: 저도 이걸 하면서 짧은 시간이지만 굉장히 어려웠어요. 진짜. 제 이야기를 이렇게 해야 하나, 그랬는데 지금 순간에는 이야기 하고 나니까 주변에서 제 걸 그대로 느끼시고 절 이해해주시는 게 너무 고맙고 감사합니다.

자연6: 엄마 아버지가 떠올랐다든가, 그런 걸 굳이 이야기 안 하셔도 되셨겠지만, 그래도 표현하고 나서 그 경험을 좋게 가져가셨다니까 한결 더 다행스럽네요.

진실1: 저는 국화님이 하신 말씀 듣고 아쉬움, 아쉬움이라고 할까요? 폭발할 수 없는 감정, 어떤 억제하는 마음을, 이 부분을 순수하게 표출하면 좋겠는데, 억눌리고 있다는 그 부분의 아쉬움이 있어요. 전체적으로 경직된 이 부분이 탁! 풀리고 난 다음에 진짜 사람들에게서 골고루 제가 느꼈던 고마움, 이런 것이 똑같이 국화님에게도 공유될 수 있지 않을까 싶은 생각이 들고요.

처음에 화끈님이 저에게 한 말 중에 저런 사람이 터진다. 언젠가 폭발을 한다는 그 부분에 참 수긍을 하는 게, 살아온 게 얼굴에 나타난다는 그런 이야기도 있잖아요. 〈중략〉 나도 이렇게 어떤 표출을 하고 나니 마음이 편해졌는데 국화님은 아직 남을 의식하는구나, 내 자신이 소중한데 내 자신이 아니라 남의 눈치를 보고 나를 더 공허하게 하는구나 하는 생각이 들고요. 그래서 지금 여기 계신 분들은 다 국화님 입장이고 다 한 식구이고 더 나빠지는 상황도 없는데 그렇게 억제를 하고 있다가 진짜 집에서 그런 일이 터지는 부분이 있다면 위험하고 통제가 안 되지 않을까, 우리 사회에서 지금 그런 일들이 일어나고 있으니까, 편안하게 안전하게 표출이 되었으면 하는 바람이면서 아쉬움 그게 좀 남아 있는 거 같아요.

자연7: 국화님에 대한 바람과 아쉬움이 진실님 마음에 가득하시네요. 그런데 진실님이 언급하신 '얼굴에 나타나는 것이 인정될 정도'의 사연이나 역사가 공감되지 못하는 부분이 있어요. 혹시 그런 부분들을 본인이 청소하고 가고 싶은 마음이 있는지 궁금하고, 나누고 싶어요⋯⋯. 뭣 때문에 얼굴에 나타난다고 하고 그것이 스스로 인정이 되는 것인지 궁금해요.

진실2: 아, 저도 가족관계⋯⋯ 아니 어떤⋯⋯ 제 집안의 이야기를 하자면 작년에 부모님이 싸울 때, 누구 편도 못 들었다는 거. 약자인 어머니 편이라도 들어줘야 하는데 어떤 면에서 나도 남자다 보니까 아버지 편을 들게 되면서, 과연 엄마는 좀 안됐다. 아버지의 그런 행동이 어머니께 이런 지장을 주는구나, 이렇게 마음 아파하시는구나, 그것을 지금 느끼면서 그 당시 어떻게 해주지 못했던 것, 집안에 큰형이 이리저리 잘못 돼서 같이 살면서 한 날은 자신의 일이 하도 안 되니까, 그 화풀이를 어머니께 하더라고요. 하는데 그 과정에서 폭력이 행사되면서⋯⋯ 내가 그걸 목격하면서 끌어오르는 어떤, 그것인데. 어머니도 울지만 내 형인데 말려야 되는 입장이고 그걸 억압하는 게 참, 중간에서 말리는 입장에서 어떻게 하지를 못해서⋯⋯ 어떻게 해서 싸우자면 아예 병신을 만들든지,

죽여 버리든지. 이 정도까지가 되는 건데. 어떤 상황에서 그나마 이야기를 듣고, 어느 정도는 그게 있으니까 경찰서에 바로 신고를 했던 적이 있어요.

작년인데 그 부분에서 못 풀었던 거, 그리고 난 뒤에 또 언젠가는 그런 일이 다시 생기겠지 생각을 해요. 내가 있을 때라든지 없을 때라든지 그런 부분에서 나 스스로 그런 것을 완전히 안 일어나게 못하는 것이 있고, 그런 부분에서 정확하게 속 시원하게 해결방법을 가지고 있지 않은 상태니까. 어떤 면에서 국화님을 보면서 저를 보고, 가정이 엮이는 그런 감정이······.

자연8: 그 이야기를 들으니까 너무나도 중간에서 힘드셨겠구나 하는 생각이 들고······ 다 식구인데. 엄마의 가슴 아픈 그런 장면을 보면서도 내가 마음껏 다하지 못하는 그런 답답함, 복잡한 마음, 막막함, 갑갑함, 화남이 있을 것 같고, 그것이 자신에 대한 화나 세상에 대한 화일 수 있는데, 그런 불만이 다 속 시원히 풀려나가지 않은 것이 그대로 느껴지네요.

진실님이 정말 불도저처럼 그 상황을 쫙 밀고 나가서 시원하게 해냈으면 좋겠다는 마음이 생기고, 그리고 그 해결을 국화님께만 요구하는 게 아니라, 스스로 이야기를 꺼내놓으시는 걸 보니까 저분이 우리를 믿으시고 편안하게 느끼고 꺼내시는구나 생각되어 고마워요. 다른 분들도 이 이야기를 듣고 관심을 보내주셨으면 좋겠어요. 우릴 믿고 하기 힘든 이야기를 하셨거든요.

국화1: 그 이야기를 듣고, 다행이라는 생각이 들었고 저를 통해, 참 나름대로 흐뭇함 같은 것이 느껴져요. 밥 먹기 전에 나를 통해서 '누군가가 도움이 된다면 다행이다' 생각을 했는데 이야기를 들으면서 뭔가 기여가 됐다는 생각에 좋았고, 대상을 남편으로 말했지만 저의 전체적인 삶을 보면 그게 복합적인 것 같아요. 8남매의 오빠 다음의 큰딸이고 여기 시집은 5남매의 큰아들의 큰며느리의 눌림, 그게 나이가 들면서 억울함으로 돌아오더라고요. 그리고 지금은 나름대로 각자 다 자기 생활을 잘 해나가는데 거기에 남편까지 그러니까 남편조차도 나를 그렇게 북돋아주고 용기를 주지 않고 남편조차도 나쁘게 말하면, 나를 이용하고 나를 통해서 뭔가 자기이득을 얻으려는 거 같다는 생각을 했지요.

처음에는 불쌍하고 안쓰럽고 가난하고 참 안됐다 그런 생각을 하면서 잘해줬는데 어느 순간부터는 내가 저 사람 감정에 너무 휘둘렸구나. 인제는 저 사람 감정에 휘둘릴 필요가 없구나, 내 생활 좀 해야겠다는 생각을 했어요. 남편뿐 아니라 양쪽 집 큰며느리에 큰딸의 억울한 감정이 있었거든요. 거기서 남편이 같이 다독거려주지 못하고 "저 여자 왜그래? 니가 성당 다녔던 여자야? 네가 그동안 그랬던 게 진짜 아니지?" 막 그러니까 내가 팍팍 돌더라고요. 그러면서 나에게 한심함이 들었는데 공감할 수 있는 부모들의 그런 모습이 보였다니까 조금이라도 위로가 되는 거 같아요. 위로가 돼요.

자연9: 그렇죠, 위로가 되셨을 거 같아요. 위로가 되고, 또 자신이 도움을 줬다는 것에도 위로가 되셨을 거예요. 그런데 순수님이나, 진실님에게 가는 마음들······ 두 분의 이야기를 듣고 나서 그분들께 가는 마음은 혹시 없나요?

국화2: 그 상황에서는 약자라고 생각되는 분에게 힘을 줬으면·······.

자연10: 약자에게 힘을 주신다면 직접적으로 어떻게 말을 할 수 있을까요?

국화3: 아마 아까 엄마와 형하고 관계에서 엄마는 수용하는 힘이 있으니까 형뿐 아니라 다른 것 더 큰 것을 수용할 수 있지 않냐? 그런 이야기랄까? 형이 엄마의 인생이 다가 아니라는 거. 내가 있다는 것, 그렇게 해서 조금 위로를 해준다면 좋지 않을까?

저 같은 경우는 아들이 그런 역할을 해줬는데. 〈중략〉 ······
실제적으로 아빠한테 어떻게 하기를 원하지는 않지만 아들이 나를
알고 있구나 그런 생각에 굉장히 위로가 느껴졌어요. 그런 상황에
서 나약한 사람에게 그렇게 말 한마디라도 하면, 위로라도 하면,
힘을 실어주면 좋을 것 같아요.

자연11: 아빠나 형에 대해서 행동을 취하기보다는 힘든 엄마의
마음을 다독여주는 것만 해도······.

국화4: 네. 굉장히 힘이 커요. 특히 아들이 그럴 때는······.

함박꽃1: 저도 앞마당에서 국화님께 피드백 못했던 아쉬움이
커요. 끝나고 밥 먹기 전에 국화님을 잠깐 안아 드렸는데, 참. 자식
때문에도, 명예나 그런 거 때문에도, 이혼 안 하시고 인내나 참으
려는 그런 모습을 들으면서 "난 이혼도장 못 찍는다"는 말을 들으
면서 가슴이 뭉클하더라고요. 우리 어머니도 그럴 텐데. 그런 생각
도 들고 참 많이 힘들게 지내오셨고 차라리 울고 싶을 때 펑펑 우
시고 그러면 좋은데 참는 모습이 보이더라고요. 지금도 눈시울이
빨가신데 너무 아프실 텐데 아파하지 마시고 힘내시고 이 자리에
서 털고 싶은 만큼 털어내셔도 좋을 것 같아요. 힘내시고.

그리고 진실님이랑 순수님도 처음 보는 분들도 계신데 가족사
꺼내는 게 너무 힘드실 텐데 국화님 못지않은 어려운 이야기 꺼내
셔서 순수님한테······ 저도 순수님과 같은 일이 있었어요.

저는 살림을 제가 다 두들겨 부쉈거든요. 두 분이 싸우는데 어
느 분도 못 말리겠더라고요. 그러는 제가 너무 한심하고 답답하고
그랬는데, 순수님도 그러실 것 같다는 생각이 불현듯 들었어요. 그
러고는 정말 화가 나서 살림을 두들겨 부수고 식칼 하나 들고 제
방으로 들어갔어요. (울먹) 부모님이 그러니까 조용해지더라고요.
내가 오히려 더 그러니 조용해지고, 나중에는 문을 두들기고 조용
히 하라고 그러시더라고요. 물론 제가 죽으려고 그런 건 아니고 부

모님에게 위압감이라도 줘서 그 상황을 종료시키고 싶었고, 그 상황에서는 순수님이 너무 무섭게 느껴지고 너무 힘드셨을 것 같다는 생각이 들고, 지금도 그러시다면 순수님이 여기에 들어오셨으니 연습도 하시고. 〈중략〉

진실님도 참 큰 사건이잖아요. 보통 가정에서 일어나기 참 힘든 큰 사건인데, 〈중략〉 ······ 그 어려운 상황에서 현명하게 정말 잘하셨다고 칭찬해 드리고 싶고 과묵하시지만 저랑 눈 마주치면서 늘 잘 웃으셔서 그런 아픔이 있는지도 몰랐는데 그렇게 털어내어 주셔서 조금 더 진실님을 이해할 수 있게 되어 기쁘고 감사합니다.

기쁨2: 저는 함박꽃님 이야기 들으면서 화해를 시킨다 이런 거보다는 제 입장에서 제가 어릴 때 이렇게 잠을 자고 있는데 아버지가 들어오시면 갑자기 소리가 나는 거예요. 시끄럽고 소리를 지르는 엄마가 거기에 대응을 하면 나는 어떤 생각을 하냐면 "엄마가 좀 조용했으면 좋겠다." 일단은 내가 엄마한테 미움을 받고 자라서 그런지 아버지 편이 되는 거예요. 그 상황에서는 아버지가 잘하지도 않았을 텐데도 엄마가 조용히 있으면 조용해질 텐데 그런 생각이 들었는데, 그러다가 꼭 우리 엄마가 한 대 맞아요. 그런데 엄마 편보다는 엄마가 그 이야기를 해서 맞았다 생각이 들었고 결혼할 때쯤, 맞은 여자는 때리는 남자를 선택한다는 두려움이 있었고, 그랬어요. 저는 함박꽃님 이야기 들으면서 그 상황에서 나는 어떻게 한편이 될 수 없었을까 그런 느낌이 들고 저는 그런 게 없었던 거 같아요.

자연12: 기쁨님이 왜 한편이 될 수 없었을까? 하는 성찰이 일어난 게 이해가 되고 그전에 함박꽃님이 순수님이나 진실님의 마음을 이해하고 공감하는 부분에서, 자신의 사연을 이야기하면서도 상대가 가지고 있는 것만큼 참 적절하게 공감하는 부분이 흐뭇하게 느껴졌어요. 그 마음을 절절히 느끼면서 반응을 보여주시는 게 두

분에게 힘이 됐겠다. 바라보면서 흐뭇했고 감동이 오는 것 같아요. 저도 같이 마음을 보내고 싶어요. 〈중략〉

함박꽃2: 화끈님 얼굴이 빨개지셨어요. (웃음)

화끈1: 아. (한숨)

자연13: 관심이 가도록 계속 한숨을 쉬시는데 전해 줄 대목이 있으신가요? 뭣 때문에 그러시는지?

화끈2: 답답합니다.

자연14: 뭐가 답답하신지요? 한 분 한 분의 말씀을 들으니까?

화끈3: 먼저 진실님. 저는 저만 그런 일이 있는 줄 알고 있었는데 진실님의 이야기를 들으니까, 어떤 면에서는 그 이야기를 진실님의 입으로 들으니까, 용기가 전해져요. 나만 이 세상에서 겪는 일이 아니었구나. 아까 제 별칭을 화끈이라고 지었는데, 제가 ○○역에서 얼마 떨어지지 않은 곳에서 살았어요. 막상 마음이 울렁거리고 재생을 해내려니까…… (침묵) 어떤 일이냐면요, 고2 때였어요. 학교가 늦게 끝나고 집에 들어갔는데 어머니와 큰형이 있었어요. 큰형이 술이 많이 취해 있었는데 형은 한 손에 식칼을 들고 있었고 어머니는 복도에서 무릎 꿇고 빌고 있었고, 그 상황을 보고 있는데 10살 위의 큰형이 술이 취해서, 평상시에는 논리적이고 이성적인 사람이 폭발을 해서 엄마를 죽일지도 모르는 그런 상황에서 저는 그 답답함을 가지고 있었어요. 그 이야기를 할 때 아, 어쩜 나랑 저렇게 비슷할까? 또 무서움도 있었어요. 왜냐하면 칼을 가지고 있었기 때문에 말리면 그 공격이 나한테 올지도 모르잖아요. 신고도 못하고, 대문으로는 못 나오고 베란다 쪽으로 뛰어내렸어요. 3층에서, 밤중에 소리를 질렀어요. 막 우리 엄마 죽인다고. 그러니까 동네사람들이 다 나오고, 경찰차가 오고, 상황이 종결이 되고, 그런데 안 잡아가더라고요. 난 좀 잡아가서 상황이 좀 깔끔하게 정리가 되었으면 좋겠다고 생각했는데. 난 그런 것들이 저만 가진 경험이라고 생각했는데 진실님이 그런 경험이 있구나, 그런데 저만 가지고 있는 경우가 많아요. 제가 아까 소리치는 남편 역할을 했었는데 늘 봐왔던 모습이라 잘해요. 저희 아버님이 평상시에는 소파에 앉아서 책보고 조용한 분인데 술만 드시면 어머니가 밑에 깔려 있고, 아버지가 그 위에서 머리채를 잡고 또 그 위에서 큰형은 술에 취해서 아버지의 머리를 잡고 그 상황들을 어떻게 합니까? 그때 저는 초등학교 때부터 봐왔는데 아무런 역할도 못하고 혼란스럽고 안타깝고. 힘이 좀 세면 좋겠는데…… 끝날 때까지 기다리고. 좀 부모님들이 안 싸우길 바라고 있었는데 싸우게 되면 내가 뭔가 잘못해서 그런가, 내가 엄마에게 잘해서 대들지 않게 했으면 괜찮았을 텐데, 싸우는 것들이 내가 잘못해서 그런 거 같아요. 그래서 식칼 이야기를 하니까 또 식칼까지…… 순수님 부모님 싸우는 모습에서 저 역시 집이 있던 이쪽 동네에 오기 싫었어요. 지금은 나이가 많으셔서 힘이 없으셔서 못하시지만, 그전까지 오랫동안 살아오시면서 어떻게 관계를 해왔는가 다시 돌아보고…… 아까 국화님 그런 관계 속에서 옛날에 부모님을 생각해보고, 진실님 형의 그런 부분들을 생각해보니 그 부분들이 너무 생생해요. 그래서 나만 이렇게 겪는 게 아니었구나, 정도의 차이는 있지만 좀 위안도 되고 이런 이야기를 꺼내놔도 괜찮겠다. 울고불고 안 해도 이렇게 담담하게 이야기할 수 있구나, 나도 그럴 수 있구나, 그런 이야기할 때 치가 떨리고 눈물도 나고 그것도 주체를 못하면 소리치고 이런 상황들이 벌어지는데, 아까 좋은 남편 만났다고 하는데 사실 결혼 초부터 그런 아픔들이 그렇게 알게 모르게 학습된 부분들이 가정에서 많이 일어났어요. 지금 뭐 그때 미안했다 이런 단순하고 간단하게 말하기는 힘든 세월들을 보냈고 그런 힘든 세월들이 있었기에 부부가 같이 배우러 다니고 그런 것들이 도움이 된 것 같아요.

　　순수7: 화끈님께서 저보다 더 큰 경험을 했다고 할 수 있죠. 이런 경험을 이야기해주셔서 저한테는 굉장히 큰 힘이 된 것 같구요. 한편으로 저도 어떻게 보면 정확한 상황 자체는 일부러 말씀을 안 했는데 상황을 구체적으로 말씀해주시니까 어떻게 보면 저에게 굉장히 큰 힘이 된 것 같습니다. 또 하나 여쭤보고 싶은 게. 그 당시에 화끈님께서 그런 괴로운 마음들을 딴 쪽으로 풀었을 거 아니에요. 그렇지 않나요?

화끈4: 초등학교 때 배운 술이에요. (일동 웃음)

저도 그런 부분이 참 힘든 부분이에요. 누가 좀 가르쳐주고 받아주면 좋았을 텐데 부모님부터 위에 형까지 그러니까 누구로부터 내 마음을 나누고 보듬어주고 할 사람이 없었던 거 같아요. 〈중략〉 저희 집에는 친구들이 안 왔어요. 무슨 일이 언제 터질지 모르니까 제가 성인이 돼서도 대인관계에서 많이 위축된 생활들을 해왔어요. 답을 드린다면 저는 계속 쌓아왔었는데 크니까 그게 폭발을 해요. 나도 덩치가 커지고 술을 먹으면 나도 모르게 아버지처럼 안 하고 싶었는데 막 이게 터져 나오는 거예요. 나 자신도 너무 이렇게 술을 먹고 이러는 나 자신이 너무 이상하고 어느 시점에서부터 술을 마시고 나면 기억이 안 나요. 기억이 안 나는 게 나한테는 편한 거야. 아침에 일어나면 다 까져 있고, 깨져 있고 누군가 와서 뭐라고 하면 미안해하고 많이. 20대 고등학교 졸업할 무렵부터 30대 초반까지 많이 힘들었어요. 저는 어딘가 소속되는 것도 힘들어했고 술도 먹을 때는 절대 누구와 같이 안 마셔요. 혼자 종로길 가다 떡볶이 천 원어치 시켜놓고 소주 한두 병 벌컥벌컥 마시고 나면 금방 필름이 끊겨요. 그런 와중에서 ○○을 하다 보니 많은 그런 세월을 지냈습니다. 사실 많이 도와줘서 이 공부를 하게 된 것 같습니다. 그래서 저는 가급적이면 이야기들을 안 하려고 해요. 기억 속의 감정들 해결되지 않은 부분들 어떤 부분은 잊어가면서……. 〈중략〉

함박꽃3: 현재에 충실하네요. 〈중략〉 …… 다른 분들에게 많은 도움을 줄 수 있을 거라는 생각이 들고 끝까지 잘 해내셨으면 좋겠다는 생각이 들어요.

자연15: 역시 힘을 주시죠? 어려운 이야기들, 하고 싶지 않은 이야기들을 나눠주셨는데, 한 분 한 분이 그래도 이제는 여유가 생기셨구나, 어려운 상황에서 이제 벗어나는 단계에 와있구나, 내용 자체는 상당히 아프고 무겁고 슬프고 하지만 현재를 살아가시는 모습, 지금 여기서 표현을 해내시는 모습은 상당히 믿음직스럽게 느껴지고 스스로가 스스로를 도와가는 모습에 박수를 치고 싶어요. 그런 세월의 어려운 경험들이 단단한 보석이 되어서 훨씬 더 빛을 발할 거라는 기대를 합니다. 기쁨님이 도와주셨다고 그 공을 돌리시는데 그것도 아주 힘 있게 느껴지네요.

기쁨3: 그전에는 울부짖으면서 이야기를 많이 했는데 지금은 이렇게 차분하게 이야기를 하니까 참 듣기 좋고 각자의 이야기를 따뜻하게 나눌 수 있어서 참 좋다는 생각이 들어요.

국화5: 앞에 이야기하니까 아들이 투사가 되는 거 같아요. 〈중략〉 …… 아들이 나로 인해서 울었다는 게 그렇게 아프고, 시골에서 운전하고 오는데 우리 아들이 계속 울어요. (울먹) 남편은 그렇게 아프지 않은데 아들이 소리 없이 우는데 내가 또 울고 있더라고요.

자연16: 어떻게 보면 국화님이 어머니의 입장에 서서 여러 가지 감정표현을 해주셨는데 아들의 입장에 처한 분들이 아파하는 어머니에게 지금이라도 다 못한 말들이 있으면 하고 싶은 말들을 해보셨으면 해요. 그때는 어려서 뭘 어떻게 이야기해야 하는지도 모르고 다 드러내지도 못하고, 막막하고 무섭고 답답하기만 했죠. 〈중략〉 …… 형한테 당하는 엄마한테, 아버지와 싸우면서 힘든 엄마한테, 그 당시 아들로서 못한 말이 있을 거 같은데 지금이라도 해주시면 좋을 거 같아요.

진실3: 제가 어떤 감정에 대해 마주보고 표현하는 걸 모르고 살았던 것 같아요.

자연17: 보면 너무 괴로우니까. 안 보는 게 편했겠죠.

진실4: 분노니까, 나쁜 감정이니 억압하고 참아야 한다 그렇게 살았는데 상대방의 마음을 읽어준다는 거, 읽고 내 감정을 그대로 전해주는 거, 그게 안 됐던 걸 느끼고 지금 엄마 마음을 이해하면서 지금의 내 마음은 이렇습니다. 엄마, 그때는 몰랐던 거 같고요. 요즘은 엄마도 어디서 교육 많이 받는갑대…… 어머니가 '아들아 사랑한다'고 표현을 해요. 어느 날 나가는데 잘 갔다 와라 하는데 갑자기 맘이 멍 해지는 거예요. 정말 촌사람이고 일만 하는 사람이 어느 날 그 이야기를 하는데 그렇게 고마웠어요. 자신이 평소에 못 하는 말인데 '아들아 사랑한다' 그러면 그럼 '엄마 고마워요' 그래야 되는데, 거꾸로 갈 때가 다 됐나? 왜 그래요? 그랬어요. 거꾸로 표현하는 거. 아직 그 부분은 제가 가지고 있는 점이고요. 국화님이 제 어머니라고 생각하고 (곧바로 국화를 향해서) "엄마 나도 엄마 몹시 사랑하거든요." 근데 그걸 몰랐었어요. 표현이라는 것도 몰랐었고 그 감정이 쑥스럽고…… 당신은 내 엄마니까 내 마음 알겠지, 그런데 그동안 모르고 살았고 이해를 못했어요. 참 죄송했고 앞으로는 진짜 솔직하게 그때그때 감정 그렇게 표현하며 살고 말 한마디라도 쉽게쉽게 내뱉지 않고. 제가 아직도 솔직하지 못했던 게 "엄마 오래 사세요, 같이하게." 그런데 늘 엄마한테 "빨리 자야지", 밥때도 "먹고 자야 빨리 자니까." "그 점은 미안하고 앞으로 진짜 잘하겠소 사랑하는 울 엄마." (일동 박수)

국화6: 엄마라면 그럴 것 같아요. "알아 이놈아."

자연18: 안아주세요.

국화7: (진실을 안아주며) "다 알아 이놈아." (안자마자 계속 이야기) 피라는 말은 아마 자녀와 엄마 이상은 없을 것 같아요. 〈중략〉 (5분)…… 어찌 부인까지 동원해서 희생만 끝까지 시키려고 하는가? 이런 부분, 뭐라고 말 못하는 아이러니한 일들이 상대적으로 많아요.

자연19: 아까 진실님을 안을 때 느낌이 어땠어요?

국화7: 흐뭇함이라고나 할까요? '알지 이놈아'하면서 조금 눈물나요.

자연20: 거기에 조금 머물러 보세요. 사실 진실님의 표현은 좀 의외였고 그렇게 생생하게 표현하시는 것에 다소 놀랐어요. 저렇게 잘 표현하시다니 감동으로 다가왔는데, 국화님은 진실님을 아들처럼 안으시면서 그 느낌을 충분히 느끼시지 않으시고 이야기로 쳐 내신다는 느낌이 들었어요. 한참 머무르면서 사람의 정서를 느껴본다는 거, 온전히 사람의 느낌을 맛본다는 거, 그런 부분들이 허전함을 채우는 데 참 도움이 되죠. 안자마자 바로 줄줄이 말씀이 나오셔서 아들의 느낌을 제대로 느끼셨을까 마음에 남아요.

국화8: 우리 애들한테도 그런 거 같아요. 아들이었다면 "말 안 해도 잘 알지만, 너무 보람 있거든 고마워." 그런 거까지 충분히 표현을 안 해요. 감성적인 부분을 잘 느끼고 개발을 못해요.

자연21: 표현을 하실 필요는 없어요. 머무르세요. 거기에 그냥 가만히 잠겨보는 그 자체가 그 감정의 부분들을 내가 수용하고 흘러가게 하는 거죠. 충분히 느꼈을 때 사라져요. 감정에 머무르기만 좀 더 연습하면 국화님은 정말 여러 역할을 충분히 잘해내고 계세요. 혹시 순수님이나 화끈님이 엄마에게, 아빠에게 하고 싶은 이야기 있으면 하세요.

순수8: 아까 국화님 말할 때의 말을 못 잊겠더라고요. 제가 일부러 머무르고 있었어요. 제가 엄마한테 진짜하고 싶은 말은 "엄마 진짜 미안해." (침묵, 소리 없이 눈물)

자연22: …… 나는 어렸고 무섭고 힘이 없었고, 겁이 났고.

(침묵)

국화9: 그런 것들…… 정말 기도할 때 그런 것들 "헛되고 헛된 것에서 나를 구하소서 다른 길로 이끄소서." 어떤 그런 것들을, 예수님 십자가가 있어서 부활이 있었고……, 굉장히 시골의 부잣집이란 거 때문에 그런데도 박혔나 봐요. 〈중략〉 너 무슨 일 있니? 그랬는데 "엄마 걔가 헤어지재요."라고 아들이 말해요. 포항에 있는데 절교하자는 전화를 받았었나 봐요. 그렇게 아파하면서 "엄마가 꽃 하나 전해주면서 자기 마음 전해주면 안 돼?" 그러는데 엄마와 아들의 관계는 굉장한 거 같아요.

자연23: 순수님이 이야기 끝에 눈물이 올라오고 그랬는데, 그 순간 국화님이 하느님과 아드님의 이야기를 하셨거든요. 그때 순수님과의 연관성을 찾아본다면 어떤 이야기를 순수님께 들려주시고 싶었나요?

국화10: 미안하다고 했는데 엄마는 절대 미안하다는 생각 안 해요. "나의 슬픔을 네가 받아서 내가 미안하다. 너는 그냥 네 길 가라 네가 추구하는 길 가라. 미안하다는 생각을 하고 살 필요는 없다." 이렇게. 오히려 그런 마음을 쌓아두고 있지는 않아요. 오히려 아들에게 그런 모습을 보이면 내가 아들을 저렇게 마음 아프게 했는가? 그런 마음을 쌓아 두지는 않는 거 같아요.

자연24: 지금 그 뒷부분의 이야기를 하고 싶어서 그전 이야기를 하셨네요. 국화님은 어떤 이야기를 해주실 때 분명한 의도와 욕구가 있는데 그것을 직접 표현 안 하세요. 내가 지금 이 순간 불쑥 이야기하는 이유가 뭔지, 뭘 말하고 싶은 건지 욕구를 알아차리면서 하시면 국화님의 이야기가 선명하게 들리고 여기 계신 분들이 훨씬 국화님에 대한 이해를 더 잘 할 거예요. 그리고 전 궁금했어요. 순수님이 "엄마 미안해" 하면서 눈물을 흘렸는데 그 의미가 무엇인지 사실 좀 주목이 되고 그 부분이 슬쩍 없어지는 부분이 아쉽기도 했고 깊이 나누고 싶다는 생각이 들었어요.

함박꽃4: 저는 순수님 "엄마 미안해"라고 할 때 뭐라고 말하고 싶더라고요. 제가 엄마 입장이 되어서 "그냥 너는 그때 너무 어렸잖아. 나한테 미안해하지 말고 아파하지도 않았으면 좋겠어. 네가 할 수 있는 만큼 아파했으니까 나를 바라보면서 아파했던 그 마음, 네가 말했고 그 말만 들어도 내가 미안할 정도로 네 마음 충분히 알고, 어디서든 밝고 건강하게 잘 지냈으면 좋겠다. 사랑한다"라고 전해줬으면 좋겠어요. 국화님 마음과 똑같은 거 같아요.

자연25: 아들아 미안하다…….

사슴1: 저는 감정이 잘 떨리는 편이 아닌데 진실님과 하는 것을 보니까 자리에 앉아 있기 힘든데, 요즘 그런 적이 없었는데 저런 모습을 딱 보니까 최근에 어머니에게 미안하단 말을 안 해봤는데. 표현하기 힘들지만 찡하게 나도 저런 말을 해줬어야 하는데, 죄송한 마음이 많이 드는데요. 어떻게 해야 할지 모르겠어요.

자연26: 해보세요.

사슴2: 제가 엄마한테 미안한 건 요즘 엄마가 버텨나가야 하는 게 숙제인데 과연 그 심정이 어땠을까? 그런 생각이 많이 들어요. 어머니는 아버지가 자살하는 걸 눈앞에서 봤기 때문에 그 충격이 얼마나 컸을까? 아버지가 자살한데다가 저까지 장기간 도박을 해서 마음을 아프게 한 것이 떠올라서, 그런 것을 잊고 지냈는데 저 모습을 보니까 그런 감정이 막 올라와서 웬만하면 앉아 있으려고 하는 거 같아요. 〈중략〉 …… 국화님이 어머니 생각을 말하니까 우리 어머니가 과연 저런 생각을 가질까? 이런 생각이 많이 들었어요. 그런 부분이 요즘엔 이야기하는데 예전에는 못 느꼈고. 어머니가 아버지 자살할 때 느꼈던 마음들을 이야기할 때 그때는 잘 몰랐는데 지금 저걸 딱 보니까 이야기를 하다 보니까.

자연27: 힘드셨구나.

사슴3: 나도 저런 부분을 한번 이야기해야겠다. 요즘은 많이 하는 편인데 그런 감정들이 막 스쳐서 좀 목소리도 떨리고 약간 그렇긴 하네요. 저는 제 자신에게 참 그런 게 아버지가 그렇게 했다고 그랬는데 그때 당시 슬프지 않고 기뻤어요. 아버지 시신을 보면서도 슬프다는 생각보다 "난 이제 해방이다"는……

자연28: 아.

사슴4: 이런 생각이 들어서 오히려 더 심하게 도박하고 방탕한 생활을 했는데, 지금 저런 상황을 보니 부끄럽다는 생각이 많이 안 들었는데, 지금 부끄럽다는 생각이 막 밀려오네요. 어쨌든 그래도 감정이 요즘은 많이 생겨서, 예전에는 진짜 무감각한 사람이었거든요. 누가 장례식을 해도 하나도 슬프지도 않았어요. 누가 즐거운 일이 있다고 해도 기쁘지 않고 그랬는데, 그나마 그런 부분이 생겨서 하여튼 우리 화끈님에게 많이 영향을 받았어요. ○○이 이렇게 사시는 거 보고 내가 진짜 가야 하는 길이다 생각하고 항상 고마워하고 있어요. 이 자리를 빌려서 ○○님과 화끈님께 감사를 드리고 싶어요. 제가 몰랐으면 평범하게 인생을 갈 수 있었는데 좀 새로운 길을 발견할 수 있어서 많이 변하면서 사는데 감정이 확 올라와서 좀. 저희 어머니가 항상 저한테 이야기하는데 "너만 잘하면 된다. 너만 잘하면 다 된다" 그러는데 항상 의문이 들고 했는데 국화님이 그 이야기를 해주시니까 정말 가슴이 많이 찡하고 엄마가 해주시는 이야기 같고.

자연29: 어머니한테 하고 싶은 말은 좀 하신다고 했죠?

사슴5: 많이 해요.

자연30: 아버지에게는요.

사슴6: 글쎄 아버지는 돌아가셨으니까, 근데 별로 아버지를 좋아하지 않았어요. 항상 억압적인 존재였고. 저희 아버지는 결국 ○○○이 있었던 거 같아요, 결국 그렇게 가신 거 같은데 지금은 좀 그 부분에 대해서 연구를 해서 논문을 써봐야겠다 그런 생각을 하는데, 왜 저 양반이 저렇게 갔을까? 의문이 많이 들어요. 지금은 별로 하고 싶다 그런 거는 없는데 궁금해요. 살 만 했는데 무엇이 그렇게 힘들어서 갔을까? 그런 부분들이 많이 궁금하기도 하고 나중에 시간이 조금 더 흐르면 어머니와 그 부분에 대해서 저와 같은 ○○○의 일종이라고 생각해요. 만날 우주로 돌아가고 싶어 했고, 자연으로 돌아가고 싶어 했고, 결국 그리로 빨리 갔는데, 아버지께 하고 싶은 말은 별로 없었는데 조금 궁금하긴 해요. 왜 그런 선택을 했는지 어머니가 보는 앞에서 왜 그렇게 하셨는지 궁금하긴 해요.

자연31: 지금이 상당히 중요해요. 궁금하시고 물어보고 싶은 거죠. 꼭 물어보셔야 될 거 같아요.

순수9: 사슴님 이야기를 들으면서 참 대단한 일을 치르셨구나, 그런 생각이 들면서 한편으로 저희한테 이런 이야기하는 게 참 감사하다는 생각이 들고, 아까 전에 저희 어머니 말씀을 드리면서 미안하다고 말했잖아요. 더 이상 말이 나오지 않더라고요. 〈중략〉 ······ 너희 둘 때문에 참는 거라고 항상 그렇게 말씀하셨어요. 그러면서 고등학교 졸업하면서 20년 동안 너희 둘만 바라보면서 살았다고 하세요. 안타까운 게 거기 있는 거 같아요. 제가 능력도 안 되고 힘도 안 되고 그렇게 못하고 그런 게 참 미안하고, 그런 마음들을 이번 기회에 이야기를 하니까 속이 시원합니다. 더군다나 그런 어머니가 계시니까, 다시 한 번 국화님께 감사하다고 전합니다.

사슴7: 저도 이야기 안 하려고 했는데 들으니까, 물론 전 어머니 부분을 이야기 안 하려고 했는데 후련하기도 한데, 한편으로는 약간 찝찝한 면도 있어요. 양면이 교차하는데·······.

자연32: 그러실 거예요. 양면이 교차가 안 되시려면 집단에서 충분히 이해받고 수용받고 공감받고 충분히 풀고 가셔야 감정이 교차가 안 될 겁니다. 자살사건 연상되고 어머니가 또 아들의 도박까지 지켜봤었고 충분히 괴로웠을 거라고 이해가 가는데…… 좀 더 깊이 있게 좀 구체적으로 표현을 안 하고 왜 돌아갔을까? 질문을 했지요? 혹시라도 조금 더 아주 어렸을 때인가요?

사슴8: 아니 얼마 안 됐어요. 200○년.

자연33: 아. 그럼 얼마 안 된 부분이라서 좀 더 생생하고 깊이 있게 공감 받고 수용 받고 이해받으면 앙금에 남는 찜찜함이 덜어질 것 같아요. 200○년이면 얼마 안 지난 거잖아요. 그런 부분에서는 조금 더 사슴님이 오래되신 분들보다 더 생생하게 이해받으실 수 있겠다는 생각이 되고, 얼마 안 돼서 본인 나름대로 정리가 잘 안 되고 너무 힘들었을 것 같아요.

사슴9: 저는 개인적으로는 그 부분에 대해서, 아버지가 자살한 부분에 대해서 저 자신은 크게 그렇진 않아요.

자연34: 그 장면은 어떻게 봤어요?

사슴10: 저는 못 봤어요. 다만 어머니가 생생히 보셨던 것을 말씀하시는데.

자연35: 괴로우셨겠네요. 왜 그러는지는 모르고.

사슴11: 자꾸 어머니가 이야기하는 게 마음속으로 흘러가고 했는데 지나가면서 아마 얼마나 힘들었을까? 솔직히 제 자신은 지금도 그래요. 아버지는 왜 자살했을까? 궁금하긴 하지만 막 알고 싶진 않아요. 좀 더 시간이 지나면 모르겠지만 지금은 그렇지 않고 다만 어머니가 그 부분에 생각을 많이 가지고 계시기 때문에 그 부분이 많이 가슴이 아프고 한편으로 그런 것도 있어요. 도박을 한참하면서 워낙 아버지께 많은 충격을 주었고 그 부분이 일부 영향을 미쳤다고 생각해요.

자연36: 도박이?

사슴12: 네, 뭐로 힘들었나 하고 추측해봐요. 어머니가 10% 정도의 영향이 있었다고 하는데, 제가 가슴이 아픈 건 저희 어머니도 형도 그렇고 저도 굉장히 좋은 대학교 나와서 좋은 회사 다니고 저희 아버지도 이름을 떨치던 분인데 갑자기 많은 악재들이 믿었던 세 명의 가족들에게 많은 상처를 줬기 때문에 그 부분에서 많이 힘들었을 것 같아요. 그래서 많이 안타까워요. 열심히 하고 있는데 잘 안 되는 측면도 있고 하여튼 안타깝고 열심히 한다고 하는데…….

자연37: 다시 생각하고 싶지도 않고 다시 떠올려서 알아보고 싶지도 않은 마음이 오죽할까 충분히 이해가 되고…… 이야기한 대로 자체가 괴로움일 수 있겠다 그러면서도 지금이 200○년도이니까 이제 더 이상 피해 가지 말고 힘들어도 그 부분을 정확히 나누고 갔으면 좋겠어요.

막연한 것들이 더 고통스럽고 힘들 수 있어요. 괜한 공상으로 그 부분이 사슴님 무의식 속에 남아서 괴롭힐 것 같다는 추측이 돼요. 이제는 돌아가셔서 충분히 어머니가 알고 있는 부분들에 대해서 정말 허심탄회하게 이야기했으면 좋겠고, 그리고 자신의 부분에 대해서도 정확하게 직면해서 털어냈으면 좋겠어요. 그것이 어떤 비중이든, 5%든 30%, 100%든 그건 중요하지 않아요. 다만 그 부분을 정확히 털어내는 것이 필요할 것 같다 싶고, 이제는 열심히 노력해 보겠다고 하셨는데 현실에서 접촉해서 명확하게 대답을 얻고 털고 갔으면 좋겠다는 바람이 있어요. 더 이상 숙제로 남지 않았으면 좋겠어요. 사람의 운명은 인간이 어떻게 할 수 없어요. 본인이 끊었다고 하지만 인간이 끊었다고 생각하면 힘드실 것 같아요. 자살해도 실패할 확률이 많거든요. 인간의 손을 빌릴 수는 있지만 인간의 목숨에 대해서는 어떤 누구도 마음대로 할 수 없기 때문에 아버지가 끊고 떠났다고 생각하지 않았으면 좋겠다는 생각을 합니다.

　　진실5: 사슴님의 말씀을 듣고 말씀드리는데 저희 집에 98년 IMF가 터지면서 아버지가 자살을 하셨어요. 근데 그 전날 그때 제가 26살인데 벌면서 내 걸 드릴 생각은 안 하고 저는 부모는 돈을 주는 걸로만 알고 있었어요. 그런데 그날 아침에, 그 다음날은 날씨가 추웠어요. 7시만 되면 나가는 분인데 신발이 있기에 "아, 계시면 필요한 돈을 받아야겠다" 했는데 혼자 누워 계신 거예요. 그 모습을 저 혼자만 봤어요. 뭘 드신 건 나도 모르겠고 약을 드신 거예요. 약병을 찾았는데 찾지도 못했어요. 어영부영하다가 대학병원까지 갔다가 안 된다고 해서 집으로 왔어요. 아버지 자살 이유가 뭐였을까? 생각하면 금전관계였던 것 같아요. 그런데 죄송한 건 아버지와 엄마가 돈 관계 때문에 그랬는데 그때까지도 돈을 못 드리고 내가 그렇게 만들었구나, 그런 생각을 제가 가지고 있거든요. 그런데 거기에 대한 반발심으로 과연 나는 금전관계가 나의 목숨과 바꿀 수 있는 것일까라는 물음을 가지고 있고, 나는 전혀 아니라고 보고 아버지가 잘못했다고 보는데, 어떤 판단을 해야 할 시점에 자기만의 최선의 선택 그런 것이 있지 않았나 그렇게 받아들여요.

　　마음고생하지 않고 자기가 편한 곳으로 갔다고 생각했거든요. 집안에 어머니 한 분 계시면서 촌에서 나와서 같이 생활을 하니까 아버님이 집안 전체를 생각하면서 자기 한 명이 희생을 함으로써 나아진다는 선택을 했다고 생각하고 아직도 믿고 있어요. 사슴님이 아까 이야기하실 때 보지는 못했지만, 저는 직접 봤고 내가 일조를 한 사람이라고 생각을 하거든요. 아버지의 사건에 대해서 저도 제가 크게 잘못했다고 생각을 안 했었어요. 회피를 하고 내가 내 자신의 잘못을 인정을 안 한 부분이었거든요. 그런 부분에 대해서 다시 한 번 떠 올리고 생각을 하게 됐고요. 그리고 그 부분이 사슴님 혼자만의 부분이 아니라 표현 안 하고 안 드러내서 그렇지 사람 사는 게 다 비슷한 게 아닐까? 그 생각도 어렴풋이 했어요.

사슴13: 진실님 말씀을 들으니까 찜찜한 기분은 많이 없어졌어요.

자연38: 어떤 대목에서 그렇죠?

사슴14: 본인도 같은 경험도 가지고 있고, 또 저보다 더 직접 보시고 그러니까 그런 생각이 많이 들어요.

국화10: 저는 사슴님 이야기 듣고 제가 해주고 싶은 생각을 진실님이 일부는 이야기를 해주셨어요. 저는 이런 게 아닐까 생각했거든요. 어머니가 10%의 영향이 있었다고 했을 때 그걸 인정하고 싶지 않은 사슴님이 "아니야, 나는 아니야"라고 한 것은 자기감정 나름대로 성실히 살았고 잠깐의 도박 같은 거는 할 수도 있는 건데 그걸로 영향을 줬다는 건 인정하고 싶지 않다는 거죠. 〈중략〉

자연39: 그 직면을 자책으로 가져가실 필요는 전혀 없고요. 아버님이 설상 100% 고통을 받고 가셨다고 하더라도 더 큰 고통에서도 안 죽을 사람은 안 죽거든요. 죽음에 대한 관점을 어떻게 보느냐, 그건 절대적으로 다른 문제로 봤으면 좋겠다는 생각이 들어요. 죽음이란 것은 결국 우리가 어떻게 할 수 없는 일이에요. 더 끔찍한 일이 있어도 안 죽을 사람은 안 죽거든요. 그 부분에서 편해지셨으면 좋겠어요. 명확하게 알되, 자신의 탓으로 가져가진 않았으면 좋겠어요. 이걸 확실하게 해주었으면 좋겠어요.

국화11: 탓이라기보다는 그걸 가볍게 보지 못하는 아버지를 보면서 어떤 나의 행동이 그럴 수도 있지 인정하고 편안하게 넘어가는 게 아니라, 어떤 사람에게는 그게 충격일 수 있겠구나 반추하고 넘어가면 앞으로의 행동에서 보편적으로 남자들은 똑같이 그렇게 하거든요. "내 성격은 그래." 그러면 상대방은 상당히 영향을 받을 수 있으니까. 책임을 느끼라는 게 아니라 한 번쯤은 영향을 받을 수도 있겠다 생각하는데 아버지는 다를 수가 있다는…….

자연40: 네, 표현 안 하신 분들. 매화님, 표현 안 하셨죠? 평화님, 표현하셨나요? 또 바위님, 여기 똑똑님, 한 말씀씩 하시고, 지금 시간이 많이 지나서 한마디씩만 하시고 끝내도록 하죠.

똑똑1: 저는 진실님, 순수님, 사슴님, 화끈님, 남자분들 이야기를 주로 많이 들었는데 다른 분들 이야기보다 화끈님과 사슴님이 이야기할 때 제가 굉장히 떨렸어요. 〈중략〉

나의 과거나 가정사나 나의 성격이나 약점이나 내가 가지고 있는 두려움이 되게 부질없다고 생각이 들면서 세상이라고 하나요? 그게 조금 달라보였어요. 내가 뭘 그렇게 두려워하고 있지? 뭘 그렇게 감추려고 하고 있지? 더군다나 주로 남자분들이 말씀을 많이 해주셔서 되게 색다른 경험을 하고, 제 두려움을 많이 걱정해주신 진실님은 내가 갖지 못한 견해를 갖게 해주신 거 같고, 이 집단에 대해서도 기대하지 않고 왔는데 많이 다른 부분을 볼 수 있게 된 거 같아서 되게 고마워요.

자연41: 많이 표현은 안 하셨지만 내 나름대로 쌓아놓은 부분들, 두려움…… 특별히 그런 것을 표현하신 게 새롭고 좋은 체험을 하신 거 같아요. 그렇게 느끼신 것이 기쁘고 많은 분들이 도움을 주셨구나 그런 느낌이에요. 또 바위님.

바위1: 가슴 뭉클하게 뭔가 새로운 의미를 실현한 거 같고, 말씀하신 분들이 참 큰 용기가 있다고 생각합니다. 사생활에서 밝히지 못할 부분도 있는데 좋은 경험했습니다.

자연42: 인상 깊었던 사람이나 대목이 있었나요?

바위2: 같이 근무하고 있는 순수님도 대략적으로 듣기만 했는데 거기에 대한 가슴에 대한 상처라면 상처고 이런 걸 마음에 담고 있었다니까 제가 한쪽으로는 미안합니다. 알고 있으면서 선배로서 그 마음을 헤아리지도 못하고, 그 마음을 치유하는 거에 대한 가슴 뭉클한 그런 것이 있고. 화끈님. 저는 71억 원인 줄 알았습니다. (몇몇 웃음) 〈중략〉 …… 그런 어려운 과정에서 노력하시고 개선하시고 그 환경이 너무나 부럽고 존경스럽습니다.

　사슴님 같은 경우에도 어머니께 표현을 많이 하신다니까, 어머니에 대한 나름대로의 함박꽃님의 표현을 아버님께 다하진 못했지만 함박꽃님이 어머니께 표현하는 형식에 대해서는 약간 배웠습니다. 너무 감사합니다.

　자연43: 혹시 진실님한테 느낀 건 없나요?

　바위3: 진실님은 그냥 편안합니다. (일동 웃음)

　평화1: 저는 어떻게 한 분 한 분의 인생 자체가 이렇게 사람을 정화시키는가 놀라워요. 아들과의 관계에 대한 이야기를 들으면서 나의 아들과 화해도 했어요. 〈중략〉 …… 전 장에서 열심히 작업을 하면서 다 헤매고 의구심 갖고 짜증내고 이런 부분들이 정말 하나하나 의미 있는 시간들이었구나 생각되고 한 분 한 분을 더 진하게 만났어요. 그러면서 정말 정화되고 깨끗하고 그런 느낌을 받고 고마웠습니다.

　똑똑2: 한 사람 한 사람에 대한 긍정적 피드백……. 〈중략〉

　국화11: 작은 불씨가 번져 나간다는 게 이런 의미 아닌가? 그런 생각이 들었어요. 그래서 모든 분들께 감사하고, 이게 감수성 훈련이라는 특성에서만 오는 게 아닌가 하는 매력을 느꼈습니다. 감사합니다.

　자연44: 우리가 믿고 진심을 드러낸다는 것이 얼마나 치유적인가? 나의 어떤 진실이 자연스럽게 나누어지고, 그것들이 판단과 평가 없이 수용되고 받아들여진다는 것이, 다 여기 계신 여러분들의 본래 힘으로 다 하나가 되어서 그렇게 남을 수용하고 똑같이 진실된 마음으로 함께했다는 것에서 가능하지 않았나 싶어요. 나를 둘러싼 환경이 결코 내가 아니라는 거…… 내가 될 수 없다는 거. 나의 부모나 형이나 거기에 따른 여러 사건이 있었지만 거기에 나를 동일시해서 그것을 부끄럽게 생각한다든가 괴로워하거나 아파하거

나 드러내는 것을 두려워한다든가 하는 것이 아니라, 그런 것들로
부터 여유롭게 벗어나서 그 환경과 나를 동일시하지 않고, 그것들
을 같이 격의 없이 나눌 수 있었다는 체험이 여러분 스스로를 힘
있게 여기고 문제를 좀 더 잘 정리해 가실 것이라 믿어져요. 힘겹
게 시작한 첫 만남이었고 2박3일, 3박4일을 함께해도 꺼내기 힘든
사연이었을 텐데······ 이렇게 이루어낸 여러분께 박수를 보내고 싶
어요. (함께 박수)

제5마당

평화의 지도로 5~10분간 체조를 하고 시작함. 10분간 명상을
하며 마음속에 일어나는 느낌을 표현함.

자연(지도자)이 지난 제4마당이 끝나고 지금 여기까지의 새로운
느낌들을 표현해보라고 함. 바위는 화끈과 기쁨에 대해 어려운 상
처가 있는데도 아름다운 사랑과 편안함으로 살아가는 모습을 보니
다행이라는 생각과, 순수, 진실, 사슴도 자신의 어려움을 마음의 상
처로 가지고 있는 게 아니라서 다행이라는 생각이 든다고 말함. 순
수는 바위가 다행이라고 말해주니 자신이 일상에 돌아가면 어떻게
변해 있을까에 대해 기대감이 든다고 말함.

그 이야기를 들으니 똑똑도 바위의 달라질 모습이 기대가 된다
고 말함. 자연이 똑똑의 말에 대한 바위의 느낌을 묻자, "아니 저 사
람이 왜 커플링을 안 끼고 왔을까?"라는 생각이 계속 있었는데 개
인적인 문제여서 표현을 안 하던 것이 갑자기 생각이 났다고 말함.
똑똑은 "(그게) 궁금해서 다른 부분들의 이야기가 잘 안 들어 왔느
냐?"고 물었고 바위는 "그건 아니다"라고 말함.

자연은 똑똑이 바위를 향한 기대감을 표시하는 말에 대해 바위

가 "왜 커플링을 안 끼었지?"라는 표현과 다른 반응을 한 것에 대해 염려가 되기도 하면서, 한편으로는 그것이 바위의 중요한 감정일 수 있는데 그것을 표현했다는 느낌이 들어서, 더 확실히 소통하고 넘어갔으면 좋겠다고 말함.

똑똑은 커플링을 안 한 이유에 대해, 원래 잘 까먹고, 병원에서는 세균이 묻어서 끼고 있을 수가 없고, 뺐다 꼈다 하면 잃어버리기 때문에 집에 두고 나온 것이고, 서운한 것도 있어서 일부러 그런 것도 조금 있다고 말함. 자연은 '서운한 것도 있다'는 표현이 훨씬 더 소통에 도움이 된다는 생각이 들어서 반가웠다고 말함. 바위는 남자로서 인정하는 부분은 인정하는데 미안한 감이 있다고 말함.

바위는 진실과 밤을 새워 이야기를 나누고 아침에 똑똑을 데리러 갔으나 똑똑은 이미 집을 나섰고 바위는 전화를 중간에 꺼두고 똑똑에게 연락도 제때 하지 않아서 똑똑과 갈등이 빚어진 이야기를 함. 자연은 바위가 전화를 끊지 않고 똑똑과 진심을 다해 자신의 상황을 설명할 수 있도록 연습이 필요할 것 같다고 함. 똑똑은 바위의 말에 답답하고 소화가 안 된다고 하며 약간의 눈물을 비침. 똑똑은 바위가 평소에도 자신의 상황을 솔직하게 그때그때 말하지 않고 전화도 하지 않고 꺼두곤 하는 것들이 힘들고 화나고 답답하다고 말함. 〈중략〉 …… 함박꽃은 바위에게 화가 나 있다고 말함. 여자들은 솔직하게 말하면 이해할 수 있는데, 이야기하면 기분 나빠할까 봐 못하고 핑계를 대는데, 그러면 화가 난다고 말함. 미안해서 말 안 한 게 나중에 더 큰 상처가 된다고 말함. 바위는 함박꽃의 말이 불편하다며 반박을 함. "이 사람을 놓치고 싶지 않은 마음 때문에 선의의 거짓말을 한다"고 말함. 자연은 그 마음을 똑똑을 향해 직접 대화로 말해보라고 함. 바위는 "앞으로는… 분명한 의사표현, 감정표현을 하는 사람이 될 수 있도록 의미 있는 시간을 갖겠다"고 똑똑에게 표현함. 똑똑은 "애써 용기를 내서 말한 건 느껴지는데…… 약속이 많이 안 지켜져서 믿음이 많이 상실됐다"며 눈물을 흘림. 거짓말 하고 둘러대는 게 느껴져서 믿음이 안 가고 힘들고 서운하고 배신감 느끼고 더 화가 나서 이 사람과 끝내야겠다는 마음이 간절해진다며 바위가 약속은 꼭 지켜줬으면 좋겠다고 말함. 자연은 "이후가 중요하다"며 "바위가 씩씩하고 농담도 잘하고 하지만 마음속에는 어떻게 보면 여리고 연약한 부분이 있다"며 지켜봐 주면서 조금씩 달라지는 모습을 볼 수 있었으면 좋겠다고 말하고, 바위가 정말 결심을 해야 할 것 같다고 말함. 사슴은 자신의 연애 패턴과 너무 똑같아 이야기를 들으며 가슴이 아프다고 말함. 평화는 더 가까워지려고 거짓말을 하지만 막상 받아들일 땐 그게 힘들다며 사람이 직면하는 용기도 필요하다고 말함. 자연은 "내 식대로 사람들을 이해하고, 그것이 도움이고 배려라고 생각하는 것이 항상 문제가 된다"며 의도는 좋지만 상대방이 진짜 그 의도대로 느끼느냐는 현실 검토를 해봐야 한다고 말함. 처음에는 돌리고 비켜 나가고 할 수 있지만 나중에 어느 순간에는 드러나게 되어 있다며 이제는 확실하게 했으면 좋겠다고 말함. 바위는 자연이 말한 대로 "강하게 보이려고 그러지만 내 마음의 한편에는 연약한 것이 있다"며 자신을 진솔하게 표현하지 못하고, 유머스런 말로 자신을 커버하는 방어술이 자연스럽게 생긴 것 같다고 말함. 자연은 바위에게 똑똑과 손을 잡고 "내 사실에 대해 두려워 하지 않고 가능하면 진실하게 나누겠다"는 말을 건네보도록 권유함. 똑똑에게는 옛날이야기로 듣지 말고 믿을 것을 요청함. 바위는 똑똑에게 "앞으로는 오늘 이 순간이 헛되지 않도록 당신께 솔직한 표현이나 감정을 표현하는 남자친구가 될 것이며 두려워하지 않고 진실을 말하겠다"고 말함. 똑똑은 "믿어주겠다"고 응답함. 자연은 "믿겠다는 것보다 믿어주겠다"는 말에서 더 진실성이 느껴진다고 말함.

제6마당

　마지막 마당. 점심식사를 마치고 돌아옴. 지도자는 1박2일 과정 중 마지막 마당이라는 것을 알리며, 많이 말을 못하신 분들은 더 연습을 할 수 있었으면 좋겠다는 기대감을 표시함. 잠깐 동안의 명상을 함. 명상이 끝난 후 국화, 함박꽃, 진실, 기쁨이 전 장에서 바위와 똑똑의 이야기를 통해 부러움과 질투감 등의 느낌을 경험했음을 보고함. 집단원들이 진실의 감정표현이 솔직해지고, 생생하게 전달되는 것에 대해 긍정적인 피드백을 말함. 지도자는 진실의 변화에 대해 긍정적인 피드백을 주는 것과 함께 진실이 바위와 똑똑의 이야기에서 '부러움'이라고 표현한 대목에 대해 "진실님이 이루어내고 계신 눈에 보이는 감정표현의 변화를, 다른 사람 부러워할 것 없이 (웃음) 스스로한테 '나도 지금 잘해나가고 있구나' 하고 점수를 충분히 주셨으면 좋겠어요"라고 말하면서 자신의 긍정적인 변화에 대해 스스로 칭찬할 수 있도록 격려함. 진실이 전 마당에서 바위의 모습을 보면서 자신의 예전 모습을 보게 되었다고 보고함. '바위를 때리고 싶었는데, 사실은 자신을 패고 싶었던 것이다'라고 말함으로써 자신의 모습이 바위에게 투사되었음을 말함. 지도자가 진실의 말에 대해 반영을 해줌. 그러면서 매화에게 관심을 주목시킴. 매화는 전 마당에서 집단에 지각한 후에 집단에 참여하는 것이 굉장히 힘들었으며, '늦게 와서 죄송하다'는 표현을 용기를 내서 하려고 해도 잘 안 되었다고 말하면서 자신의 불편했던 심정을 표현함. 또한 자기 스스로를 혼자 두는 듯한 느낌을 받았다고 보고함. 혼자 두는 듯한 느낌을 알아차렸을 때에 드는 느낌에 대해 지도자가 물으니, 매화는 '아직은 내가 힘이 없구나 싶어서 좀 안쓰럽고, 그러면서도 조급하기도 하고 한두 번이 아니니까'라고 보고하면서 집단원들 속에 혼자 들어갈 때에 패닉 상태와 같은 어려움과 많은 용기가 필요하다는 보고를 함. 다른 한편 매화는 '집단원들이 냉정하다고 생각했다'고 보고함. 매화의 이러한 보고에 대해 집단원들은 관심을 가지고 있었다는 것과 미안한 마음을 함께 표현함. 평화가 점심시간에 매화를 산책길에서 만났는데 오히려 혼자 있고 싶어 하는 듯한 느낌을 받아서 일부러 피해주었다는 말을 하면서, 집단원들이 매화에게 관심을 주지 않은 것이 아니라 오히려 매화가 스스로를 혼자 두려고 하는 모습을 보였다는 피드백을 제시함. 매화는 자신에게 울타리가 형성된 것 같고, 그 부분은 자기 스스로 만든 것 같다고 보고함. 지도자는 매화가 집단원에게 자신을 챙겨주지 않은 것에 대해 속상해하면서 냉정하다는 느낌을 받았다는 점과 매화 스스로 만든 울타리이기 때문에 내 탓이라고 생각하는 두 가지 마음을 명료화시키면서, 둘 중에 자신에게 비중 있고 의미가 더 큰 것을 선택해서 그 부분을 먼저 확실하게 표현하면 좋겠다고 인지시킴. 지도자는 "남 탓 좀 하면 어때요? 탓 할 만하니까 탓하지, 무심결에 일어나는 그런 감정을 자연스럽게 느끼고 실컷 탓을 하다보면 나중에 괜히 미안함도 느끼거든요. 그러지 못한 게 아쉬웠던 거 같아요"라고 말하면서 비중 있는 부정적 마음을 스스로 수용하고 표현하는 것이 감정의 흐름을 자연스럽게 한다는 것을 인지시킴. 똑똑은 전 장에서의 자신의 예를 들면서 실컷 바위의 탓을 하고 나니까 자신의 잘못도 생각이 들고, 오히려 바위에게 미안한 마음이 생겼다고 보고하면서 지도자의 말에 지지를 보임. 바위가 점심시간에 매화와 함께 식사보조를 맞추기 위해 밥을 두 공기나 먹었다는 이야기를 하면서 매화에게 관심과 지지를 보냄. 매화는 집단원의 마음 씀씀이에 마음이 편안해지면서 자신의 어린 시절의 일을 이야기함. 매화의 부모님은 ○○를 했는데, 매화가 장사하는 곳에 오는 것을 아버지가 매우 싫어해서 어머니가 있을 때만

몰래 찾아갔다고 함. 그런데 주변 아줌마, 아저씨들이 "아빠 온다"
고 말하면서 매화를 놀리면서 웃곤 했는데, 그 웃음소리가 비웃음
소리처럼 들렸다고 보고함. 집단원들이 어린아이인 매화의 외롭고,
억울하고, 창피함, 아픈 마음을 위로하고, 공감해줌. 이때 국화가
현재의 이야기인 매화의 어린 시절에 대한 관심보다는 이전 이야
기인 매화가 집단에서 외롭고, 섭섭했다는 말에 대해 "매화를 보면
서 오히려 혼자 있는 것을 더 편안하게 생각하는 것 같고, 그것이
자신의 모습을 보는 것 같다"고 말함. 지도자는 국화가 매화의 이
야기를 통해 국화 자신의 이야기가 생각이 나서, 그것을 표현한 것
이라는 점을 지적해주고, 매화가 눈물을 보이면서까지 자신의 어린
시절을 말해준 것에 대해 격려하고 '지금 현재의 느낌이 어떤지'에
대해 물어봄. 매화는 자신의 어린 시절을 공감해주고 위로해준 집
단원들에게 고마움을 표시함.

　　진실은 매화가 '다른 사람은 그냥 웃었을 뿐인데, 내가 비웃었
다고 생각하는 것은 아닌가?', '잘못된 정보를 내가 가지고 있는 것
은 아닌가?'에 대해 생각해본 적이 있는지 질문하면서, 어린 시절
의 일이 현재의 일상생활에까지 지장을 주는지에 대해 궁금해 하
면서도 이해하기 어렵다는 표현을 함. 지도자는 진실이 매화에게
지속적으로 가지고 있는 관심에 대해 긍정적으로 읽어줌. 또한 지
도자는 "매화님은 실제로 많이 컸고 어른의 모습을 하고 있지만,
풀리지 않는 힘든 아이가 마음속에 있어서 아직도 이 현실 속에서
괴로워하는 거 같거든요. 그 아이의 마음이 맞고 그름을 떠나서 그
상황을 그 아이로서는 상당히 받아들이기 힘들었을 것 같고, 그 아
이만의 독특한 심리적 현실을 반드시 이해하고 풀고 넘어가야 한다
고 생각해요. 그래서 그 아이가 그 속에서 벗어나서 더 자라고 여유
가 생기려면 진짜 엄마, 아버지한테 하고 싶은 말을 한껏 표현해봤
으면 좋겠어요"라고 말하면서 역할극을 통해 매화의 마음속에 있는

어린아이를 충분히 위로하고, 공감하고, 감정을 정화시킬 수 있는 기회를 제공함.

눈물을 흘리며 역할극을 마친 후 엄마 역할을 한 국화는 역할극을 통해서 자신의 딸과 자기의 모습을 만날 수 있었다고 보고함. 국화는 그동안 딸의 아픈 모습을 모르고 강해지라고 하면 강해질 것으로 알고 다그쳤던 자신의 모습을 볼 수 있었다고 함. 매화는 역할극을 통해 감정이 시원해짐을 느꼈으며, 엄마는 자신을 놓아주는데 오히려 자신이 엄마를 붙잡고 있음을 알게 되었다고 보고함. 역할극을 통해 함박꽃 역시 자신은 낳을 계획이 없었는데 낳았던 아이여서 항상 자신은 불필요한 존재라는 생각을 많이 하고 있었는데, 매화가 역할극을 통해 부모와의 관계를 용기 있게 해내고, 풀어가는 모습을 보면서 함께 정화가 된 느낌이라고 보고함. 함박꽃의 이야기를 듣고 기쁨은 부모님이 아들을 낳으려다가 자신을 낳아서, 그동안 경험했던 아픈 경험들을 떠올리면서 엄마에 대한 미움을 짧게 표현함. 지도자는 여러 집단원들이 어머니에 대해 걸려 있는 부분을 중요하게 다룬 과정을 종합적으로 정리해주면서 마지막 장을 마무리 지음.

제6마당 종결 부분(요약)

마음의 선물을 나누고, 마지막 소감과 돌아가 연습할 자기훈련 과제에 대해 이야기를 나눔. 실험실에서 사용한 확실히 정리되지 않은 언어는 돌아가 함부로 쓰지 말 것과 꾸준한 트레이닝 및 내재화 작업의 중요성을 강조함. 진정한 마음을 담지 않은 표피적인 공감언어는 현실에서의 또 다른 부작용(피상적 인간관계 기술의 발달)을 낳음을 강조. 항상 여기-지금에서의 위기적 상황에 잘 대처할 수 있는 연습과 알아차림(의식화)이 필요하며 그래야 험난한 세상에서 자신을 잃지 않는 대처가 가능함을 마지막으로 환기시킴. 관계에서의 느낌 자각은 일시적 표현의 배출성 위안을 넘어선 고된 통찰의 체험과정이어야 함을 강조하고 윤회 악수와 자기격려 박수로 마무리짓고 헤어짐.

〈대학원생 축어록 독후감〉

-심 정, 가톨릭대 상담심리대학원 조직상담학과 4학기-

자신과 타인의 감정을 민감하게 알아차리고 그 느낌을 돌려주는 관계적 대화 훈련으로 대인관계 상황에서의 문제와 갈등을 다루는 것을 배울 수 있었습니다. 특히 부정적 정서에 대하여 타인을 탓하지 않으며 자신의 느낌으로 표현하는 것을 통해 자신의 감정에 대한 책임을 자신에게로 가지고 오는 치유적 효과가 있을 것으로 생각됩니다.

-집단장면에서 이루어지는 '여기-지금의 심리적 현실'을 자각하는 훈련과정이 무의식적으로 내재된 상처와 감정의 역사에서 비롯된 개인의 미해결된 감정을 자각하는 데에도 도움이 된다는 것을 알았습니다.

−집단상담의 축어록은 1:1의 개인상담과 달라 여러 집단원이 등장하기 때문에 현장을 이해하고 따라가기에 어려움이 있었습니다.

〈지도자의 집단 후기〉

집단을 충분히 경험하기에는 시간이 절대적으로 부족하였다. 그러므로 지금 여기에서의 감정표현을 통해 한 개인의 누적된 감정의 역사와 패턴을 자각·통찰하여, 행동의 변화까지 이끌어 내기에는 한계가 있었다.

그럼에도 불구하고 집단원들은 자신과 타인을 이해하고 돕기 위해 최대한 관심을 기울였고, 적극적인 자기노출을 통한 감정 정화와 관계적 대화의 연습, 부적응적 대화 패턴을 자각하는 성과를 이끌어냈다. 구체적으로 집단과정을 살펴보면, 초반부에 훈련에 대한 많은 저항이 일어났다. 제2~3회기에 솔직한 부정적 감정들이 강도 높게 토로되고 격려되면서 제4회기부터 집단의 방어가 풀리고 개인적인 깊은 상처들이 드러났으며, 집단원 상호간의 깊은 정서교류 및 교정적 정서체험이 구성원의 2/3선(7명)에서 일어난 것으로 보고되었다. 지도자는 집단구성원들이 결국 스스로를 잘 도울 것이라는 믿음으로 최선을 다 하였고, 짧은 시간임에도 생산적인 깊은 정서체험이 공유될 수 있었던 것은, 힘겨운 환경에서 어렵게 통찰된 구성원들의 삶의 지혜와 치열한 삶의 정서가 안전한 분위기 속에 솔직하게 열리고 서로에게 깊은 공감과 도움으로 작용했기 때문으로 보여 진다.

지도자는 역할 모델로서의 집단 초반부(제3회기까지)를 제외하고는 집단구성원들과 거의 비슷한 수준으로 드러나지 않게 촉진적 역할을 수행하려 하였고, 집단구성원들의 조력적 활동이 집단원 상호관계에게 미치는 영향을 구체적으로 관찰할 수 있었다.

◆ 전문상담 현장에서 활용될 집단 프로그램들

앞에서 학습한 바와 같이 집단상담은 구조화 집단상담과 비구조화 집단상담의 두 가지 유형이 있다. 구조화 집단상담은 5, 6회 이상 10여 회 진행회기마다 주제가 미리 기획되어 있고 상담지도자의 주도적 지도로 진행되는 것이 특징이다. 오늘날은 여러 가지 이유로 이러한 구조화 집단상담이 각급 학교학생들과 주부 및 직장인 대상으로 많이 시행되고 있는 추세이다. 구조화와 비구조화의 중간형 또는 혼합형인 감수성 훈련 집단이 주로 운영되고 있다.

다음은 최근 한국에서 집단상담의 기초를 경험하면서 상담자 기본 연습이 가능한 '집단활동 프로그램'으로 시행절차를 비교적 상세히 제시하고 있는 최근의 집단 프로그램 소개(저자 및 대상별 프로그램 명칭)이다. 자료들의 출처는 본 교재와 윤관현·이장호·최송미(2006)의 [집단상담: 원리와 실제, 2판, 법문사]의 부록(pp. 453~616), 그리고 한겨레심리상담센터 홈페이지(hancoun.com)에서 찾아볼 수 있다.

집단상담에서 활용될 프로그램: 집단활동 및 연습(현재 진행)
1) 강숙정의 '청소년 셀프파워 프로그램'
2) 모의희의 '부부적응 집단상담 프로그램'
3) 강숙정의 '인간관계 감수성 훈련 프로그램'
4) 조현춘의 '행복훈련 집단 프로그램'
5) 방기연의 '관심수련 프로그램'
6) 윤관현의 'T-Group 집단상담 프로그램'

집단상담의 기초 평가문제-해설

01. 다음 중 집단상담에 관한 설명으로 옳지 <u>않은</u> 것은?

① 상담집단의 크기(인원 수)는 20명 내외가 적당하다.

② 집단상담은 치료적 기능도 포함될 수 있다.

③ 집단상담에서는 집단원(내담자)들이 자기 및 타인 이해력을 높일 수 있다.

④ 집단상담의 대상은 부적응적인 청소년 및 성인들이다.

해설 집단상담의 크기는 7, 8명 내외의 소집단이며, 집단원들의 대인능력을 향상시킨다는 점에서 집단상담은 치료적 기능도 포함하고 있다. 그러나 극히 부적응적인 집단원들은 개인상담이 더 적절하다고 말할 수 있다.

02. 집단상담의 목표로서 가장 적절하게 요약된 것은?

① 자기와 타인에 대한 존중감 및 신뢰감의 향상

② 객관적인 자기이해와 대인관계 능력의 향상

③ 자기수용과 협동심의 발달

④ 자기와 타인의 입장에 대한 객관적인 이해

해설 '자기이해와 대인관계 능력의 향상'이 집단상담의 목표 및 결과로서 가장 적절하게 요약된 것이며, 기타(존중감, 협동심 등의 향상)는 부차적인 것이라고 볼 수 있다.

03. 다음 중 집단상담자의 자세(능력)로 가장 요구되는 것은?

① 관심-수용성-공감능력

② 자신감-존중감-독립심

③ 인내력-이해력-수용력

④ 포용력-전문성-이해력

해설 위의 4 유형의 자질 및 능력들이 모두 해당될 것이나, 가장 요구되는 것은 ①이며, 가장 거리가 있는 것은 ②라고 볼 수 있다.

04. 다음 학자들 중 집단상담 및 집단치료의 선구자로 볼 수 있는 사람은?

① 프로이트(S. Freud) ② 로저스(C. Rogers)

③ 모레노(J. Moreno) ④ 엘리스(A. Ellis)

해설 모레노가 시작한 심리극(Psychodrama)이 집단상담 및 집단치료의 효시로 볼 수 있다.

05. 다음 중 집단상담의 경험(또는 결과)으로 적절하지 <u>않은</u> 것은?

① 억압되었던 감정의 발산 또는 정서적 해방감

② 다양한 타인 성격의 이해

③ 개인적 불안의 해소 및 집단 소속감을 경험하기

④ 동료 집단원들로부터의 이해 및 지지

해설 집단원들의 '다양한 성격(행동 및 심리)을 이해하기 등'은 집단상담의 바람직한 경험이나, 개인적 감정 발산 및 해방감 자체로는 적절한 경험이 될 수 없다.

06. 집단상담의 장·단점으로 적절한 설명(내용)이 <u>아닌</u> 것은?

① 내담자(집단원) 측 입장에서는 개인상담보다 편안하고 쉽게 경험할 수 있다.

② 성장배경, 흥미 및 관심사들의 차이 때문에 집단 내 상호 이해가 어렵다.

③ 개인적 조력이 필요한 특정 집단원에 대한 상담자의 주의(배려)가 어렵다.

④ 내담자 측의 사회관계 능력을 향상시키기 위해서는 집단상담이 개인상담보다 적절하다.

해설 집단 내 개인적 관심사를 심층적으로 다루기는 힘들지만 대인 및 사회관계 능력향상을 위해서는 집단상담이 대체로 더 바람직하고, 집단 내 상호이해 면의 난점 등은 상담자의 지도력으로 상당히 극복될 수 있다.

07. 다음 중 자기와 타인 간의 의미 있는 인간관계적 접촉 경험을 강조하는 집단은?

① 자조집단　　　　　　② 치료집단
③ 참 만남 집단　　　　　④ 비구조화 집단

해설 참 만남 집단(encounter group)이 의미 있는 대인관계적 접촉을 가장 강조하는 집단이며, 비구조화 집단도 비교적 비슷한 접근을 부분적으로 포함하고 있다.

08. 다음의 내용은 어느 집단에 관한 것인가?

- 집단목표가 있고 이 목표를 달성하기 위한 절차 및 주제들이 있다.
- 특정 인생문제에 대한 자각 증진과 관련 대처기술을 훈련한다.

① 또래집단　　　　　　② 자조집단
③ 구조화 집단　　　　　④ 비구조화 집단

해설 특정 집단목표에 따른 주제 및 절차가 있고 관련 대처기술의 훈련이 포함되는 집단은 구조화 집단이다.

09. 다음 중 '집단'(group) 개념과 거리가 있는 것은?

① 다수의 사람들이 일정 기간 계속 만나는 것
② 구성원들 간의 상호작용이 일어남
③ 공통적 목표로 일정 장소에서 만나고 있음
④ 예컨대 영화관에 같이 모여 있는 사람들

해설 영화관 관객들은 상호작용이나 상호의존성이 없으므로 '집단'이라고 볼 수 없다.

10. 다음 중 장시간 집중적으로 상호작용하는 집단은 어느 것인가?

① 비구조화 집단　　　② 참 만남 집단

③ 마라톤 집단　　　④ 폐쇄 집단

해설 예컨대 1박2일의 장시간, 집중적으로 집단원 간 지속적 상호작용을 강조하는 집단은 마라톤 집단이다. 때로는 참 만남 집단도 반나절 이상의 마라톤식 진행으로 운영될 수 있을 것이다.

11. 다음 중 집단지도(group guidance)가 집단상담과 뚜렷이 <u>다른</u> 점은?

① 집단지도는 3~40명 이상의 중집단 또는 대집단으로 운영될 수 있으며, 정보제공과 문제예방이 주요 목표이다.

② 소속감과 동료의식의 함양을 강조한다.

③ 집단원 간의 협동심을 강조한다.

④ 지도의 내용 및 실행절차 등에서 집단 참여자 측의 의견이 존중된다.

해설 집단지도는 집단 규모가 소집단이 아니고, 정보제공(오리엔테이션) 및 문제예방 목적의 운영이라는 점에서 집단상담과 뚜렷이 구별된다.

12. 다음 중 집단상담자의 기본 역할로 보기 <u>힘든</u> 것은?

① 집단의 구성과 유지

② 집단지도자로서의 시범 및 모델링

③ 엄격한 집단규범(집단풍토)의 조성

④ 집단원 측 의사 및 감정소통의 촉진

해설 '집단규범의 조성'도 집단상담자의 기본역할이긴 하나 '엄격함'보다는 자연스럽고 온화한 분위기로 집단규범을 조성해야 할 것이다.

13. 다음 중 집단상담에 관한 설명으로 틀린 것은?

① 주로 비교적 '정상인들'로 구성된다.

② 집단상담자를 '촉진자', '지도자' 또는 '훈련자'로 칭할 수 있다.

③ 집단상담자의 구체적이고 철저한 접근 및 기법에 따라 상담효과가 달라질 수 있다.

④ 집단상담의 크기(인원 수)는 집단치료의 경우보다 크고 집단지도보다는 훨씬 작다.

해설 상담자의 구체적인 접근이 상담효과 향상에 관련되기는 하지만 집단상담의 효과는 상담자의 '참여적 시범'과 집단원 간 상호작용의 촉진이 보다 중요한 요인이 된다고 말할 수 있다.

14. 다음 중 집단상담의 기본요소가 아닌 것은?

① 집단원 측의 집단과정 참여와 몰입

② 집단원 측 심리적 안정감(비위협적 집단풍토)

③ '여기-지금'(here and now)을 중요시하는 활동

④ 피드백(feedback)을 주고받기

해설 집단 참여자들의 '심리적 안정감'은 필요요소이긴 하나 '필수적인' 요소라고 볼 수는 없고, 때로는 집단구성원 측 긴장 및 불안이 집단과정을 역동적으로 진행되도록 할 것이다.

15. 다음의 집단상담과 개인상담의 비교 설명으로 틀린 내용은?

① 양쪽이 자기이해를 촉진한다.

② 양쪽에서 모두 자기수용과 타인존중을 강조한다.

③ 양쪽에서 다 성격검사 결과를 중요시한다.

④ 집단상담 쪽에서 사적 정보의 보호를 더욱 강조한다.

해설 개인 성격검사의 결과는 개인상담에서 더 많이 참조하며 집단상담에서는 필수적이 아니다.

16. 상담집단의 구성 및 진행과정에 관한 설명으로 옳지 <u>않은</u> 것은?

① 집단모임(회기)의 경과시간은 매주 1시간 30분~2시간이 적당하다.

② 집단과정의 전체 기간은 대체로 6개월을 초과하지 않는 것이 바람직하다.

③ 집단모임(회기)의 빈도 및 종결 예정시기는 미리 한정하지 않는다.

④ 정규 집단과정이 종결된 후 후속 또는 추수모임을 가질 수 있다.

해설 집단모임(회기)의 빈도와 종결 시기를 미리 예정(합의)하는 것이 집단원 측의 변화노력 가능성을 높이고, 또 집단 참여자 전체의 생활계획 진행에 도움이 될 것이다.

17. 다음 중 집단상담의 진행과정으로서 올바른 순서는?

① 참여단계-과도적 단계-작업단계-종결단계

② 참여단계-작업단계-과도적 단계-종결단계

③ 과도적 단계-참여단계-작업단계-종결단계

④ 작업단계-참여단계-과도적 단계- 종결단계

해설 집단상담 과정은 대체로 참여단계-과도적 단계-작업단계-종결단계로 진행된다.

18. 집단상담 과정에서 집단원들의 저항 및 갈등이 두드러지게 나타나는 단계는?

① 참여단계   ② 과도적 단계

③ 작업단계   ④ 종결단계

해설 과도적 단계에서 집단원 측 저항과 갈등이 두드러지게 나타나게 마련이고, 작업단계에서 그다음으로 저항 및 갈등이 부분적으로 경험된다.

19. 다음 중 집단상담의 종결단계에서 가장 <u>적게</u> 나타나는 것은?

① 집단참여 목표-결과를 점검하기

② 자기공개를 중단하기

③ 실제 생활장면에서의 연습결과를 보고하기

④ 집단원 상호간의 부정적 감정 다루기

[해설] 집단의 종결단계에서는 집단원 상호간 부정적 감정이 남아 있어도 이를 공개적으로 표현하기보다는 인내 또는 관용하는 경향이 나타난다.

20. 다음 중 사적 정보보호(비밀유지)의 '예외사항'이 <u>아닌</u> 경우는?

① 자살 가능성의 우려가 있을 경우

② 내담자 및 주변 인물의 상해로부터 보호하기 위한 경우

③ 필요한 전문적 자문을 구하기 위한 경우

④ 청소년 집단상담의 경우 부모 측 요청이 있을 때

[해설] 내담자 측 사적 정보는 가능한 한 보호하는 것이 상담자의 윤리적 의무이기 때문에 청소년 부모가 요청할 경우에도 비밀유지의 원칙이 지켜져야 할 것이다.

21. 다음 중 집단상담자의 바람직한 '인간적 자질'이 <u>아닌</u> 것은?

① 유머 감각

② 인간에 대한 진정한 관심

③ 출중한 대화기술

④ 자기성찰력

[해설] 집단상담자가 대화기술 수준이 출중할 필요는 없고, 어눌하지 않은 의사소통력 이면 충분할 것이다.

22. 다음 중 집단상담에 가장 적합하다고 생각되는 (유형의) 사람은?

① 여러 사람 앞에서 발언하기 힘들어하는 사람

② 정신병적 성격이거나 반사회적 성격의 사람

③ 권위적 인물 앞에서 불안해하거나 긴장하는 사람

④ 심층적 탐색을 요하는 복잡한 심리적 문제의 사람

해설 권위형 존재 앞에서 긴장하는 사람이 집단상담의 혜택(소득)이 가장 클 것이고, 그다음이 대중 앞에서 공개발언이 힘든 사람일 것이다. 이유는 집단상담이 특히 대인관계 능력의 향상을 가져오기 때문이다.

23. 다음 중 집단상담 참여자(집단구성원)의 유의(준수)사항으로 가장 적절하지 <u>않은</u> 것은?

① 자기자신에게 충실하기

② 솔직하게 자기마음을 드러내기

③ '여기 – 지금'에 초점을 둔 상호작용

④ 동료 집단원들을 객관적으로 판단하고 이해하기

해설 타인에 대한 '객관적 판단 및 이해'는 바람직할 듯싶으나, 타인의 판단 및 이해는 기본적으로 개인의 주관적 감각을 토대로 하기 때문에 집단상담에서는 바람직하지 않는 경우가 많다. 그보다는 집단구성원의 개인적 직관과 느낌이 더 중요시된다.

24. 다음 중 집단상담자의 개입방법으로서 올바른 것은?

① 자기노출하기　　② 피드백을 주고받기

③ 행동을 제한하기　　④ 의사소통의 촉진

해설 집단원의 '비생산적' 언행(화제 독점, 동료 비방 등)을 제한하는 것도 집단상담자의 주요 역할이므로 위의 네 가지 모두 집단상담자의 올바른 개입방법들이다.

25. 다음 중 피드백(feedback)에 대한 설명으로 틀린 것은?

① 형식적인 반응의 피드백은 가치가 적다.

② 자기를 드러내지 않고도 피드백이 가능하다.

③ 긍정적인 피드백이 보다 바람직하다.

④ 피드백은 자기성찰을 위한 학습에 거의 필수적인 요소이다.

해설 피드백은 타인의 언행(발언, 행동)이 자기에게 어떤 영향(자극)을 주었는지를 밝혀주는 반응이기 때문에 자기를 (적어도 부분적으로) 드러내는 과정이다.

26. 다음 구조화 집단에 대한 설명으로 맞지 않는 것은?

① 구조화 집단의 한 회기는 보통 2시간 정도이다.

② 구조화 집단은 정보제공, 공통경험, 문제해결적 접근 등이 특징이다.

③ 구조화 집단은 참여자의 무의식적 과거경험을 의식화시킨다.

④ 특정 주제와 절차를 통해 특정 사회기술 등을 교육한다.

해설 무의식적 경험의 의식화 작업은 구조화 집단의 목적과는 거의 무관하다.

27. 다음 중 집단상담 과정에서 나타날 수 있는 저항이 아닌 것은?

① 침묵   ② 투사감정

③ 주지화   ④ 자기탐색

해설 침묵, 투사감정, 주지화 등은 저항의 형태이나, 자기탐색은 별개의 범주에 속한다.

28. 다음 중 집단상담 단계들과 주요 과업으로 잘못 짝지어진 것은?

① 참여단계-갈등해결

② 과도기단계–저항 다루기

③ 작업단계–생산성과 응집력

④ 종결단계–조정과 통합

해설 갈등해결은 작업단계의 주요 과업의 하나이다.

29. 집단상담자의 "'경청하기' 기법은 집단원(내담자) 측 발언 의미를 파악하는 과정이며, 몸짓 및 표정 등의 비언어적 표현과는 관련이 없다"는 것은 옳은 설명인가?

해답 틀린 설명이다. '경청하기'는 비언어적 표현까지를 포함하기 때문이다.

30. "집단상담의 목적은 자기성장이며, 집단과정의 목표는 자기개방–자기수용–타인이해"라는 설명(지론)에 대한 귀하의 논평은 무엇인가?

답 예 집단상담의 궁극적 목적으로는 자기성찰과 대인관계 능력의 향상을 통한 '자기성장'을 말할 수 있을 것이다. 한편, 바람직한 집단상담의 목적은 자기성장뿐만 아니라 '사회공동체적 책임의 의식화 및 관련 행동의 실천'이 포함되어야 한다는 주장에 주목할 필요가 있다. 즉, (사회공동체적)'얼과 밸은 빠진 채, 개인적 살만 찌운 자기성장이 무슨 가치가 있겠는가?'하는 반문이 성립된다.

주요 참고 문헌

강숙정·김지은·신희천·유계식·윤관현·이장호·최송미·최승애·최윤미. 2010.『전문가 9인의 상담사례 공부하기 그리고』. 서울: 박영사.

강숙정. 2009.『새터민의 심리적 적응을 위한 셀프파워 증진 프로그램 개발』. 홍익대학교.

강숙정. 2005.『인간관계 감수성훈련』. 한겨레심리상담센터.

강숙정. 2000.『하나원 교육생 심리안정 및 인성수련 프로그램 개발』. 통일부.

강숙정. 1999.『한국적 심성수련 프로그램 개발에 관한 연구』. 가톨릭대학교.

권경인·김창대. 2008.『대가에게 배우는 집단상담』. 서울: 학지사.

윤관현·이장호·최송미. 2006.『집단상담 원리와 실제』. 2판. 서울: 법문사.

이장호. 2005.『상담심리학』. 4판. 서울: 박영사.

이장호·김영경. 2006.『노인상담: 경험적 접근』. 서울: 시그마프레스.

이장호·정남운·조성호. 2005.『상담심리학의 기초』. 2판. 서울: 학지사.

이형득. 1979.『집단상담의 실제』. 서울: 중앙적성출판사.

이형득·김성희·설기문·김창대·김정희. 2002.『집단상담』. 서울: 중앙적성출판사.

조현춘 외 3인 공역. 1999.『집단심리상담의 이론과 실제(G. Corey)』. 서울: 시그마프레스.

최해림·장성숙 공역. 2001.『최신 집단정신치료의 이론과 실제(Yalom)』. 서울: 하나의학사.

[저자 약력]

이장호

서울대학교 문리과대학 심리학과·동 대학원 졸업
미국 텍사스대학교 대학원 교육심리학과 졸업(철학박사·상담심리학 전공)
서울대학교 심리학과 교수, 서울대 학생생활연구소 소장 역임
한국카운슬러협회장, 한국심리학회장, 한국인성개발연구원장 역임
서울대학교 심리학과 명예교수, 서울디지털대학 상담심리학부 초빙교수 역임

주요저서
상담심리학(박영사, 제5판, 2014)
상담사례 공부하기, 그리고(공저)(박영사, 1992·2007)
상담면접의 기초(학지사, 1995·2005)
상담심리학의 기초(공저)(학지사, 개정증보판, 2005)
월덴 투: 심리학적 이상사회(역)(현대문화센터, 2006)
상담연습 교본(공저)(법문사, 제4판, 2014)
집단상담: 원리와 실제(공저)(법문사, 2015)

강숙정

가톨릭대학교 상담학석사, 홍익대학교 상담심리전공 박사 졸업
현) 한겨레심리상담연구소 소장, 한국상담심리학회 인간관계훈련 연구회장
현) 가톨릭대학교 심리상담대학원 상담학과, 글로벌사이버대학교 상담학과 외래교수
현) 통일부 하나원 집단상담 전문위원, (주) SBS 임직원 심리상담전문가
정부중앙청사 상담위원, 한국인성개발연구원 종합상담실장 역임
법무연수원, 공군항안단, 관세청, 공무원교육원, 코레일, 삼성, LIG 등 기업상담전문가
상담심리전문가(1급), 부부가족상담전문가(1급), 인간관계훈련지도자(1급)

주요저서
상담사례 공부하기, 그리고(공저, 박영사, 2007)
임상노인심리학(공역, 시그마프레스, 2010)
인간관계 감수성훈련(한겨레심리상담센터, 2005)
한국적 심성수련 프로그램 개발에 관한 연구(가톨릭대학교, 1999)
새터민의 심리적 적응을 위한 셀프파워 증진 프로그램 개발(홍익대학교, 2009)
MMPI검사결과를 통한 새터민의 심리상담적 접근(학술논문, 한국상담학회, 2009)
새터민 심리적응을 위한 셀프파워 프로그램의 효과(학술논문, 한국상담심리학회,
 2010)

제2판

집단지도자와 집단상담 경험자를 위한

집단상담의 기초: 원리와 실제

초판발행	2011년 3월 10일
제2판인쇄	2016년 3월 1일
제2판발행	2016년 3월 10일

지은이	이장호·강숙정
펴낸이	안상준

편 집	서원주
기획/마케팅	이선경
표지디자인	권효진
제 작	우인도·고철민

펴낸곳	㈜ **박영story**
	서울특별시 마포구 월드컵북로 400, 5층 2호(상암동, 문화콘텐-
	등록 2014. 2. 12. 제2014-000009호
전 화	02)733-6771
f a x	02)736-4818
e-mail	pys@pybook.co.kr
homepage	www.pybook.co.kr
I S B N	979-11-87010-03-6 93180

copyright©이장호·강숙정, 2016, Printed in Korea

정 가   18,000원